A Beleza Salvará o Mundo

Do Autor:

A Literatura em Perigo

Tzvetan Todorov

A Beleza Salvará o Mundo

Wilde, Rilke e Tsvetaeva:
os aventureiros do absoluto

5ª edição

Tradução
Caio Meira

Rio de Janeiro | 2024

Copyright © Éditions Robert Laffont, S.A, Susanna Lea Associates, Paris, 2006

Título original: *Les aventuriers de l'absolu*

Capa: Angelo Bottino
Editoração: DFL

Texto revisado segundo o
Acordo Ortográfico da Língua Portuguesa de 1990.

2024
Impresso no Brasil
Printed in Brazil

CIP-Brasil. Catalogação na fonte
Sindicato Nacional dos Editores de Livros – RJ

T572b
5ª ed.
	Todorov, Tzvetan, 1939-
	      A beleza salvará o mundo: Wilde, Rilke e Tsvetaeva: os aventureiros do absoluto/Tzvetan Todorov; tradução Caio Meira. – 5ª ed. – Rio de Janeiro: DIFEL, 2024.
	      352p.
	
	      Tradução de: Les aventuriers de l'absolu
	      ISBN 978-85-7432-111-0
	
	      1. Wilde, Oscar, 1854-1900 – Crítica e interpretação. 2. Rilke, Rainer Maria, 1875-1926 – Crítica e interpretação. 3. Tsvetaieva, Marina, 1892-1941 – Crítica e interpretação. 4. Literatura europeia – Séc. XX – História e crítica. 5. Literatura europeia – Séc. XIX – História e crítica. 6. Literatura e filosofia. I. Meira, Caio, 1966-. II. Título.

11-0679	CDD – 809 CDU – 82-09

Todos os direitos reservados pela:
DIFEL – selo editorial da
EDITORA BERTRAND BRASIL LTDA.
Rua Argentina, 171 – 3º andar – São Cristóvão
20921-380 – Rio de Janeiro – RJ
Tel.: (21) 2585-2000

Não é permitida a reprodução total ou parcial desta obra, por quaisquer meios, sem a prévia autorização por escrito da Editora.

Atendimento e venda direta ao leitor:
sac@record.com.br

Sumário

Introdução 7

WILDE 25

A vida sob o signo do belo: primeiras aproximações, 28. A vida sob o signo do belo: após *Dorian Gray*, 39. A tragédia de Wilde, 48. O bom renome, 59. O lugar do amor, 69. O amor entre homens, 75. Uma paixão fatal, 82. A vida, um romance, 94.

RILKE 99

A serviço da arte, 103. Diante da história, 112. A solidão, o amor, 119. O amor na vida, 126. "Obra de coração": Benvenuta, 135. O último grande amor, 149. O mal de amar, 157. Com o preço da vida, 164.

TSVETAEVA 175

A visão romântica, 179. A natureza da arte, 183. A existência à luz da arte, 190. O choque da Revolução, 196. Tentativa de exílio, 202. Idílios cerebrais, 205. Dois encontros nas alturas, 210. O poder do poeta, 224. Seres absolutos, 229. O flautista, 240. Morte e ressurreição, 243.

VIVER COM O ABSOLUTO 251

A tradição dualista, 254. Armadilhas do esteticismo, 259. A aterrissagem do absoluto, 262. Uma educação estética, 267. Gênios e filisteus, 274. Arte e revolução, 279. Gozo artístico, 283. Duas vias em direção à beleza, 289. Flaubert e Sand, 296. "A beleza salvará o mundo", 300. Considerações atuais, 308. As mais belas vidas, 316.

Notas 327

Introdução

Esta noite, um amigo nos convidou para um concerto: o grupo Concerto Italiano, dirigido por Rinaldo Alessandrini, toca Vivaldi no teatro da Avenida Champs-Élysées. Não conhecemos essa formação. A sala está repleta, nossos lugares são perfeitos, a música pode começar. Como de hábito, tenho dificuldades para me concentrar, meus pensamentos fluem em todos os sentidos agarrando-se a futilidades, no momento exato em que admiro a gravidade do *Stabat Mater*. Subitamente, no início da peça seguinte, produz-se algo de diverso. A pequena orquestra, cordas e flauta, ataca um concerto célebre, conhecido como *La Notte*. Mas a execução se dá com tal precisão, tal justeza que, no decorrer de alguns segundos, toda a sala se congela e retém a respiração. Todos somos suspensos pelos gestos lentos dos músicos e absorvemos os sons puros um a um, à medida que escapam dos instrumentos. Todos temos a consciência de participar, neste exato momento, de um evento excepcional, de uma experiência inesquecível. Minha pele se arrepia. Alguns instantes de silêncio se seguem ao fim do fragmento, antes da explosão de aplausos.

Em que consiste essa experiência? Vivaldi é um grande compositor, o Concerto Italiano um grupo excelente, mas não se trata apenas disso. Não sei analisar a música, contento-me em escutá-la ingenuamente, e imagino que a maior parte do público está em situação idêntica à minha. Aquilo que nos transportou pelo tempo em que durou a peça não diz respeito apenas à música. A perfeição da execução abriu as portas para uma experiência rara, porém familiar; ela nos conduziu a um lugar que ainda não sabemos nomear, mas que, de saída, sentimos que nos é essencial. É um local de plenitude. Durante um momento, nossa perpétua agitação interior se suspendeu. Raramente, uma ação ou uma reação contêm em si sua justificação, uma e outra surgem para levar a um resultado, um sentido situado para além delas. Em momentos abençoados como este de que falo, não aspiramos mais a um além — já estamos nele. Ignoramos estar à procura desse estado; porém, quando chegamos a ele, reconhecemos sua importância vital: esse momento de arrebatamento corresponde a uma necessidade imperiosa. Algum tempo mais tarde, li num pequeno livro dedicado pelo mesmo Rinaldo Alessandrini a outro grande compositor: "Monteverdi dá a possibilidade àqueles que o escutam de tocar a beleza com o dedo."[1] Sim, é isso. A beleza, seja a de uma paisagem, a de um encontro ou a de uma obra de arte, não remete a algo para além dessas coisas, mas nos faz apreciá-las enquanto tais. É precisamente essa sensação de

INTRODUÇÃO

habitar plena e exclusivamente o presente que experimentávamos ao escutar *La Notte*.

A música não é o único meio de conhecer essa experiência, nem a beleza a única maneira de nomear o que encontramos nesse lugar. Mesmo não sendo frequente, todos nós a encontramos em nossa vida cotidiana. Sirvo-me de um objeto — e subitamente me detenho, tocado por sua qualidade intrínseca. Passeio na "natureza" — e sou tomado de entusiasmo diante do céu ou da noite, os cimos cobertos de neve ou as penumbras de um bosque. Observo meu filho — e seu riso me enche de alegria, nesse exato momento não preciso de mais nada. Falo com alguém — e de repente sou inundado por uma ternura que nada deixava prever. Procuro uma demonstração matemática — e ela se impõe a meu espírito como se viesse de algum lugar. É mais do que um prazer ou mesmo uma felicidade, pois esses atos me fazem pressentir de forma fugidia um estado de perfeição, ausente em outro instante qualquer. A satisfação que retiramos desses momentos não depende diretamente da sociedade que nos cerca, não se trata nem de uma recompensa material nem de um reconhecimento público que afagaria nossa vaidade: ambos podem coroar essas ações, mas não fazem parte delas.

Essas experiências não se confundem entre si, porém todas conduzem a um estado de plenitude, nos dão um sentimento de realização interior. Sensação fugaz e ao mesmo tempo infinitamente desejável, pois graças e ela nossa existência não decorre em vão; graças a esses momentos preciosos, ela se torna mais bela e mais rica de sentidos. Por vezes, sou tentado a utilizar essas mesmas palavras para caracterizar a vida de uma pessoa que admiro e que acaba de falecer. Sua "beleza" não é, porém, mensurável e esse "sentido" não se deixa nomear por outros, mesmo os que lhe são próximos. Apesar disso, tal juízo é espontaneamente compartilhado por todos que puderam conhecer esse homem, essa mulher; ele diz algo de verdadeiro. Sabemos bem que não podemos viver permanentemente nesse estado de realização e de plenitude do ser, que se trata mais de um horizonte do que de um território; sem ele, todavia, a vida não tem o mesmo valor.

A aspiração à plenitude e à realização interior se encontra no espírito de todo ser humano, e isso desde os tempos mais remotos; se temos dificuldade para nomeá-la, é porque ela assume as formas mais extraordinariamente diversas. É a uma delas que gostaria de me dedicar aqui, pois ela exerce sobre nós um fascínio particular que orienta hoje nossa busca pessoal. Nem sempre foi assim. Durante séculos, de fato, a necessidade de plenitude foi interpretada e orientada para o contexto da experiência religiosa. Bem entendido, a palavra, por sua vez, remetia a múltiplas realidades. A religião foi e ainda é com frequência uma cosmologia, uma moral, um cimento comunitário, um fundamento do Estado e da política. Esse termo também evoca, entretanto, uma relação com uma instância imaterial, situada acima de nós, à qual foi possível fazer referência com os termos de absoluto ou infinito, de sagrado ou graça. As religiões certamente são múltiplas, mas todas encarnam e canalizam essa relação ao além; elas o fizeram por milênios, e por toda a Terra. As outras formas de realização interior não estiveram ausentes, mas, não dispondo de uma doutrina para contextualizá-las e

INTRODUÇÃO

justificá-las, permaneceram à margem da consciência, sendo vividas como fraudulentas.

Há dois ou três séculos uma verdadeira revolução ocorreu na Europa: a referência ao mundo divino, encarnado pela religião, começou a dar lugar a valores puramente humanos. Ainda temos de lidar com um absoluto ou com um sagrado, mas ambos deixaram o céu e desceram à Terra. Não se trata mais de dizer que, desde essa época, para os europeus, "a religião morreu". Ela não está morta na medida em que, forma principal, senão única, da aspiração ao absoluto durante séculos, ela deixou sua marca nesse próprio traço humano (e não apenas nas palavras que a designam). Além disso, as experiências propriamente religiosas e a fé em Deus — qualquer que seja seu nome — de modo algum desapareceram da contemporaneidade. Todavia, a religião não fornece o contexto obrigatório, estruturante tanto da sociedade em seu conjunto quanto da experiência dos indivíduos; as crenças religiosas, no sentido estrito, são hoje uma forma entre outras dessa busca, e sua escolha tornou-se uma questão pessoal. Nada ilustra melhor esse novo status quanto a própria possibilidade de abandonar a religião recebida pela tradição e, após algumas hesitações, escolher outra que nos convenha melhor.

Num primeiro momento, no fim do século XVIII, o absoluto divino, ainda presente, mas enfraquecido, entrou em conflito violento com um absoluto que assumia a forma de um corpo coletivo, a Nação; mais tarde, surgiram outros rivais semelhantes, tais como o Proletariado ou a Raça Ariana, coadjuvados pela imagem do regime político ideal, o Socialismo, ou o processo que devia conduzir a ele, a Revolução. Com a realidade desvelada por essas palavras revelando-se decepcionante, e mesmo amedrontadora, a busca de um contexto para essas experiências orientou-se para uma terceira via, também traçada desde o fim do século XVIII, mas cuja atração surgiu mais lentamente, a do indivíduo autônomo.

Falar de um absoluto individual tem algo de paradoxal, e mesmo de francamente contraditório, já que o absoluto deveria valer para todos; se é bom para apenas um indivíduo, ele permanece relativo. Mas é exatamente com esse paradoxo que nós nos debatemos há mais de dois séculos, e cada vez mais à medida que nos aproximamos do presente. Não queremos renunciar à relação com o sagrado (ou o infinito, ou o sublime), mas não aceitamos que ele nos seja imposto por nossa sociedade; preferimos procurá-lo então no próprio interior de nossa experiência em vez de buscá-lo num código coletivo. Escolhemos entre uma boa vida e uma vida medíocre, mas a boa vida não é necessariamente aquela que é posta a serviço de um Bem comum. Nossa escolha é subjetiva e, porém, temos a íntima convicção de que ela não é de modo algum arbitrária e que os outros que nos cercam poderiam reconhecer seu valor; é nossa "descoberta", não nossa invenção. Essas novas formas de absoluto, hoje familiares a todos, conduziram a uma constatação maior: vimos que a experiência religiosa não é uma característica irredutível da espécie humana, mas somente a forma mais comum tomada por uma disposição que é mais propriamente antropológica (ou, como também se diz, "antropogênica"), isto é,

INTRODUÇÃO

ela não poderia desaparecer sem provocar uma mutação da espécie. Mais uma vez, essas outras formas de aspiração ao absoluto existem desde há muito tempo, mas foi recentemente que acenderam a consciência individual e ao reconhecimento público, no decorrer dos processos chamados de "desencantamento do mundo".

Entre todas as tentativas de pensar e viver o absoluto de maneira individual, para fora tanto das religiões tradicionais quanto das religiões seculares políticas, gostaria de me ater a uma, a que interpreta essa experiência como a busca da beleza. Também nesse caso, trata-se de um sentimento amplamente difundido. Pequeno sinal do tempo, um entre muitos outros: em 2003 foi lançado o primeiro número de uma revista ilustrada chamada *Canopée*; seu editorial começava pelas seguintes palavras: "A beleza salvará o mundo. A frase de Dostoievski nunca foi tão atual. Pois é justamente quando tantas coisas vão mal em torno de nós que é necessário falar da beleza do planeta e do humano que o habita."[2] É preciso entender: a palavra "beleza" recebe aqui um sentido amplo que nem sempre é admitido no uso comum. Esse sentido não implica que se passe a vida a admirar os pores do sol ou luares nem que se aplique a enriquecê-la com alguns elementos decorativos comprados em loja. Trata-se mais da tentativa de ordenar a vida de maneira que a consciência individual a julgue harmoniosa, de modo que os diferentes ingredientes, vida social, profissional, íntima e material formem um todo inteligível. Não é forçosamente uma vida sacrificada a um belo ideal nem uma vida vivida em conformidade com valores considerados como superiores; muitas vezes, uma bela vida pode se passar de marcos políticos ou morais. Cada um, nesse caso, determina os critérios de seu êxito, mesmo se ele tiver, para isso, de tomá-los de empréstimo ao repertório proposto pela sociedade em que vive. Aqui, retomamos nosso ponto de partida, a experiência de êxito interior e de plenitude do ser.

Poder-se-ia dizer que a arte de viver é uma arte entre outras e que se pode perfazer a vida como uma obra de arte. Mais uma vez, é preciso que se previna contra os mal-entendidos. É verdade que a arte é percebida como o local por excelência em que os seres humanos produzem o belo. Para muitos de nós, a plenitude que procuramos se encontra — notadamente — na experiência artística. "A arte é a continuação do sagrado por outros meios", observa Marcel Gauchet,[3] historiador do desencantamento do mundo, parafraseando Clausewitz. Eu mesmo, para evocar a sensação de plenitude, parti de uma experiência musical. Hoje, estou longe de ser o único, mesmo que as músicas em questão possam ser extremamente diversas. Abro uma revista ao acaso e leio essa frase de Françoise Hardy, cantora popular: "Tudo o que me toca musicalmente me parece uma prova indubitável da existência de Deus." Mas não é como prática concreta e momento de uma existência que a arte merece ser evocada aqui; é como modelo exemplar de uma atividade. Pois a obra de arte, certa ou errada, nos dá em si uma sensação de plenitude, de realização e de perfeição que, por outro lado, pedimos à nossa vida.

Não é, portanto, a contemplação de obras que será dado como exemplo de uma bela vida nem de sua criação, é a própria obra de arte. Ora, a obra não é separada por um abismo

INTRODUÇÃO

da mais comum existência. Para descobrir a beleza dessa existência não há nenhuma necessidade de praticar uma arte nem de consumir obras-primas com assiduidade. Todos sabem iluminar o real com o imaginário e tentam dar a suas vidas cotidianas uma forma harmoniosa (ou pelo menos se lamentam de não ter podido fazê-lo). A obra de arte é simplesmente o local em que esses esforços produziram seu resultado mais brilhante, onde são, por conseguinte, mais fáceis de ser observados.

Cresci numa família em que a referência ao divino era ausente: meus pais não eram religiosos, e não penso que os pais deles — que, porém, nasceram na segunda metade do século XIX — o tenham sido em maior medida. A princípio, os búlgaros eram cristãos (ortodoxos), mas, em famílias como a dos meus avós, podia-se contar mais com as obras humanas do que com a graça divina; o que era valorizado por eles eram os estudos e o trabalho, não a oração. Do mesmo modo, cresci numa sociedade que, às vésperas da Segunda Guerra Mundial, tornara obrigatórios os ideais coletivos: o regime comunista nos impunha a idolatria de algumas abstrações, tais como a "classe operária", o "socialismo" ou a "unidade fraternal dos povos", assim como certos indivíduos que supostamente encarnariam esses ideais. Entretanto, uma vez saído da infância, não pude deixar de perceber que os belos vocábulos serviam não para designar fatos, mas para camuflar sua ausência, e que os indivíduos que supostamente deveríamos admirar eram ditadores com muito sangue nas mãos. Nunca dispus de um absoluto divino e perdi a fé no absoluto terrestre coletivo.

No Leste Europeu, alguns reagiam a essa situação com a renúncia integral a toda forma de sagrado, refugiando-se num cinismo que acreditavam ser simplesmente a expressão da lucidez. Outros, porém, persistiam em procurar o sagrado, mas somente no interior de si mesmos. Isso lhes permitia emitir juízos severos acerca da sociedade na qual viviam, em nome de critérios encontrados em sua consciência, e de valorizar sua vida íntima: amizades e amores, busca espiritual ou artística. É também a via que me atraía e que, alguns anos mais tarde, ao imigrar para a França, pude seguir sem obstáculos.

Minha prática de crítico e de historiador colocou-me em contato com muitos textos e imagens cuja beleza eu admirava e que encarnavam a meu ver a plenitude pela qual aspirava, além disso. Mas essas experiências, não mais do que o êxtase provocado pela música, não me bastavam. Dou-me conta retrospectivamente que a beleza sob todas as formas, a obra de arte, paisagens sublimes, viagens exóticas, não me saciavam a fome. Na vida, nem sempre temos de escolher livremente nossa via. Primeiro nos submetemos às decisões dos adultos que nos cercam, depois sofremos as pressões exercidas por nossos amigos, em seguida nos conformamos com modelos de comportamento ofertados pela sociedade, nos curvando às exigências do mundo de trabalho. Porém, sem nem sempre ter consciência disso, sem também formulá-lo para si com tantas palavras, cada um de nós é animado por um projeto de vida, possuindo em nosso interior uma configuração ideal que nos guia a partir da qual julgamos nossa existência em dado momento. Sei que a aspiração à

INTRODUÇÃO

plenitude, à realização interior e a uma qualidade de vida superior faz parte dessa configuração, mas ignoro aonde ela deve me conduzir e que lugar ocupa a relação com o absoluto. É para descobri-lo que me engajei na presente investigação: esperando que o passado esclarecesse o presente, quis saber como outras pessoas — as quais, aliás, muito admiro — tentaram sustentar o mesmo desafio. Onde eles procuraram a perfeição, qual o papel essa busca teria tido em sua existência e teria esse papel se conjugado à busca de felicidade que fizeram?

Para aproximar-me dessa temível questão, "como viver?", tomo então um caminho desviante, seguindo o destino de algumas pessoas; o relato de suas vidas servirá de mediador a essa reflexão. Essas vidas não são exemplares no sentido em que poderiam nos servir de modelo; esses indivíduos não foram perfeitos nem muito felizes. Contudo, há muito tempo, para refletir em nossa própria existência, não nos inspiramos mais na vida dos santos; preferimos a dos seres falíveis e errantes como nós mesmos. Rousseau concluíra o gesto inaugural, ele se propunha a relatar sua vida não em virtude do fato de ela ser admirável, mas porque ela permitia a cada um de nós o confronto com nossas próprias vidas; para conhecer seu coração, dizia ele, é preciso começar por ler o coração de outrem. Os heróis imperfeitos de nosso tempo incitam não à imitação ou à submissão, mas ao exame e à interrogação.

Essa escolha nos obrigará a fazer uma intrusão na intimidade de vários indivíduos, vasculhar sem pudor seus segredos. Ao evocar esses momentos destinados, a princípio, a permanecer ignorados pelo público, o biógrafo comete um tipo de violação. Na verdade, essa brutalidade não é a única, nem é a mais forte. O que é uma vida contada, uma biografia? É a escolha, entre inúmeros fatos e eventos que a constituem, dos poucos episódios constitutivos do relato. Não é se arrogar um poder exorbitante de decidir por si mesmo — tais traços de caráter, tais incidentes, tais encontros devem ser retidos, e mesmo postos em destaque, ao passo que outros merecem o esquecimento? Algumas biografias são longas, outras mais breves; todas, porém, são imensamente seletivas; que livro poderá jamais captar a riqueza infinita de dezenas de milhares de dias vividos?

A mais forte violência exercida pelo biógrafo sobre o indivíduo impotente caído em suas mãos é ainda de outra ordem: é o gesto que consiste em atribuir um sentido a sua experiência vivida. Não apenas um sentido diferente daquele que podia lhe dar o próprio sujeito, mas um sentido em si, impondo o fechamento ao que cada um sempre viveu como abertura, como encaminhamento inacabável — pois ninguém pode viver sua própria morte. A esperança do biógrafo não é a de ressuscitar os mortos; é, mantendo-se fiel aos fatos, produzir um sentido que não existia antes dele e fazer com que esse sentido seja compartilhado por seus leitores. Uma vez convertida em palavras, essa existência não deixa de pertencer a um ser em carne e osso e se assemelha à de um personagem literário; as pessoas evocadas pelo historiador tornam-se semelhantes aos heróis de um romance. É o que autoriza nossa intrusão na intimidade dos indivíduos: falamos de seres de papel.

INTRODUÇÃO

Para meu "romance" sobre a busca da plenitude e a aspiração ao absoluto, detive-me nesses três nomes: Oscar Wilde, Rainer Maria Rilke, Marina Tsvetaeva. Várias razões me levaram a escolhê-los, além da empatia que sinto por esses seres e a admiração que tenho por sua obra.

São, primeiramente, três verdadeiros "aventureiros do absoluto". A "aventura" deve ser entendida aqui em seu sentido duplo: eles não escolhem os caminhos bem balizados, abrem vias novas; e, intrépidos, eles não se detêm prudentemente a meio caminho, vão tão longe quanto possível, pondo em risco sua felicidade, e mesmo sua vida: são os exploradores do extremo. É por essa razão que sua experiência, sem se assemelhar ao comum dos mortais, é esclarecedora para todos.

Era necessário lidar com indivíduos que não apenas aspirassem a uma forma de perfeição, mas que tivessem previamente concebido esse projeto e que o tivessem registrado por escrito. É o preço a pagar para que se possa confrontar teoria e prática, avaliar um projeto usando como medida a sua realização. Essa condição nos orienta para a vida dos seres cuja relação com o absoluto atinja seu próprio ofício: são os artistas, servidores da beleza. E, mais particularmente, aqueles artistas que deixaram testemunhos abundantes, eloquentes e fiáveis de sua experiência — portanto, escritores. Stefan Zweig, que publicava em 1928 um ensaio intitulado *Trois Poètes de leur vie* [*Três poetas de sua vida*], dedicado aos destinos de Casanova, Stendhal e Tolstoi, assim justificava sua escolha: "Somente o poeta pode ser um *Selbstkenner*", isto é, alguém que conhece a si mesmo.[4] Nem todos os escritores se engajam nessa via, mas aqueles entre eles que quiseram e deixaram traços escritos de sua tentativa nos oferecem rica matéria a ser explorada.

De modo algum, porém, serão vistas aqui páginas de crítica literária. As obras, o sabemos, não permitem aceder com certeza à vida do autor. Além disso, a questão que nos importa não diz respeito à estrutura e ao sentido das obras, mas à possibilidade ou não de tomar como exemplo algumas existências passadas, para melhor regular as nossas; ou, em todo caso, iluminar a nossa pela deles. O fato de se tratar da existência de escritores é uma comodidade, não uma necessidade. A matéria privilegiada será, portanto, constituída por nós não pelas obras desses autores, mas por seus escritos íntimos, lá onde eles falam de si mesmos, de sua escolha de vida, de suas vitórias e seus fracassos.

Entre esses escritos, completados ocasionalmente por outras fontes, a correspondência tem lugar privilegiado. A carta se situa a meio caminho entre o puramente íntimo e o público, dirigindo-se então a outra pessoa para quem aquele que escreve se caracteriza e se analisa, mas esse outrem é um indivíduo conhecido, não uma massa impessoal. As cartas manifestam sempre uma faceta do autor — sem ser, por isso mesmo, uma janela transparente que se abre sobre sua identidade. A experiência aí atravessa não apenas o filtro da linguagem, mas também aquele que se impõe ao olhar do destinatário, interiorizado pelo autor. Porém, em regra geral, ela não conhece um terceiro, a testemunha estrangeira que seria o destinatário verdadeiro da escrita; apenas a indiscrição nos permite hoje nos instituir como leitores

INTRODUÇÃO

anônimos dessas cartas, reservadas originalmente aos olhos de uma só pessoa.

Uma segunda exigência que pesou em minha escolha é de ordem histórica: quis interrogar antes de tudo uma época que precedeu e preparou a nossa. Os três destinos que narro pertencem à faixa histórica que vai de 1848 a 1945; mais exatamente, eles se unem no decorrer de cerca de 60 anos, entre 1880 e 1940. Eles nunca se encontraram, apesar de isso quase ter ocorrido; porém, os mais novos sabiam da existência dos mais velhos.

A última condição da escolha liga-se às fronteiras espaciais. O sonho de tornar sua vida bela e plena de sentidos de maneira voluntária não pertence a nenhum país em particular, pois é universal; contudo, esse sonho atinge sua maior amplitude na Europa. Se acrescento a isso minha relativa familiaridade com a história moderna do continente europeu, será compreensível por que escolhi me ater aos que são oriundos dessa região. Ora, ocorre que meus autores habitaram justamente o continente, e não só seu país natal. Wilde era irlandês, porém viveu não apenas na Grã-Bretanha, mas também na França e na Itália. Rilke, particularmente resistente a uma vida sedentária, nasceu em Praga, então Áustria-Hungria, viveu por muito tempo na Alemanha, na França, na Itália, mais brevemente na Espanha e na Dinamarca, antes de se instalar, ao fim de sua vida, na Suíça. Tsvetaeva cresceu na Rússia, mas viveu em seguida na Alemanha, na Tchecoslováquia e na França. São três europeus, bem representativos do destino europeu de uma aventura que, em si, pertence à história da humanidade.

Nenhum deles é francês, porém os três tiveram com a França uma relação bastante intensa. Não apenas porque, zeladores do belo, eles conhecem e admiram a poesia e o pensamento de Baudelaire ou de outros franceses. É também porque, naqueles anos, Paris representa um papel de capital europeia da cultura. Eles vêm a Paris, moram na cidade, frequentam seus meios literários e chegam mesmo a escrever algumas de suas obras em francês, essa língua de empréstimo: assim, *Salomé*, de Wilde, a coletânea de poemas *Vergéis*, de Rilke, a *Lettre à l'amazone* e outros textos de Tsvetaeva. Essa condição de estrangeiros em Paris os torna particularmente caros para mim.

Não se pode dizer, porém, que sua benevolência relativa à França tenha sido sempre correspondida. Por ocasião de sua primeira visita a Paris, Wilde é recebido e festejado por toda a cidade; admira-se seu espírito brilhante e sua elegância. "Sou um francês por simpatia", declara ele antes de partir. Ao retornar, alguns anos mais tarde, nada é mais como antes: nesse ínterim ocorreu na Inglaterra o processo por ofensa aos bons costumes, e é após cumprir sua pena que ele busca exílio na França. Mais nenhuma corte de adoradores o cerca, e Wilde constata com amargura: "Esses parisienses que lambiam minhas botas de conquistador há dez anos hoje fingem que não me veem." André Gide, que outrora fazia parte de sua corte, aceita revê-lo — mas unicamente para lhe passar uma lição.

O destino parisiense de Rilke segue uma trajetória inversa. Ele começa solitário e rejeitado; as primeiras frases do relato que evocam essa experiência dizem: "É aqui que as

INTRODUÇÃO

pessoas vêm viver? Eu pensaria nessa cidade sobretudo para morrer." Rilke retorna à capital francesa muito tempo depois, então reconhecido como grande poeta da língua alemã e, ainda mais, como notável tradutor dos autores franceses, Valéry ou Gide. Estes o recebem com amabilidade, mas ele não é tolo; ao partir de Paris, ele escreve a uma amiga: "Eu de fato toquei a quase todos que se deixavam tocar — achei-os [...] tão obsequiosos quanto prontos a esquecer, ocupados, ocupados antes de tudo em manter a todo custo suas distâncias."[5] Desejoso, em 1922, de ir à homenagem que a NRF faz a Proust, um autor a quem admira há bastante tempo, ele se vê opor um veto da parte do irmão de Proust: "Que nenhum escritor alemão se aproxime desse túmulo!" Em contrapartida, a imprensa alemã o acusa de traição: ele agora publica poemas em língua inimiga...

Já Tsvetaeva será ignorada por seus colegas literários do início ao fim de sua estada na França, no decorrer de catorze anos. Seus encontros fugidios com escritores franceses permanecem sem futuro, suas cartas a Gide ou a Valéry, sem resposta. Suas numerosas tentativas de publicar seus textos em francês fracassam, suas traduções de poetas russos em francês terão péssima acolhida. No momento de deixar Paris, ela escreve (em russo) um último poema no qual assimila sua sorte à de Mary Stuart, partindo da França para a Inglaterra, onde a espera o cadafalso. O poema se intitula "Doce França", que traz em epígrafe essa fórmula de Mary Stuart, repetida três vezes e assinada: "Adeus, França! Adeus, França! Adeus, França!" Eis o texto desse breve poema:

Mais doce que a França,
Nenhum lugar no mundo.
Como toda lembrança
Duas pérolas me deu.

Eles permanecem imóveis
Na ponta de meus cílios.
Minha partida será
Como a de Mary Stuart.[6]

Por que contar essa página particular do destino dos três aventureiros do absoluto? Para, em primeiro lugar, advertir: o relato que se segue não é o de um triunfo. Mas é justamente na distância entre sonho e realidade, entre projeto de vida e verdade de existência, que buscaremos nossa matéria de reflexão.

WILDE

Nas últimas décadas do século XIX, tanto na Europa quanto na América do Norte, um homem mais do que todos os outros encarna a ideia de que a vida deve ser conduzida de acordo com as exigências únicas da beleza: ele se chama Oscar Wilde. Vestido com uma elegância que beira a provocação, amante de flores e de pedras preciosas, vivendo numa casa concebida como uma obra de arte, amigo de homens célebres e de mulheres deslumbrantes, admirador de artistas (na juventude, ele atira um tapete de lilases brancos sob os pés de Sarah Bernhardt quando ela vai a Londres), autor de poemas maneiristas, de um romance diabólico e de comédias brilhantes aplaudidas todas as noites por um público encantado, Wilde surge aos olhos de seus contemporâneos como o "apóstolo da beleza".[1] Para eles, ele é o guardião de uma nova religião, o partidário da evicção do Bem pelo Belo, o promotor do *esteticismo*, isto é, o ideal de uma existência bela. Uma boa vida não é aquela a serviço de Deus e da moral, nem de seus substitutos modernos coletivos, a Nação, a República ou ainda as Luzes; uma boa vida é aquela que sabe se tornar bela, afirmando harmonicamente os propósitos e a carreira de Wilde. Ele é ao mesmo tempo o brilhante porta-voz da doutrina e sua encarnação exemplar.

Porém, para nós, hoje, Wilde surge como emblema de uma postura bem diversa: a de um artista vítima dos preconceitos de seu tempo, o da carreira brutalmente interrompida por um processo por homossexualidade. Em 1895 ele vive uma tumultuada paixão pelo jovem lorde Alfred Douglas, conhecido como Bosie. O pai deste, marquês de Queensberry, fez de tudo para romper essa relação, não hesitando em insultar Wilde publicamente. O poeta inicia um processo por difamação que acaba por se virar contra ele próprio: o marquês consegue provar que suas alegações são justas; ora, a homossexualidade é então um crime na Inglaterra. Wilde será condenado a dois anos de trabalhos forçados, pena que pagará em diversas prisões inglesas; dali, ele sairá alquebrado, falecendo três anos e meio mais tarde, com a idade de 46 anos.

Terá a conclusão trágica dessa existência nos ensinado alguma coisa quanto ao projeto de colocar a vida sob o signo do belo? Poder-se-ia dizer que não: hoje, interpretamos a biografia de Wilde antes de tudo como exemplo dos preconceitos e da hipocrisia dominante na sociedade vitoriana — uma sociedade que tolera a homossexualidade desde que esta não seja exibida e que pode puni-la severamente para provar a si mesma sua virtude. É difícil, porém, nos limitarmos unicamente a essa denúncia. O processo vergonhoso não é o único evento trágico na vida de Wilde: não menos grave é essa outra fratura: após sua saída da prisão, ele se descobre incapaz de escrever. Se lançarmos uma visão de conjunto à vida de Wilde, entre sua libertação e sua morte (em novembro de 1900), teremos grande dificuldade em afastar a impressão de que esse período corresponde a uma lenta mas inexorável degradação. Movimento cuja data de início não deve ser 1895, ocasião dos processos e do aprisionamento de Wilde, mas dois anos mais tarde, após ele ter recuperado a liberdade. O tempo que lhe restará de vida o conduzirá a uma decadência crescente cuja causa não parece ser apenas a condenação anterior. Tudo se passa como se, fora das cadeias inglesas, ele permanecesse ainda encarcerado numa prisão interior, de onde lhe era então impossível escapar.

A existência de Oscar Wilde guarda em seu interior um enigma: por que a provação da prisão lhe foi tão fatal? A tragédia final joga uma sombra sobre seus sucessos anteriores, e esse enigma central alça uma nova questão, concernindo desta vez sua concepção de boa vida. Se Wilde apresentava sua própria vida como exemplo de sua filosofia, é legítimo colocar a pergunta se alguma coisa, nessa própria filosofia, não preparava a decepção por vir.

Para tentar iluminar esse enigma, devemos aprender a conhecer melhor Oscar Wilde e apreender o sentido que ele dava a esse projeto — tornar-se o "apóstolo da beleza".

A vida sob o signo do belo: primeiras aproximações

Desde seus anos de estudo, Wilde dedica grande admiração a Baudelaire: ele copia seus versos em seus cadernos, e chega mesmo a declamá-los a plenos pulmões nas ruas de Londres. Ele também não ignora os dois caminhos traçados por Baudelaire para todos aqueles que desejam colocar sua vida a serviço da beleza, o do dândi e o do poeta; e ele retoma para si essa distinção. Partindo dela, existem duas artes soberanas no mundo: "A Vida e a Literatura, a vida e sua expressão perfeita." A literatura: uma vez que ela é a arte mais eminente; a vida: uma vez que ela será elevada à dignidade da obra de arte. Duas vias se abrem a todo indivíduo que aspira à perfeição pessoal: "Deve-se ser uma obra de arte ou vestir uma obra de arte." Essas duas vias, de acordo com Wilde, não são equivalentes: ainda que ele próprio seja artista, ele prefere a via que transforma a vida em obra àquela que a reserva à produção de obras. Lorde Henry, personagem de Dorian Gray, apresenta uma justificativa para isso: a vida do artista é pobre, desprovida de interesse, já que ele colocou tudo em suas obras. "Os bons artistas existem simplesmente por aquilo que fazem, e são, por conseguinte, totalmente desinteressantes naquilo que são." Se a vida do poeta é pitoresca, seus versos serão seguramente ruins: "Ele vive a poesia que é incapaz de escrever." Wilde compartilha desse ponto de vista: "Tornar-se uma obra de arte é o objetivo da vida", escreve ele, e, aplicando o preceito a si mesmo, exclama diante de um amigo: "Quero fazer da minha própria vida uma obra de arte."[2] Com o que se parece uma vida assim?

Em seu início, Wilde parece encontrar uma resposta fácil para essa questão. Ter uma vida bela é ser elegante e se cercar de belos objetos. Dessa época data o seguinte aforismo: "Acho cada dia mais difícil viver à altura de minha porcelana azul"[3] (Wilde tinha então 20 anos). A vida de dândi — pois esse é o termo que convém usar aqui — corresponde a uma tradição já bem estabelecida; seus títulos de nobreza foram justamente apresentados por Baudelaire. Nas relações humanas, ela conduz a valorizar a beleza física — ou seja, a juventude.

Essa primeira interpretação será, entretanto, logo posta em questão. Vários contos de Wilde chegam a fazer de sua refutação seu tema principal. Em O jovem rei, um príncipe é tomado por uma "estranha paixão pela beleza": ele se cerca de obras de arte, assim como de "materiais raros e custosos", como se praticasse "o culto de algum deus novo". Mas, pouco a pouco, ele descobrirá o preço dessas belas coisas, o sofrimento que custou sua fabricação, e preferirá, ao fim, a miséria à opulência: os andrajos dos mendigos convêm melhor à sua nova beleza interior, feita de respeito pela dor. O aniversário da infanta conta a história de um anão, notável pela feiura e pela generosidade, e de uma princesa, bela e de um egoísmo glacial. Em O filho da estrela descobrimos que a criança encontrada, cuja beleza assombra os moradores do vilarejo, é um ser "orgulhoso, cruel e egoísta",[4] ao passo que sua terna mãe é uma mendiga feia e vestida por trapos; ao se tornar, por sua vez, feio, ele aprenderá a bondade.

É em seu romance O *retrato de Dorian Gray* que Wilde desenvolverá plenamente sua concepção de bela vida. O livro conta a história de um jovem particularmente belo e elegante, Dorian Gray, que faz um pacto com o diabo: seu corpo não envelhecerá, é seu quadro que carregará os traços de suas transformações interiores. Obedecendo aos princípios de seu mentor, Lorde Henry, e não temendo ser traído por sua aparência, Dorian leva uma vida inteiramente depravada. Ele observa com indiferença o suicídio de sua amante, Sibyl, e não hesita em matar o autor do retrato mágico, Basil Hallward, apaixonado por Dorian, mas que queria devolvê-lo ao bom caminho. Entretanto, quando Dorian enfia sua faca no retrato, a fim de destruir a imagem apavorante dele mesmo, é seu próprio coração a ser transpassado; no dia seguinte, os criados descobrem caído no chão o cadáver de um velho.

A interpretação do romance coloca um problema ao leitor, pois ele não sabe se deve tomar ao pé da letra as teses expostas no livro sobre a necessidade de submeter sua vida às exigências do belo; se sim, o que significa o destino trágico de seus personagens? Ao procurar resolvê-lo, o leitor descobre que, em seu romance, Wilde apresenta duas — e não apenas uma — versões da vida bela.

A primeira variante, que goza de seus favores, expõe a doutrina em termos bastante gerais. Ela consiste inicialmente em afirmar a simples possibilidade de tratar a vida como uma das belas-artes, "pois a Vida tem suas obras-primas refinadas, assim como a poesia, a escultura ou a pintura". Uma frase de Walter Pater, mestre de Wilde durante seus estudos, atribuída a Dante, pode servir aqui de emblema: ela louva os homens que procuram "se tornar eles mesmos perfeitos em virtude do culto que dedicam à beleza". A vida não é apenas uma arte entre outras, ela é "a primeira e a maior das artes, diante da qual todas as outras não são senão uma preparação".[5]

É Lorde Henry quem exporá os grandes princípios da doutrina, no decorrer de seu primeiro encontro com Dorian. Eis aqui o postulado básico: "O objetivo da vida é o florescimento de si. Realizar nossa própria natureza à perfeição, eis nossa razão de viver neste mundo." Um postulado que poderíamos classificar de individualista (o próprio Wilde o fará), pois não deixa, de início, nenhum lugar para qualquer outro diferente de si — nem acima (divinos) nem ao lado (humanos). Cada um tem, portanto, ao nascer, um si mesmo e uma natureza repousando calmamente em seu interior, aguardando apenas o seu florescimento; tudo está em não reprimi-los, mas os deixar livres. O que é condenável é precisamente o ato de condenar o que nos é próprio; toda exclusão, toda influência sofrida deve ser proibida, pois ela nos priva de nosso ser. Dorian tira daí suas conclusões: "Ele não aceitará nunca nenhuma teoria, nenhum sistema que implique o sacrifício de qualquer forma de experiência passional que houver." Desde que seja forte, toda experiência, apenas pelo fato de se realizar, é boa. Tudo o que é, é bom — exceto o movimento que nos leva a transformar ou a reprimir as experiências. Ao recusar toda intervenção exterior — um juízo que incide sobre o aqui e o agora em nome do alhures ou tanto do passado quanto do futuro —, o homem aprende "a se concentrar nos instantes da vida, que não é em si mesma senão um instante".[6]

Wilde se desliga aqui de seu ponto de partida baudelairiano. A perseguição do belo não é em nada diverso do florescimento de si mesmo; desse fato decorre que ela é acessível a cada um, e não apenas aos melhores, aos eleitos, aos aristocratas. Por ser irlandês e homossexual, Wilde está consciente de pertencer a grupos minoritários e marginais, não aderindo à aristocracia de Baudelaire; diferentemente deste, ele aprova o socialismo. Por intermédio de George Bernard Shaw, também irlandês e dramaturgo, Wilde descobriu a Fabian Society, fundada em 1884. Essa sociedade defende uma variante da doutrina socialista: seus membros partilham o ideal, mas se opõem a toda ideia de revolução e de ditadura; as reformas sociais que eles promovem devem se realizar de maneira pacífica e gradual. Wilde também é sensível ao combate dos irlandeses para aceder à autonomia política, e mesmo a independência. Em 1885, Charles Stewart Parnell cria o Partido Nacionalista, e a questão irlandesa provoca em Londres debates apaixonados. O esteticismo de Wilde não é reservado a uma elite; aberto a todos, ele é compatível com uma sociedade democrática.

As ações virtuosas, assim como os gestos egoístas, têm seu lugar na existência, a solidão como a sociabilidade, desde que correspondam à natureza de cada um: "Toda experiência tem seu valor", inclusive, por exemplo, o casamento (e não apenas a luxúria). É o que Lorde Henry chama de "novo hedonismo": uma filosofia de vida em que cada um permanece como seu único juiz e cujo objetivo é acumular o máximo de prazeres. Quase no mesmo momento (em 1888), Friedrich Nietzsche, dez anos mais velho que Wilde, escreve em sua autobiografia: "Minha fórmula para o que há de grande no homem é *amor fati*: não querer nada de outro a não ser o que é, nem diante de si, nem atrás de si, nem nos séculos dos séculos." Ou nos fragmentos reunidos sob o nome de *A vontade de potência*: "Nada do que acontece em geral pode ser em si repreensível."[7] Nesse sentido, Nietzsche não compartilha das escolhas democráticas de Wilde.

Em que medida o destino das personagens do romance corresponde a este programa geral? É aqui que reencontramos a segunda versão da doutrina, que não satisfaz verdadeiramente as exigências da primeira. O exemplo mais claro é fornecido pelo próprio herói do livro, Dorian Gray, que distingue dois níveis de realização. Um, que ele considera com condescendência, corresponde ao ideal do dândi — saber "usar uma joia, dar um nó de gravata ou manejar uma bengala". O outro, ao qual aspira, é bem mais ambicioso: é justamente o novo hedonismo, ou ainda a "espiritualização dos sentidos",[8] um programa que englobaria a totalidade da experiência. Mas o que sabemos de sua vida não corresponde a essa ambição: trata-se de um culto dos sentidos bem mais do que sua espiritualização. Dorian se entrega à exploração de perfumes, em seguida mergulha no mundo da música, mais tarde se dedica às joias, antes de se virar para os bordados e tapeçarias (nisso, ele imita Des Esseintes, o personagem de *Às avessas*, de Huysmans). Sua ideia de belo permanece totalmente ornamental: ele se contenta em se cercar de belos objetos.

Seu mentor, Lorde Henry, tem também uma ideia bem estreita da beleza: "Quando sua juventude se for, sua beleza irá com ela."[9] Essa frase se torna um ponto de partida da intriga: mediante esse pacto faustiano, Dorian obtém que sua aparência física, ou seja, sua beleza, atravesse intacta os anos; já o retrato envelhece e carrega todos os estigmas da vida interior depravada que leva o modelo. Sabe-se o que ocorrerá: como em seus contos anteriores, Wilde mostra que a beleza física e a beleza moral não se dão forçosamente juntas.

Sabemos então que Lorde Henry se engana quando, pouco antes da morte de Dorian, ele continua a afirmar que seu amigo representa uma obra de arte perfeita, uma realização exemplar de si mesmo. Mas ele já havia admitido, diante de Dorian, que a bela alma nem sempre aparece num belo corpo, e que havia simplesmente escolhido preferir este àquela: "É melhor ser belo do que bom." Dorian se submete a este preceito levando-o um pouco mais adiante: a beleza não é apenas preferível ao bem, ela permite, além disso, perdoar o mal. "Por vezes, o mal não era mais a seus olhos do que um método que lhe permite realizar sua concepção de Beleza." O paralelo com Nietzsche pode ser perseguido: nos fragmentos da *Vontade de potência*, o filósofo proclama: "Arte e nada além da arte! É ela que nos permite viver, que nos estimula a viver", e aí anuncia a "redução da moral à estética." Um exemplo anedótico dessa atitude, retirado da vida de Nietzsche: quando, em março de 1885, a terra treme em Nice, ele se lembra de que, dois anos antes, o vulcão de Cracatoa, na Indonésia, havia provocado uma das maiores explosões de todos os tempos e feito numerosas vítimas. Ele grita, em êxtase: "Duzentos mil seres aniquilados de um só golpe, é magnífico; eis como a humanidade deveria terminar!"[10]

Em que consiste exatamente o erro do mestre e do discípulo, de Lorde Henry e de Dorian? Eles erraram quando não seguiram o plano inicialmente traçado. O florescimento do indivíduo implica que não se elimina nada; ora, Dorian e Henry negligenciaram uma parte essencial do que constitui o ser humano: sua relação com outros homens e, por isso mesmo, sua consciência, sua via moral, portanto. Quando o primeiro pergunta ao segundo o que significa a palavra "bom", este responde: "Ser bom significa estar em harmonia consigo mesmo. [...] Nossa própria vida, eis o que é importante. [...] É o individualismo que se propõe o mais nobre objetivo." O individualismo, entendido aqui como egocentrismo e autossuficiência, nos intimaria, portanto, a não levar os outros em consideração; mas o ser humano é um valor em si mesmo? Se toda experiência tem seu valor, por que procuraríamos excluir da vida a compaixão ou a alegria compartilhada? Dorian é movido não pelo desejo de um florescer total, mas por uma "sede irrefreável por prazer", por uma fuga desmedida diante do tédio, em detrimento de todas as outras facetas de sua existência. Ele não fracassou porque o programa inicial era ruim, mas por não tê-lo compreendido e aplicado em sua integralidade. "Do ascetismo que sufoca os sentidos, prometeu-se a si mesmo, assim como do vulgar deboche que os amortece, ele não saberia nada";[11] entretanto, ele obedeceu apenas à primeira parte de sua própria injunção.

Walter Pater, que sem dúvida não queria se sentir responsável pelos excessos de Dorian (e talvez pelos de seu ex-discípulo Wilde), terá percebido imediatamente essa traição a seu ideal, e ele o explica em sua resenha dedicada ao romance (em novembro de 1891): "O verdadeiro epicurismo [é assim que ele designa a primeira versão do 'novo hedonismo' de lorde Henry e do 'individualismo' de Wilde] visa a um desabrochar completo e harmonioso do organismo humano em sua totalidade. Por conseguinte, perder o sentido moral, por exemplo, os sentidos do pecado e da virtude, como os heróis do sr. Wilde se apressam a fazer com tanta rapidez e tão integralmente que lhes é possível, é perder ou reduzir toda organização, é tornar-se menos complexo, é passar de um nível superior a um nível inferior de desenvolvimento." O mesmo ocorre na relação entre o belo e o verdadeiro: antes de revelar a natureza profunda do Ser, a beleza (assim como a do rosto de Dorian) serve para dissimulá-la. No mundo do romance, a ambição romântica de fazer coincidir verdadeiro e belo é abandonada. "Quem não prefere a Beleza à Verdade não saberia aceder ao santuário mais secreto da Arte." Assim, Wilde opta pela mentira em detrimento da verdade, conformando-se, dessa maneira, sem o saber, a outra fórmula nietzschiana, então inédita: "Sem não verdade, nem sociedade nem civilização. O conflito trágico. Tudo o que é bom e tudo o que é belo depende da ilusão — a verdade mata. [...] A alegria de mentir é estética."[12]

Os dois principais eventos que formam a intriga de *Dorian Gray* — o suicídio de Sibyl Vane e o assassinato de Basil Hallward — ilustram as derivas a que pode conduzir uma interpretação demasiado literal da ideia segundo a qual a realização de nossa natureza e o desabrochar interior devem permanecer como os únicos guias de nosso comportamento. Sibyl se mata porque Dorian a repudia; a reação de Dorian é a de um homem que decidiu ser o espectador de sua própria vida, a qual ele admirará como uma testemunha exterior — sem tomar parte dela. Ele pensará em Sibyl, sem nenhuma emoção outra a não ser a estética, "como numa maravilhosa figura de tragédia situada na cena do mundo para provar a suprema realidade do amor". Ao morrer assim, ela se colocou no mesmo pedestal que Juliette, a heroína de Shakespeare. Mas essa desrealização dos seres, essa transformação dos outros em personagens de teatro e em si mesmo como o espectador, não seria demasiado cômoda quando estamos tão intimamente engajados no destino dos outros? E não constitui uma privação deliberada de uma experiência essencial, a da dor e do luto? Dorian conclui: "Tornar-se o espectador de sua vida é escapar dos sofrimentos da vida";[13] mas a denegação do sofrimento corre o risco então de ter um custo bastante elevado. O recalcamento da sociedade humana não possibilita o desabrochar de si.

Dorian mata Basil porque este lhe reprova a vida dissipada que leva e porque Basil viu o retrato transformado, espelho fiel dessa alma que se tornou horrenda. Ele o mata, assim como tentará — com a mesma faca — destruir por conta própria o retrato, testemunha de sua degradação interior. Mas esse gesto não tem mais nada da aceitação serena de toda experiência, desde que seja intensa. Dorian decide suprimir, com violência, caso seja necessário, toda uma parte de si mesmo: como consequência, ele procura eliminar também todos os que tomaram conhecimento dessa face escondida. É para se livrar de sua própria consciência que ele primeiro mata Basil, em seguida destrói o retrato, isto é, a si mesmo. Porém, procurar eliminar uma parte de si é algo bem diferente do que chegar ao desabrochar total de si: a consciência humana não é um acidente, ela é parte integrante do ser. Pater tinha razão de deplorar o protagonista do romance.

Os outros personagens do livro ilustram a mesma incapacidade para realizar o ambicioso programa. Lorde Henry, que se torna ao fim do livro um velhote melancólico, está longe de atingir o pleno desabrochar; ele empobreceu seu ser ao se limitar ao papel de espectador indiferente. Basil Hallward destruiu sua própria vida em virtude de sua admiração e seu amor cego por Dorian. Sibyl, por sua vez, assina sua condenação à morte por um gesto de exclusão e de limitação: de maneira simétrica e inversa à de Dorian, ela decide sacrificar a arte ao amor. Ele não a ama enquanto suporte da arte; ela decide não mais jogar para permanecer no real: ela não quer manter senão os sentimentos verdadeiros, não os simulados; seu erro, mais uma vez, foi o de ter sacrificado uma parte de seu ser a outro, em lugar de esperar o desabrochar do todo.

O *retrato de Dorian Gray* deve, portanto, ser lido como, ao mesmo tempo, a evocação de um ideal de vida e a descrição das mil e uma maneiras de não atingi-lo — como uma advertência contra as armadilhas que espreitam cada um nessa via.

A vida sob o signo do belo:
após *Dorian Gray*

Após a publicação de seu romance (em 1890), Wilde retoma para si e amplifica o programa geral por ele esboçado, em especial em seu ensaio *A alma do homem sob o socialismo*. A vida bela, que também é a boa vida, não consistirá em se cercar de belos objetos nem de riquezas, mesmo que uns e outros possam torná-la mais agradável; o ideal da vida moderna é diverso: "No frontão do novo mundo, estará inscrito: 'Seja você mesmo.'" É provável que Wilde tenha tomado essa frase de empréstimo a Ibsen. O dramaturgo norueguês, que gozava então de grande sucesso no teatro europeu, publicou em 1867 seu *Peer Gynt*, cuja personagem principal formula assim o princípio que rege sua vida: "O homem deve ser o quê? Si mesmo." A peça de Ibsen problematiza essa injunção; Wilde a toma para si sem reservas. Pouco lhe importa qual é a natureza do "eu", desde que ele o seja plenamente; pouco lhe importa suas inclinações ou sua profissão. "Pode ser um grande poeta, ou um grande sábio, ou um jovem estudante universitário, ou um pastor em sua mata; ou um autor dramático como Shakespeare; ou um teólogo como Espinoza; ou uma criança brincando no jardim, ou um pescador que atira sua rede ao mar. Pouco importa o que ele é, desde o instante em que ele realize a perfeição da alma que ele tem dentro de si."[14] Mais uma vez, o peso é posto sobre a acessibilidade dessa experiência: ela é aberta a todos, tanto plebeus quanto patrícios. Nenhuma experiência é ruim em si mesma, desde que ela vá no sentido do ser que somos. A realização de si é o objetivo da vida. O único erro seria se enganar de alma e de caminho, imitar o exemplo de outro que não o si, que permanece estranho a ele. O indivíduo não se forma tateando, mediante os encontros e as experiências que constituem seu destino, mas revela — ou não — uma identidade que sempre esteve nele.

Para Wilde, esse ideal de vida não apenas é preferível aos outros como também corresponde mais perfeitamente à identidade humana — esse ideal diz a verdade travestida por outros ideais e outros conceitos da boa vida. Querer ser si mesmo significa, antes de tudo, ir ao encontro da vida, não submeter seu ser e sua existência a uma categoria exterior, mas encontrar em si os critérios de excelência. "O que o homem sempre procurou não é a verdade nem a dor, nem o prazer, mas simplesmente a vida. O homem sempre procurou viver intensamente, plenamente, perfeitamente." Nenhum valor é superior à vida. Viver intensamente é ser si mesmo. Sentir-se viver é o primeiro passo em direção à perfeição. Infelizmente, não é uma experiência comum aos homens: "Viver é a coisa mais rara do mundo. A maior parte das pessoas se contenta em existir." Isso implica reprimir suas forças vitais em lugar de deixá-las florescer. Mais uma vez, a posição de Wilde ilustra o pensamento de Nietzsche (a quem ele não conhece). "A humanidade sempre repetiu o mesmo erro: ela fez de um meio para chegar à vida uma *medida* para a vida, em vez de encontrar a medida no mais extremo realçamento da própria vida", escrevia o filósofo em *A vontade de potência*; ou ainda: "Somos os desdenhadores da vida? Ao contrário, procuramos instintivamente uma vida *elevada a uma altíssima potência*, uma vida nos perigos."[15]

Tornar-se si mesmo é uma atividade que cada um deve conduzir sozinho a seu termo, sem olhar para os outros, pois o critério da vida intensa é estritamente pessoal; a sociedade nada tem a dizer sobre isso. É por essa razão que Wilde emprega o termo "individualismo" para designar essa escolha. Essa palavra torna-se então sinônimo da afirmação plena e inteira de si, sem que nenhuma parte da vida seja sacrificada a um dever qualquer exterior — sem tampouco que ela dependa, para sua realização, de um ingrediente estranho. Toda coisa se esforça para perseverar em seu ser, dizia Espinoza; todo ser humano deve fazer desse lema a grande regra de sua conduta, precisa Wilde. O individualismo não deve, nesse sentido, ser confundido com o egoísmo, como faziam as personagens de *Dorian Gray*, pois afirmar a si mesmo não significa lesar os outros. "Uma rosa vermelha não é egoísta quando aspira a ser uma rosa vermelha", ela só o seria se exigisse que todas as rosas brancas se avermelhassem...

O altruísmo, por sua vez, não significa fazer o bem dos outros; Wilde se junta aqui aos paradoxos de Lorde Henry quando declara: "O altruísmo consiste em deixar os outros viverem suas vidas, sem que o si mesmo se intrometa nelas"; tudo se passa como se a renúncia a um código moral repressivo acarretasse consigo a colocação entre parênteses de toda interação social. É verdade que, segundo Wilde, a capacidade de simpatia faz parte da natureza de cada um (o que Dorian Gray não ignorava), e um ser desenvolvido, tornado ele mesmo, experimentará também a simpatia pela vida que o cerca — não apenas a compaixão pelos sofredores, como prega o cristianismo, mas também a alegria pela felicidade dos outros. "Qualquer um pode simpatizar com os sofrimentos de um amigo, mas é necessária uma natureza muito nobre — de fato, é necessária uma natureza de individualismo verdadeiro — para simpatizar com a vitória de um amigo."[16]

Dois anos mais tarde, na carta conhecida como *De Profundis*, Wilde retorna a esse tema e examina a si mesmo nesse contexto. Ele declara ser então "muito mais individualista do que jamais tinha sido" — individualismo no sentido em que não exige nada dos outros e tudo de si mesmo; Wilde não mudou de orientação, apenas de maneira de agir: "Minha natureza procura por uma nova maneira de ser si mesma." Essa busca de si, essa aceitação de toda experiência, essa submissão, não da vida aos valores, mas de todos os valores à vida, deve-se chegar a ela sem a ajuda das muletas habituais: moral, religião, razão. O indivíduo não pode encontrar socorro a não ser em si mesmo; esse novo programa deve substituir o antigo. A moral não pode ajudá-lo, pois Wilde não crê na justeza das leis comuns; a religião não ajudá-lo porque Wilde faz parte dos que "situaram seu céu nesta terra", mas também porque não pode se submeter a nada que lhe seja exterior, apenas ao que descobre em si mesmo. A razão não pode ajudar porque julga e exclui, ao passo que Wilde gostaria de aceitar tudo o que viveu. "Tudo aquilo de que tomamos consciência é justo. [...] Rejeitar suas próprias experiências é impedir seu próprio desenvolvimento."[17]

WILDE

Esse ideal de vida, realização de si, coincide com a escolha consciente do artista, esse "escravo da beleza". Está aí uma definição desse ofício: "O verdadeiro artista é um homem que crê absolutamente em si mesmo porque ele é absolutamente si mesmo." Portanto, o "artista verdadeiro" não é simplesmente aquele que se dedica por inteiro à criação de suas obras; é aquele que organiza sua própria vida de certa maneira, que chega a ponto de viver suas obras e coloca o mundo exterior em acordo com seu eu. A obra de arte não deve se submeter a critérios externos, ela consiste numa coincidência perfeita com si mesma — e é nesse sentido que a arte é um modelo para a vida. "A Arte é a mais intensa forma de individualismo que o mundo jamais conheceu." A obra só é bela na medida em que ela é, plenamente, si mesma. É porque se pode também dizer que o belo, a lei da arte, é superior a toda outra categoria: situar a arte no cume das atividades humanas é justificado na medida em que ela é a melhor encarnação do belo. Wilde afirma com força essa equivalência em *De Profundis*: "A vida artística é o simples desabrochar de si."[18] A vida artística como modo de comportamento: tal é um dos dois únicos temas aos quais Wilde diz querer dedicar os anos que lhe restam a viver.

O outro tema não é, de fato, muito afastado, mesmo que a maneira que Wilde escolhe para tratá-lo possa surpreender: trata-se de um elogio de Jesus Cristo, percebido como a encarnação do ideal que Wilde quer promover. A razão da escolha desse personagem, presente em sua obra desde vários anos, principalmente no ensaio sobre *A alma do homem*, é que Jesus não se preocupa em respeitar as normas

nem as convenções, nem tem necessidade de bens ou riquezas: ele quer que cada um descubra o reino em si mesmo.
Nisso, segundo Wilde, ele anuncia o credo do individualismo, ser si mesmo. A mensagem cristã é assim traduzida:
"Não creia que sua perfeição resida no acúmulo ou na posse
de bens exteriores. Sua perfeição está em você [...] O que
Jesus diz é que o homem atinge sua própria perfeição, não
graças ao que ele tem, nem mesmo graças ao que ele faz, mas
exclusivamente graças ao que ele é." Para imitar o Cristo,
basta ser perfeita e absolutamente si mesmo; os objetos são
supérfluos, as posses materiais, inúteis: "O homem é completo em si." Essa fórmula não deve ser entendida como uma
recusa em reconhecer a presença de outros homens, "o
homem é naturalmente sociável";[19] no entanto, ela indica
uma hierarquia. É nesse sentido que, na utopia esboçada por
Wilde nesse ensaio, o individualismo é engastado no socialismo: este último assegura o funcionamento da sociedade, no
interior da qual o ser humano pode viver a seu modo.

Em *De Profundis*, Wilde retorna mais longamente sobre
o papel que ele reserva a Jesus. É ainda seu individualismo
que o atrai, entendido como recusa das normas e reconhecimento das diferenças individuais. "Para ele, não havia leis;
existiam apenas exceções. [...] Ele não queria admitir que se
sacrificasse a vida a um sistema qualquer de pensamento ou
de moral." Essa coincidência consigo mesmo, essa recusa em
recorrer a formas de ajuda exteriores também conduzem
Jesus a valorizar o momento presente: o reino celeste está
aqui e agora. "Ele pregou a enorme importância de viver
inteiramente no instante." Segue-se daí que "Cristo é o mais

supremo dos individualistas."[20] É necessário dizer que, mesmo que as fórmulas de Wilde sejam paradoxais, no fundo sua intuição comporta algo de justo: é exatamente no cristianismo que se origina o individualismo moderno.

Logicamente, Jesus se confunde com o artista — todos dois encarnam esse objetivo, ser si mesmo. Mas tendo assim se inspirado, se é possível dizer, no exemplo do artista, Jesus não tem mais necessidade de criar obras de arte: ele transpôs esse modo de existência a toda a vida. Os homens devem imitar os artistas não produzindo obras, mas tornando belas suas vidas. É nesse ponto preciso que também podemos observar no que o artista e Jesus se distinguem: o primeiro dedica sua vida a produzir obras, o segundo faz de sua própria vida uma obra (no sentido de Wilde). "Com uma imaginação vasta e prodigiosa, imposta quase ao temor, ele toma como reino o mundo inteiro do inarticulado, o mundo sem voz da dor e se oferece para ser o porta-voz eterno desse mundo."[21] Em lugar de criar personagens que ocupariam a cena de um teatro ou as páginas de um romance, Jesus inventou sua própria vida, ele se quis interlocutor universal da humanidade. Portanto, a produção das obras de arte não é senão um pequeno segmento dessa vida que se vê inteiramente situada sob o signo do belo. É próprio à religião cristã ter imaginado uma encarnação humana do projeto divino — como as obras de arte comuns são usualmente a encarnação dos projetos do artista. Nisso, Jesus se assemelha não ao artista, mas à própria obra. O artista no sentido estrito — poeta, pintor, escultor — só tem uma vida artística na medida em que, ao criar, realiza seu ser profundo (mas é assim que nascem as maiores obras).

As duas vias outrora distintas por Wilde — "deve-se ser uma obra de arte ou vestir uma obra de arte" — podem se juntar à condição que o processo de criação seja a via que conduz o indivíduo a sua própria realização.

Tomando sua própria vida como exemplo do projeto individualista, sempre em *De Profundis*, Wilde não a limita apenas à criação de obras, mas a considera em toda sua diversidade; e ele não se censura por ter tal ou tal experiência, mas, antes, por ter afastado algumas, por ter subestimado a riqueza da vida. Ele quis submeter sua existência a um sistema de valores preconcebido, portanto, a outra coisa diferente de si mesma (é a mesma censura que ele fazia implicitamente a seus personagens Lorde Henry e Dorian Gray; o romance, como acontece com frequência, foi mais sábio do que seu autor). Se Wilde aprendeu alguma coisa na prisão, foi isso: deve-se aceitar a totalidade da vida. Desde a época de seus estudos em Oxford, ele se decidira a se abrir a todos os prazeres da vida, e disso ele não se arrepende. Mas ele errou ao afastar as experiências dolorosas. "Meu único erro foi o de me dedicar exclusivamente às árvores do que parecia ser o lado ensolarado do jardim, e fugir do outro lado, porque ele era sombrio e triste." Ora, toda limitação é nefasta. Nas vésperas de sua libertação da prisão, alguém o aconselhou a esquecer as experiências dolorosas que ele acabara de viver, mas ele não repetiu o mesmo erro: "Renegar suas próprias experiências é colocar uma mentira nos lábios da própria vida."[22]

No dia em que tentou fazer sua vida entrar no jugo das normas impostas de fora, Wilde cometeu a única ação verdadeiramente culpada de toda sua vida: foi quando tentou fazer com que o marquês de Queensberry fosse condenado. Lembremos as circunstâncias: para evitar que seu filho, Bosie, continuasse como amante de Wilde, Queensberry agride publicamente o poeta. Bosie, que odeia seu pai, incita Wilde a formalizar uma queixa por difamação. No decorrer do processo, Queensberry consegue provar que suas alegações que concernem à homossexualidade de Wilde têm algum fundamento. Assim, ele é absolvido, ao passo que Wilde é preso e processado por "atos grosseiramente imorais". Na sequência de dois novos processos, Wilde é condenado a dois anos de trabalhos forçados. Em lugar de admitir sua homossexualidade, ele quis negá-la aos olhos dos outros; e, por isso, foi castigado. Do ponto de vista individualista, convocar assim a sociedade para que ela aplique sanções ao comportamento dos indivíduos é em si um erro, mas, além disso, para tentar fazer com que a lei fique do seu lado, ele teve de mentir, apresentar-se como modelo de virtude, dissimular e reprimir parte do seu ser — uma traição das exigências individualistas. Seu castigo foi então, de algum modo, bem merecido — ele foi punido por não ter seguido com escrúpulos suficientes seus próprios preceitos.

Tem-se a impressão de que Wilde chega aqui muito perto daquilo que vai constituir o nó de seu drama. A ideia da beleza se deixa interpretar de duas maneiras. De acordo com a primeira, ela é uma propriedade do mundo exterior: alguns objetos, alguns atos são belos, outros, não. De acordo com a segunda, ela é uma atitude adotada pelo sujeito em relação ao mundo; se nos atemos a ela, não rejeitamos previamente nenhuma parcela desse mundo: nem o que uns acreditam ser feio, nem o que outros condenam como estupidez. Essa atitude que permite apreciar a beleza se confunde de forma total com a sabedoria. Wilde oscila entre duas interpretações: ele gostaria de reclamar para si a segunda, mas percebe que tem dificuldades em abandonar a primeira. Ora ele aceita o mundo tal como ele é, ora ele deplora o "declínio da mentira". Pois bem, as duas escolhas não têm o mesmo alcance. Todos amam os prazeres e o sucesso; a única questão é saber se podemos amar a vida quando ela nos é hostil.

A tragédia de Wilde

A carta chamada de *De Profundis*, endereçada ao espírito de Bosie e escrita nos primeiros meses do ano de 1897 (Wilde é libertado da prisão em maio), deixa entender que ele retomará, reforçará e amplificará seu projeto de vida: o ideal da realização de si, de uma vida concebida como uma obra de arte, ideal que ele irá atingir ao se dedicar à produção de novas obras. Ele escreve: "A expressão me é tão necessária quanto são as folhas e as flores dos ramos negros das árvores que se mostram acima dos muros da prisão e que o vento agita sem cessar. Entre minha arte e o mundo há hoje um amplo abismo, mas entre a arte e mim mesmo, não há nenhum. Pelo menos, é o que espero." Com efeito, a julgarmos por sua correspondência, Wilde não acredita que a condenação ou a prisão o tenham alquebrado. É verdade que, ao escrever ao ministro do Interior em 2 de julho de 1896, ele diz saber com certeza "que sua carreira de dramaturgo e de escritor é finda" — mas é possível que Wilde tente então apresentar seu caso em cores particularmente sombrias, pois se trata de um pedido de graça. Ele não poderia ainda assim encontrar na experiência da prisão um benefício para sua escrita? A primeira pessoa a lhe visitar em sua cela, em junho de 1895, R.B. Haldane, tenta melhorar seu ânimo e o encoraja a pensar em sua obra futura. "Eu lhe disse que ele não havia plenamente explorado seus grandes dotes literários, e isso porque, ao levar uma vida de prazer, Wilde não soube tomar para si nenhum grande tema. A infelicidade presente poderia se revelar uma bênção para sua carreira, pois ele tinha, a partir de então, um grande tema." O próprio Wilde pensa assim na época em que escreveu *De Profundis*: "Tenho diante de mim tanto a fazer que eu consideraria uma horrível tragédia morrer antes de ter podido realizar alguma parte disso." A transformação que se produz em Wilde, registrada nessa carta a Bosie, lhe parece essencial, ele encontrou sua via: "Vejo enfim um verdadeiro objetivo para o qual minha alma pode tender, um objetivo simples, natural e correto."[23] No momento de sua libertação, ele está igualmente eufórico; seus amigos o descrevem como transbordante de projetos e de energia.

É, porém, nesse momento que a "horrível tragédia" se realiza. Os fatos aí estão: em matéria de criação, Wilde produz após a saída da prisão apenas uma obra, o longo poema a *Balada do cárcere de Reading*, concluído em 1897; ele também publica suas cartas abertas escritas na condição de prisioneiro, uma em maio de 1897, outra em março de 1898. Suas outras tentativas de criar não se concretizam.

De fato, enquanto está preso, Wilde mantém sérias dúvidas acerca da sequência de sua vida. Numa carta não datada, mas escrita provavelmente em maio de 1896, ele escreve: "Mesmo saindo desse odioso lugar, sei que só poderei levar uma vida de pária — na desonra, na miséria e no desprezo"[24] — o que é uma descrição bastante exata do que o espera. Entretanto, a carta não menciona o obstáculo que se origina nele próprio — ora, aí repousa a causa profunda de seu silêncio, como Wilde o descobrirá pouco a pouco.

Uma vez libertado, ele se dirige para a França e se instala em Berneval, na costa normanda. Quais são suas necessidades? Do mar: ele se encontra diante do mar. De uma pequena casa também, em lugar de um hotel: "Se eu pudesse me oferecer um belo chalé construído num jardim que me pertencesse, viver no que seria meu lar e sendo mestre de minha vida mutilada, eu seria capaz de criar uma bela obra e de continuar a falar ao mundo tocando um instrumento que, creio, se enriqueceu de outras cordas." Assim, ele aluga uma casa. A euforia criadora não vem em seguida, mas isso não o inquieta em demasia: "Os dois longos anos de silêncio acorrentaram minha alma. A inspiração retornará, tenho certeza disso." É nesse local que escreve a *Balada*. Mas é também ali que descobre que todas as condições para a criação não estão, de fato, reunidas. Ele confidencia a um amigo, em agosto de 1897: "Espero recuperar mais adiante a concentração de vontade que condiciona e governa a arte, a fim de produzir novamente uma obra de valor"; e a outro: "Não estou em estado de fazer o trabalho que quero e temo nunca consegui-lo. O intenso poder de criar me foi arrancado."[25] Esse fracasso não estava previsto: nada na concepção da vida de Wilde permitia imaginá-lo. Tal era a surpresa para a qual ele não tinha sido preparado.

O que se passou? Alguns dias após ter escrito essas frases, Wilde toma uma temerária decisão: a de recomeçar a vida em comum com Bosie, vilipendiado em *De Profundis*; para justificá-lo, ele admite diante de outro amigo: "Minha última quinzena em Berneval foi horrível, inteiramente propícia ao suicídio. Nunca fui tão infeliz." Não é a primeira vez que Wilde se queixa da solidão, maior ainda do que ele imaginava na prisão, mas se soma a ela a incapacidade de escrever. É para remediar essa dupla carência que Wilde retoma sua vida com Bosie. Ele lhe escreve para explicar sua decisão: "Você pode realmente recriar em mim essa energia, esse sentimento alegre de que depende a arte. [...] É somente a seu lado, eu o sinto, que posso escrever o que quer que seja."[26] A presença de outrem assume aqui um lugar inédito na teoria de Wilde.

Em Berneval, ele tinha, certamente, o mar, mas lhe faltavam dois outros ingredientes: a afeição humana e o sol; os dois poderiam se reunir em Nápoles, para onde ele se dirige com Bosie. O projeto permanece, pelo menos em aparência, o mesmo. "Vim aqui para tentar atingir o aperfeiçoamento de meu temperamento de artista e o de minha alma." Ora, ele não consegue nem um nem outro. Bosie não lhe traz a ajuda esperada, tampouco o sol; no início de novembro de 1897, cinco meses após sua libertação, Wilde esboça uma constatação, desiludido: o retorno à escrita e à vida pública se mostra mais árdua do que o previsto. Como fazer para ter êxito? "Preciso reexaminar minha situação, pois não posso continuar a viver aqui na atual situação, sabendo, porém, que mudar de vida é uma palavra vã: não fazemos senão girar nos círculos de nossa personalidade." Ao fim do mês, Wilde conclui com amargura, para outro correspondente: "Sou um problema para o qual não há solução." E para um terceiro: "Não posso remendar minha vida. Uma fatalidade pesa sobre ela. Nem para mim, nem para os outros, não sou mais uma alegria."[27]

É verdade que, em Nápoles, ele está longe de todos seus outros amigos, assim como da vida artística e intelectual que sempre lhe serviu de aguilhão. Vendo-se obrigado a romper com Bosie, Wilde decide instalar-se em Paris. "Chego em Paris no próximo domingo. É minha única oportunidade de trabalhar. Necessito de uma atmosfera intelectual, e estou cansado de bronzes gregos. [...] Aqui, minha vida só faz desmoronar, não tenho mais cérebro e energia. Espero fazer um esforço em Paris." No local, Wilde crê, no início, que uma mudança ocorreu. "A atmosfera intelectual de Paris me fez bem, e já tenho ideias, não apenas paixões. Nápoles me foi fatal." Porém, algumas semanas mais tarde, para explicar por que se via incapaz de escrever uma nova peça de teatro, Wilde traça um balanço amargo: "No que diz respeito à comédia, perdi o impulso essencial da arte e da vida, *la joie de vivre*: é aterrador. Ainda sinto prazer, paixões, mas a alegria de viver me deixou." A outro correspondente, ele escreve alguns meses mais tarde: "Quando vier me ver, poderá constatar que me tornei a ruína, o desabamento do que tinha outrora de maravilhoso, de brilhante e de terrivelmente inverossímil. [...] Acho que jamais voltarei a escrever *La joie de vivre* me escapou e, com a vontade, é a base da arte." E a seu fiel confidente Ross ele confessa: "Minha escrita se liquefez — assim como também eu. Sou apenas uma larva que sofre, em semiconsciência."[28]

As tentativas prosseguem, sempre com pouquíssimo sucesso. "Quero ainda trabalhar, para o próximo ano, mas não é fácil recuperar a disposição de espírito artístico, o desligamento da vida corrente." As dificuldades se acumulam. "Para mim, evidentemente, o objetivo da vida é o de realizar sua própria personalidade e, agora como outrora, é pela arte que posso realizar o que está em mim. Espero logo começar uma peça de teatro, mas a pobreza e a degradante necessidade de dinheiro, a perda de múltiplos amigos, a privação de meus filhos em virtude da mais injusta das leis, pelo mais injusto dos juízes, os terríveis efeitos dos dois anos de silêncio e os maus-tratos, certamente e em grande parte, talvez tenham matado para sempre a imensa alegria de viver que eu possuía outrora." Alguns dias essa dúvida se transformava em convicção: "Não penso que possa retornar a escrever. Algo morreu em mim. Não experimento mais o desejo de escrever; não sinto nem mesmo o poder de fazê-lo."[29] O projeto inicial é mantido, mas é agora condicionado a várias condições — ora, essas condições não estão reunidas.

A incapacidade de criar não se explica de modo algum apenas pela ausência dos meios materiais. Um amigo o leva para a Côte d'Azur em dezembro de 1898 para que ele possa escrever com calma. Antes de partir, ele se apressa a anunciar a todos os seus correspondentes que fará uma viagem a fim de trabalhar: "Ficarei ali um mês, ao fim do qual será necessário que eu produza uma obra de arte. Espero poder escrever alguma coisa." "De fato, só me levam com a condição de que eu produza uma obra de arte." Ao mesmo tempo, porém, ele escreve a Ross: "Quando chegarmos a La Napoule, eu revelarei a ele o que é atualmente um segredo de Polichinelo, isto é, que tenho uma degenerescência cerebral e que não posso ser perpetuamente um gênio." Uma vez no local, ele nem mesmo tenta trabalhar. Após essa pequena temporada, Wilde não se deixa mais iludir e não se lança em novas tentativas. "Tudo o que faço é apenas errar, pois minha vida não está fundada sobre uma boa base." Ele se contenta em viver sua ansiedade sem fundo, mergulhado nas preocupações cotidianas, e conclui: "Estou no meu estado habitual, o de um escombro."[30]

Wilde percebe então que sua concepção anterior da literatura não pode mais servi-lo. Ele defendia o princípio segundo o qual o escritor não devia jamais se servir de sua biografia em suas obras, pois essas deviam ser o puro produto de sua imaginação. O artista cria um mundo, ele não é esse mundo; crê-lo é "tão estúpido que dizer que Shakespeare é louco pelo fato de ele ter escrito o *Rei Lear*." No prefácio de *Dorian Gray*, ele ainda insistia nesse princípio flaubertiano: "Revelar a arte e dissimular o artista, eis o objetivo da arte." Ora, a única obra escrita após a prisão, a *Balada do cárcere de Reading*, diz *eu* na primeira página; os únicos outros escritos publicados nessa época, suas cartas abertas sobre a prisão, são igualmente alimentadas por sua própria experiência. Ele sabe disso, e experimenta um mal-estar: buscar o poema "na experiência pessoal é, de várias maneiras, um tipo de repúdio a minha própria filosofia da arte. [...] Tenho medo de me ter repudiado". Esse é para ele o defeito de sua *Balada*: "Eu, naturalmente, penso que o poema é por demais autobiográfico e que as experiências *vécues* [*vividas*] são elementos contrários que nós não deveríamos jamais nos deixar influenciar." Porém, parece claro a partir da leitura do poema que a teoria anterior entravou a nova prática: a *Balada* testemunha muito mais a familiaridade de Wilde com a poesia inglesa do que o vivido por ele próprio na prisão. E ele retorna rapidamente a suas antigas convicções: no decorrer de seu último encontro, Wilde dá a Gide este conselho: "Mas, *dear*, prometa-me: a partir de agora não escreva mais *je* [*eu*]. Em arte, veja bem, não há primeira pessoa."[31]

Ao sair da prisão, Wilde está cindido entre dois apelos contraditórios. Por um lado, para permanecer fiel ao que acaba de viver, deve adotar uma escrita diferente: renunciar aos ornamentos, nomear as coisas pelo nome que elas têm, praticar um estilo claro e direto, alimentar seu livros com sua experiência vivida. É também isso que seus amigos e o público esperam dele. "Eu seria apreciado, sem dúvida, se escrevesse orações para os desamparados, ou se eu retratasse o evangelho da alegria de viver num tratado barato." Mas Wilde não quer verdadeiramente tomar essa via. Ele gostaria que a experiência da prisão reforçasse e aprofundasse sua escolha de vida de sempre, não que ela o anulasse e o eliminasse. Entretanto, por outro lado, não pode mais escrever como antes: suas comédias, parte mais aclamada de sua obra, procediam de uma disposição de espírito e de uma atitude relativa ao mundo que não pode mais assumir. Quando, no decorrer de seus últimos anos, ele tem de simplesmente preparar o texto das comédias para a impressão, Wilde não pode deixar de constatar o abismo que o separa desse texto: elas eram escritas "na época em que eu brincava com o tigre que era a vida". A partir de então, "é para mim difícil rir da vida, como o fazia outrora".[32] Assim, não é, portanto, verdade que a obra permaneça inteiramente estranha à vida do artista. Uma adequação se estabelecia entre uma e outra no passado, mesmo que Wilde preferisse ignorá-lo; depois da prisão, sua vida é diferente, mas ele é incapaz de escrever obras que lhe correspondam. Reter apenas o "lado ensolarado" da existência é ter dela uma visão mutilada. Sua potência criadora é, portanto, marcada por um duplo interdito que torna toda escrita impossível.

Seu amigo Frank Harris, que o estimula sem cessar a escrever e diante do qual ele procura justificar sua impotência, relata que, ao fim de uma conversa, Wilde teria lhe dito: "Há uma guerra furiosa dentro de mim. Nasci para cantar a alegria e o orgulho de viver, os prazeres da vida, a delícia experimentada diante de tudo o que é belo no mais belo dos mundos, e eles me aprisionaram e me torturaram até que eu aprendesse a aflição e a piedade. Agora não posso mais cantar a alegria, Frank, pois conheci o sofrimento e não fui feito para cantar o sofrimento." Antes de seu aprisionamento, Wilde imaginava que sua vida de artista-criador era ao mesmo tempo uma vida artística — vida de brilho e de plenitude. Nos dias que se seguiram à sua libertação, olhando retrospectivamente para os anos precedentes, Wilde produz sobre eles um juízo crítico: ele não tivera êxito em sua vida artística, uma vida dedicada à criação de belas obras de arte. A vida que levava, diz no presente momento, era "uma vida de prazer insensato, de materialismo baixo — modo de existência indigno de um artista". "Toda minha depravação, minhas prodigalidades, minha vida mundana num ócio insensato eram nefastos a um artista." Ele tivera razão ao se pensar como individualista, mas não ao se submeter às exigências de um "materialismo deliberado e estudado". Ora, "toda parte de materialismo na vida endurece a alma, e a fome do corpo e os apetites da carne sempre profanam e com frequência destroem".[33]

Durante seus três últimos anos, a vida de Wilde é miserável e solitária; ele erra de cidade em cidade, de hotel em hotel, cercado de alguns companheiros de infortúnio. É inicialmente em virtude de ele só ter acesso a certo tipo de relações humanas. A justiça e sua mulher se uniram para proibir-lhe todo contato com seus filhos, o que o faz sofrer cruelmente. As pessoas de seu mundo viram o rosto quando por acaso cruzam com ele. "Se as pessoas do mundo das letras são simpáticas comigo quando me encontram, nós nos encontramos raramente. Tenho como companheiros aqueles que pude obter, e é certo que devo pagar por esse tipo de amizades, ainda que deva dizer que não são nem exigentes nem caras." Suas cartas narram as longas noites sem alegria nos bares parisienses. O sustento dos rapazes que ele encontra nesses locais, principais companheiros de Wilde durante esses anos, acaba por custar ainda assim muito dinheiro e se soma a suas outras despesas descontroladas, em particular o álcool: absinto, conhaque, champanhe. A correspondência de Wilde durante esses anos é uma litania de pedidos de dinheiro (e se parece, nesse sentido, com a de Baudelaire). Sua situação financeira não é verdadeiramente catastrófica, mas suas despesas são sempre mais elevadas do que seus ganhos; ora, estar constantemente em necessidade não é propício à criação. "O sofrimento é possível, e talvez até necessário, mas a pobreza, a miséria — eis o que é terrível. Isso suja a alma do homem."[34]

A experiência da prisão não trouxe para Wilde a transformação que R.B. Haldane desejava e que ele próprio esperava. O contraste é particularmente tocante se comparamos seu destino ao de Dostoievski, outro escritor do século XIX que conheceu as agruras da prisão e dos trabalhos forçados. Wilde conhece e admira a obra de Dostoievski (ele escreveu um resumo dos *Humilhados e ofendidos*), que interpreta como, antes de tudo, uma maneira de conhecer a dignidade do sofrimento. No decorrer de seus encontros após a prisão, Gide fala a Wilde de *Recordações da casa dos mortos* como um exemplo a seguir. Alguns pontos relativos à reação à prisão são comuns aos dois escritores: eles não saem de modo algum rebelados, professando, antes disso, a admiração por essas encarnações da ordem social que são, na Rússia, o czar, e na Inglaterra, a rainha. Porém, o contraste final é forte: os dois entram na prisão como escritores de grande talento; Dostoievski sai dali gênio, Wilde, marcado pelo silêncio. Como notou Stefan Zweig, que ressaltara o paralelo: "Wilde continua triturado como num pilão; essa experiência dá a Dostoievski, como o metal no seu crisol ardente, sua forma."[35]

De fato, o paralelo não é perfeito. Dostoievski é condenado por suas ideias políticas, Wilde, por sua conduta moral; o primeiro admite seu "crime", o segundo o nega. No dia seguinte a sua libertação, Dostoievski renuncia a suas convicções de outrora; Wilde renova as suas. Por conseguinte, o primeiro continua em seu país; o segundo o deixa tão logo libertado, para nunca mais revê-lo. Zweig nota outra oposição significativa: Wilde se sente humilhado por ter sido assimilado a um condenado, Dostoievski renasce para a vida quando os criminosos deportados o aceitam como um dos seus; o primeiro se arruína com a perda de sua posição social, o segundo se reconhece nos homens os mais miseráveis. Uma diferença na escrita de ambos permite entrever outro elemento explicativo: a obra de um é a de um romancista, não a do outro. Os romances de Dostoievski são povoados por personagens múltiplos e variados que se enfrentam. Quanto a Wilde, o que ele faz, antes de tudo, é nos fazer escutar *uma* voz, a que ele escolheu assumir: a voz de um homem de espírito que se exprime indiferentemente mediante poemas ou contos, estudos ou aforismos; e os personagens de suas comédias são tão espirituosos quanto seu autor.

O bom renome

Para compreender as razões dessa impotência e avaliar as teorias de Wilde a partir de sua própria experiência, comecemos pelo lugar que ele reserva à vida comum. Vimos que ele confiava no socialismo como forma de resolver toda questão que ultrapassasse a competência do indivíduo — o que é uma maneira de não refletir nesse amplo domínio. Para Wilde, a sociedade existe, de fato, mas é apenas a soma dos indivíduos semelhantes, sem que eles sejam realmente necessários uns aos outros. A simpatia para com o próximo é admirável em Cristo e desejável para todos, mas sua presença não faz verdadeiramente parte da definição do ser humano. Quando ele reflete, em *De Profundis*, na natureza de seu ideal, Wilde declara, num espírito deliberadamente "individualista": "Nada parece ter o menor valor, a não ser o que extraímos de nós mesmos."[36] Essa fórmula se refere ao contraste entre sanções ou recompensas vindas de fora e os juízos formados em seu interior, mas é significativo que a relação do indivíduo com os outros homens não tem aí nenhum lugar particular.

Na mesma carta, Wilde imagina sua vida após a prisão e a rejeição da qual poderia ser objeto; ele não crê que isso viria atingir seu bem-estar. "Posso ser perfeitamente feliz só comigo mesmo. Com a liberdade, as flores, os livros e a lua, quem não seria perfeitamente feliz?" Muitos homens, de fato, correriam o risco de não serem felizes apenas na companhia das flores e da lua, sem reconhecimento, nem conversação, nem amor. O próprio Wilde, tão logo instalado em Berneval, constata que ali lhe falta o contato humano. Na realidade, se observarmos a vida de Wilde antes da prisão, veremos a que ponto ele é sensível à imagem que os outros fazem dele — o que também quer dizer que ele jamais teria podido ser perfeitamente feliz sozinho nem se contentar em extrair todos os valores de si mesmo. Muito ao contrário: ele dá a impressão de ter uma necessidade irreprimível de reconhecimento social. Wilde está em sua melhor forma na conversação — que, na opinião de todas as testemunhas, era ainda mais brilhante que seus escritos. Gide relata essa frase de Wilde: "Coloquei todo o meu gênio em minha vida, e meu talento apenas em minha obra";[37] isso também significa que seu florescimento se dá com mais desenvoltura em sociedade do que na solidão. Que falem dele, que seu nome seja conhecido por todos lhe parece ser tão indispensável quanto o ar. As sanções e as recompensas advindas de outrem nunca cessaram de contar para ele; basta vê-lo responder a todas as críticas a respeito de *Dorian Gray*: sua reputação deve ser defendida com vigilância. A queixa por difamação contra Queensberry não é um ato totalmente isolado.

Na prisão, Wilde por várias vezes envia requisições ao ministro do Interior; sua reputação manchada é um dos primeiros assuntos abordados. "Nenhuma via pública o espera, tampouco uma carreira literária, nem quaisquer alegrias, quaisquer felicidades da vida. Ele perdeu mulher, filhos, renome, honra, situação, fortuna; ele só pode prever a miséria, só pode esperar uma vida obscura", escreve de si próprio na terceira pessoa. Quando sua libertação se aproxima, ele suplica que seja solto alguns dias mais cedo — não para abreviar sua pena, mas para escapar dos olhares indiscretos. "O requerente gostaria infinitamente de evitar a publicidade e a contrariedade dos interrogatórios e descrições jornalísticas por ocasião de sua soltura, cuja data é evidentemente conhecida com antecedência. [...] Ele deseja partir discretamente para o exterior, sem atrair a atenção pública." O que lhe pesa particularmente é seu aspecto físico depauperado, longe de seu ideal de outrora. É exatamente por isso que Wilde gostaria de escapar da atenção dos jornalistas no momento de sua libertação e que organiza com tanta minúcia os detalhes de sua partida da Inglaterra. "Entrar num compartimento de primeira classe que conteria outros viajantes seria odioso para mim: minha presença lhes causaria desagrado e eu certamente o notaria."[38] Sua requisição, como todas as precedentes, seria rejeitada — a administração é implacável com ele.

A ideia de que, durante seu encarceramento, suas cartas de amor a Bosie pudessem ser tornadas públicas lhe é insuportável. E a cena que o feriu o mais profundamente no decorrer de seu aprisionamento é ligada ao olhar que os outros mantêm sobre ele. Ao ser transferido de uma prisão a outra, Wilde é deixado por meia hora na plataforma da estação de trens, com as mãos algemadas. A massa se junta em torno dele: "eu estava lá", escreve, "para que o mundo pudesse me ver. [...] Cada trem que chegava aumentava o número de espectadores". A consciência da imagem grotesca que os outros tinham dele o faz chorar, ele conta, todos os dias durante um ano, à mesma hora. Uma vez fora da prisão, Wilde continua a se preocupar com sua reputação, mesmo tendo renunciado à Inglaterra. Assim que se instala em Berneval, ele envia a Bosie, então em Paris: "Tudo o que eu desejo é fazer uma reaparição artística, reabilitar-me pelo intermédio da arte, em Paris, não em Londres." E no dia seguinte: "Envie-me sempre o que saiu a meu respeito em Paris — bom ou ruim, mas sobretudo o ruim. É para mim de importância vital conhecer a atitude de meu público a meu respeito. [...] A menor palavra sobre mim me diz muito."[39]

A necessidade de reconhecimento público, portanto a interiorização das sanções vindas de fora, nos permite esclarecer outro grande enigma da vida de Wilde: a razão de fugir na véspera do processo. Com efeito, a partir de certo momento sua condenação se torna muito provável; ora, ele ainda está em liberdade. Seus amigos o pressionam para que parta para a França, local em que a homossexualidade não é penalizada da mesma maneira, onde ele tem numerosos amigos e sua obra é conhecida e respeitada. Pouco tempo depois, em circunstâncias semelhantes, Zola, depois de ter publicado seu panfleto *Eu acuso*, partirá rapidamente para Londres, a fim de fugir a sua condenação a um ano de prisão. Mas Wilde se recusa a fugir para Paris. Por quê? Em *De Profundis* ele procura culpabilizar Bosie e explica o fato de não ter partido em virtude das dívidas contraídas por este junto ao hotel: "Sem essa nota de hotel eu teria partido quinta-feira de manhã para Paris." Mas podemos duvidar da veracidade dessa explicação. No momento exato dos eventos, Wilde parece aproximar-se mais da verdadeira razão. "Decidi que era mais nobre e mais belo ficar. Poderíamos ter partido juntos, e eu não queria ser tratado como covarde ou desertor. Um nome falso, um disfarce, uma vida vigiada, tudo isso não é pra mim."[40] Diz-se que a mãe de Wilde fez chegar aos ouvidos do filho que ela o preferia preso a evadido, mas, mesmo sem tal intervenção, a escolha de seu filho devia ser feita: fugir significava romper com o sistema de valores publicamente aceitos, o que ele não desejava — ou, ainda, não podia fazê-lo. Assim, Wilde prefere a prisão ao exílio e à rejeição — não compreendendo de imediato que sofreria, de todo modo, tanto a prisão quanto a rejeição no exílio. Zola é salvo por seu orgulho: a sociedade pode em vão condená-lo, ele está certo de ter razão, mesmo sendo um só contra todos. Wilde se perde em virtude de sua vaidade: ele necessita da imagem lisonjeira que o público tem dele.

É por essa razão que, uma vez aprisionado, Wilde logo chega à conclusão de que o castigo que o atinge é justo. Ele não se põe a questão de saber se os amores homossexuais merecem ser considerados como crime; elas o são para a opinião pública, e isso basta. A esse respeito, ele nada tem de militante para o reconhecimento público dos direitos dos homossexuais, como gostaríamos de ver hoje. Wilde talvez não tenha cometido os atos precisos que o condenaram, mas cometeu outros, os quais ele próprio sabe que caem sob a mão da lei. Até mesmo seu desejo de viver essas aventuras lhe vinha em grande parte do fato de que elas fossem interditos: "Era brincar com panteras: o perigo constituía metade do prazer." Uma vez libertado, Wilde tampouco sonha em se revoltar contra o sistema de valores legais e sociais: ele fala de seu passado como "de minha infâmia dourada — minhas horas neronianas, ricas, desavergonhadas, cínicas, materialistas".[41] Dito de outro modo, ainda nesse caso Wilde interioriza o olhar que os outros mantêm sobre ele.

Desse ponto de vista, a imagem que Wilde fazia dele mesmo e de sua vida não era inteiramente justo. E é nessa imagem que podemos encontrar uma das causas de seu gesto fatal, o que vai precipitá-lo na direção de sua perda: a queixa feita contra Queensberry. Pois esse ato tem algo de insólito. Wilde tem incessantes experiências homossexuais; Queensberry o acusa de "posar de sodomita" — em outras palavras, ele diz a verdade. Ora, Wilde se propõe a provar publicamente que se trata de uma calúnia. Inebriado pela potência de seu verbo, acaba por confundir ficção e verdade; convencido de ser a fonte de seus próprios valores, decide desafiar o senso comum — conduzir-se como se este fosse obedecer a suas instruções. Este senso comum se volta contra ele e lhe inflige uma punição severa. A lição que ele tira disso, em suma, é: Você não deve ignorar a opinião pública! Wilde nunca o tinha feito e se cegara acerca da importância que o senso comum tinha para ele.

Suas peças de teatro mostram essa dependência para com o olhar do outro com mais acuidade do que suas declarações pessoais. Todas as comédias versam sobre essa distância entre ser e parecer, e sobre a necessidade de aparecer como se deve. Lady Windermere suspeita que seu marido se submete à Sra. Erlynne porque teme alguma revelação sobre seu passado. "Suponho que ele tenha medo de escândalo. Os homens são tão frouxos. Eles desdenham de todas as leis do mundo, e o rumor do mundo os amedronta." Em *Uma mulher sem importância*, Lorde Illingworth explica a necessidade que todos os homens têm da "alta sociedade": não é por ser divertida, mas porque ela funda a existência social. "A alta sociedade é uma coisa necessária." Não é o que Wilde descobrirá a seu próprio custo após a sua libertação?

As intrigas de suas peças giram com frequência em torno da chantagem, ataque eficaz contra a pessoa graças à ameaça que pesa contra sua reputação. A Sra. Erlynne faz com que Lorde Windermere tema suas revelações, como, em *O marido ideal*, a Sra. Cheveley chantageia Robert Chiltern — que está prestes a ceder: "Se eu perder tudo por causa desse escândalo horrível?"[42] Já em *Dorian Gray* a chantagem tinha um papel central; ela permitia a Dorian obrigar um cúmplice a ajudá-lo a dar sumiço ao cadáver de Basil Hallward. Evidentemente, não é por acaso que o tema retorna com tanta frequência aos escritos de Wilde: sua própria existência é exposta de chantagistas que lhe extorquem dinheiro contra promessas de manter segredo acerca de sua homossexualidade. Não, o indivíduo não pode ignorar a opinião pública.

É seu fiel amigo Robbie Ross que se encarrega de lhe ensinar a verdade sobre ele próprio: Ele escreve, após sua libertação: "Lembre-se de que você cometeu o imperdoável e vulgar erro de ser descoberto." O erro não foi ter sido homossexual, mas ter feito de maneira que esse fato se tornou de notoriedade pública. Wilde o reconhece em suas respostas: "Eu tinha continuado a acreditar em minha personalidade: vejo agora que ela repousava de fato na ficção de minha posição. Ao perder minha posição, constato que minha personalidade não me vale de nada." Na verdade, a distinção evocada entre personalidade e posição, interior e exterior, é insustentável: uma se move imperceptivelmente na outra. Ross resume a situação de Wilde, nos dias que se seguiram a sua morte: "Duas coisas lhe eram absolutamente necessárias:

o contato com os encantos da vida, de acordo com a fórmula de Pater, e uma alta posição social." Apesar das aparências, ele pôde retornar, após a prisão, aos encantos da vida. "Mas a posição social, ao fim de cinco meses ele compreendeu que não poderia obtê-la." Ora, como observa Auden num ensaio que lhe é dedicado, "para Wilde, a aprovação da sociedade era indispensável para sua autoestima".[43] É por essa razão exata que os três anos que lhe restam de vida são uma tragédia: ele não pode mais comandar a opinião pública e tampouco pode viver sem ela.

Vários anos antes de seu encarceramento, Wilde se dedicara à questão do crime. Ao examinar o caso de um escritor assassino, em *Pena, lápis e veneno*, ele pretende que o juízo estético não deve ser de maneira alguma perturbado por considerações morais ou legais: "Não há incompatibilidade fundamental entre o crime e a cultura"; ele chega a sugerir que se o autor flerta com o crime, isso pode dar mais força a sua obra: "Pode-se imaginar que uma personalidade intensa nasça do pecado." Mas se todos são obrigados a se submeter à lei comum e levar em conta a opinião pública, pode-se ainda exigir que o artista se veja eximido dessa lei? Wilde gostaria que as coisas fossem assim, conforme diz acerca de Benvenuto Celini, ao mesmo tempo grande artista e criminoso aos olhos da lei: "A lei comum e a autoridade comum não foram feitas para homens como ele." Porém, acabamos de vê-lo, quando se vê numa situação comparável, Wilde não segue seus próprios preceitos: ele não considera que a lei comum não foi feita para homens como ele. Assim, Wilde reage da mesma maneira ao caso Dreyfus. O capitão Dreyfus foi condenado por espionagem em 1894, sendo deportado para a Ilha do Diabo, na Guiana; seus aliados em Paris conduzem uma campanha em seu favor e o país se vê partido entre nacionalistas e universalistas ("dreyfusistas"). O coronel Esterhazy, provavelmente o verdadeiro culpado, é inocentado em 1898. Nesse caso, Wilde prefere emitir um juízo estético em lugar de um legal ou moral. "Esterhazy é bem mais interessante do que Dreyfus, que é verdadeiramente inocente. Sempre erramos quando somos inocentes. Para ser criminoso é preciso imaginação e coragem", diz a um amigo; e passará mesmo a manter relações habituais com Esterhazy, que o fascina. Nisso também, é fiel a Nietzsche: "Um monstro alegre vale mais do que um sentimental tedioso."[44]

Em 1891, Wilde escrevia: "Mesmo na prisão, um homem pode ser inteiramente livre. Sua alma pode ser livre. Sua personalidade pode se manter serena. Ele pode estar em paz." A experiência lhe provará o contrário. Mas é preciso dizer que Wilde adora fazer poses e jogar com paradoxos. A busca da beleza basta de fato para orientar toda uma vida? Ao sair da prisão, Wilde não crê mais nisso. Algumas dificuldades pedem um tratamento totalmente diferente, ele reconhece então. "Assim, os problemas financeiros só podem ser resolvidos por meios financeiros. O gênio, a arte, o romance, a paixão e outros são inúteis quando o ponto de litígio é uma questão de cifras. A solução de um problema de álgebra não pode ser encontrada no gosto pela beleza, por mais desenvolvido que ele seja."[45]

Essa verdade Wilde já a conhecia antes da prisão, mas preferia colocá-la de lado, exceto excepcionalmente, como nessa conclusão de seu ensaio O *crítico como artista*: "A Estética, de fato, está para a Ética, na esfera da civilização consciente, como a seleção sexual está para a seleção natural na esfera do mundo físico. Assim como a seleção natural, a ética torna a existência possível. Assim como a seleção sexual, a estética torna a vida bela e maravilhosa, plena de formas novas, traz-lhe progresso, variedade, mudança."[46] Nessa fórmula, inspirada no vocabulário darwinista, a estética não se coloca mais no lugar da ética, nem fora dela, mas se situa no contexto estabelecido por ela. Nem por isso é supérflua: seu papel não é mais adequar a vida às normas, mas torná-la mais "bela e maravilhosa". Aqui, Wilde não se contenta em colocar no mesmo plano todas as experiências, afirmar que elas podem todas atingir a perfeição; ele se lembra assim de que as experiências se situam necessariamente dentro de um contexto, o da vida em comum.

O lugar do amor

Em sua juventude, Wilde exprime uma admiração particular por dois quadros, o *São Sebastião*, de Guido Reni (Museu de Gênova), e *O amor e a morte*, de George Watts (atualmente no Museu de Bristol). Os dois têm em comum o fato de mostrarem o corpo nu, esbelto e tenso de um jovem rapaz (quase nu, para São Sebastião). Mas outro traço também os reúne, e o próprio Wilde o destaca em seus comentários sobre os quadros: São Sebastião, transpassado por flechas, sofre e morre por aquilo que ele ama apaixonadamente, sua fé, sua beleza eterna, o Céu; o quadro de Watts mostra a Morte de costas, uma personagem gigantesca, tentando em vão deter o rapaz de asas de anjo. O amor, em ambos os casos, inseparável da morte. Essa mesma associação estreita será ilustrada nos escritos literários de Wilde, de acordo com duas figuras complementares: o amor traz a morte seja àquele que ama, seja àquele que é amado; ele conduz ao suicídio ou ao assassinato.

Os contos, em particular, exploram a primeira variante. *O príncipe feliz* duplica essa imagem: o príncipe-estátua se sacrifica por aqueles a quem ama — os doentes, os famintos, os miseráveis — ao oferecer-lhes seus ornamentos; em seguida, a estátua é desmontada e fundida. Por sua vez, a andorinha se sacrifica pelo príncipe, permanecendo a seu redor quando chega o inverno: ela o ama demais para deixá-lo. *O rouxinol e a rosa* traz uma ligeira variação ao tema: o rouxinol se sacrifica por amor a um Estudante, para que esse possa oferecer uma rosa vermelha àquela a quem ama; assim, ele deixa seu sangue escoar na rosa cujo espinho transpassou seu coração. Mas o Estudante, por sua vez, não se sacrifica por sua bem-amada: quando esta o rejeita, ele atira fora a rosa e se decide prosaicamente a se dedicar a sua vida profissional. O rouxinol é, nesse caso, o único a acreditar que "o amor vale mais do que a vida", a cantar que "o amor encontra sua perfeição na Morte".[47] Em *O gigante egoísta*, o gigante, arrependido, morre ao descobrir o amor de uma criança, que não é senão Cristo, a própria encarnação do amor que conduz ao sacrifício. Hans, em *O amigo devotado*, morre por ter sido demasiado generoso, demasiado amante relativamente àquele a quem crê ser seu amigo, o rico e duro moleiro. Num outro conto, o anão monstruoso morre, com o coração partido, por ter compreendido que seu amor pela infanta jamais será correspondido (*O aniversário da infanta*). A morte parece ser o destino inevitável daqueles que amam.

Outras obras, não menos numerosas, completam esse esquema pelo lado inverso: aquele que ama quer matar o objeto de seu amor. Em sua primeira peça de teatro, Wilde conta a história de Vera, uma "niilista" que se prepara para matar o czar, mas que se apaixona por ele. Mal eles se beijam, o czar declara: "Agora posso morrer", e se justifica: "Talvez a taça da vida esteja plena demais de prazer para ser suportável." Porém, não é ele quem morre: Vera mergulha o punhal em seu próprio corpo; ao renunciar a matá-lo, ela deve morrer. *A duquesa de Pádua*, outra peça da juventude, liga inextricavelmente amor e morte: Guido quer matar o duque, mas é finalmente a duquesa que o mata por amor a Guido e se mata em seguida para salvá-lo; o próprio Guido se mata ao vê-la morrer. "Nós nos amamos e morremos juntos." A mesma veia é explorada com abundância em *Salomé*. A jovem princesa ama Iokanaan (São João Batista). "És o único homem a quem amei." Mas Iokanaan não corresponde a esse amor; então, Salomé ordena sua decapitação. Diante da cabeça cortada, ela reitera seu amor, que se confunde com um desejo de absorção: "Amo apenas a ti. Tenho sede de tua beleza. Tenho fome de teu corpo." Ela beija e ao mesmo tempo engole a boca do profeta: "Beijei tua boca. Havia um sabor amargo. Será o sabor do sangue?...

Mas talvez seja o sabor do amor."[48] Ao fazê-lo, ela assina sua própria condenação, e os soldados a abatem. O amor traz a morte tanto ao amado quanto ao amante.

O mesmo motivo será evocado por vezes de maneira menos melodramática. *O crime de lorde Arthur Saville* narra, de maneira derrisória e paródica, a história de um jovem que mata por amor — com o detalhe de que ele não mata o objeto de seu amor, mas o quiromante que lhe predisse que ele cometeria um assassinato. Num conto alegórico, *O pescador e sua alma*, o jovem pescador ama uma pequena sereia; ao abandoná-la provisoriamente para seguir sua alma, causa sua morte. Ao descobrir seu cadáver, assim como Salomé, o jovem se atira sobre ele. "Os lábios estavam frios, mas ainda assim ele os beijou. O mel de seus cabelos estava salgado, mas o gosto lhe fez experimentar uma alegria amarga." Em seguida, ele se deixa morrer: "Agora que estás morta, morrerei contigo."[49] O tema retorna também na poesia de Wilde: "nós", escreve ele em *Panthea*, "fazemos um com os seres de quem somos a presa, um com aqueles que matamos". O amor conduz à morte, seja como aquele que mata, seja como a vítima. E conhecemos o célebre refrão da *Balada do cárcere de Reading*: "Todos os homens matam o ser que eles amam", generalização do caso particular de um homem que por ciúme havia matado sua mulher — e que, por esse ato, devia morrer.

Em *O retrato de Dorian Gray*, amar apaixonadamente ocasiona a morte do amante. Sibyl apaixona-se por Dorian; rejeitada por ele, ela se suicida. Basil também ama Dorian, ainda que de outra maneira, e desse fato também decorre sua ruína: em virtude de suas censuras ele provoca o gesto assassino. As comédias de Wilde se prestam menos à exploração desse tema, uma vez que nesse caso o amor não é, na maior parte do tempo, uma consequência da intriga; porém, a associação amor-morte não está ausente. Para lady Windermere, a vida "é um sacramento. Seu ideal é o Amor. Sua purificação é o Sacrifício" — mas o amor deve ser sempre vivido como um sacrifício? Para a Sra. Arbuthnot, em *Uma mulher sem importância*, "todo amor é terrível, todo amor é uma tragédia":[50] o amor cessa, logo estamos mortos, o amor queima, logo estamos prontos para matar. A intriga das duas peças ilustra a teoria: a Sra. Erlynne se sacrifica por amor a sua filha, a Sra. Arbuthnot, por amor a seu filho.

Essa concepção de amor nos surpreende inicialmente por sua parcialidade. Em suas obras, Wilde jamais descreve uma verdadeira *relação* entre dois seres que não se confundissem em seguida a seu encontro, mas que se amassem em sua alteridade. Para ele, o amor, de dois, deve fazer um: o desaparecimento do outro é inscrito de saída no programa. O amor é antropofágico. Pouco importa, ao fim das contas, qual dos dois desaparecerá; o essencial é que um dos dois se apague. O ideal dessa paixão não é o de amar o outro o deixando ser o que ele é, esforçando-se para contribuir para seu desabrochar, mas o de possuí-lo ou se sacrificar por ele, o de fazer desaparecer ou desaparecer por ele. Apenas uma definição desse tipo obriga a pensar que "cada homem mata o ser a quem ama", ou que "o amor encontra sua perfeição na morte", ou que "todo amor é uma tragédia".

Que o próprio Wilde tenha podido entrever a existência de outras formas de amor, mas sem interessar por elas, nos é sugerido pela personagem de Robert Chiltern, em *Um marido ideal*, que ama sua mulher e gostaria de viver feliz a seu lado, mas não se sacrificar por ela. "É o amor que é essencial. Não há nada além do amor, e eu a amo." Esse personagem pensa, além disso, que os seres humanos devem ser amados tal como são, e não transformados pelo amor em imagens ideais: "Não são os seres perfeitos, mas os seres imperfeitos que necessitam do amor."[51] Na morte, todo amor atinge o absoluto; quem aceita a imperfeição aceita a vida.

Ao mesmo tempo, é difícil reconciliar essa concepção do amor com o que agora sabemos da filosofia de vida de Wilde. Se a existência ideal é aquela que aceita sua própria diversidade, que aspira à plenitude, que recusa todo sacrifício, como encontrar aí um lugar para o amor — já que o amor se define pela eliminação do outro ou pela renúncia de si? Ou então supomos que o amor, do qual Wilde pouco falava em seus programas generosos, não é senão uma paixão secundária, a ser subordinado ao projeto sublime de "tornar-se si mesmo". Mas já sabemos, pelo exemplo desastroso de Dorian Gray, que essa maneira de descartar uma parte da experiência conduz ao fracasso. Se a vida sob o signo do amor (acarretando o sacrifício) e a vida sob o signo do belo (recusando o sacrifício) se contradizem, qual das duas seria nossa escolha correta? Lembremo-nos: no início de *Dorian Gray*, Basil Hallward crê ter tido êxito na síntese do amor e do belo ao pintar, justamente, o retrato de Dorian. Mas, mais tarde, ele percebe que os dois se separam em seu modelo, que crê ter de desprezar o amor em nome da arte; Basil então o adverte: "O Amor é mais admirável do que a Arte."[52] Porém, se o amor está no cimo, por que ele não encontra lugar nas teorias de Wilde? E principalmente: "tornar-se si mesmo" pode ser o objetivo da vida se ao mesmo tempo se quiser continuar a amar e ser amado? É preciso escolher: se o valor supremo é a autenticidade (o si), degrada-se o amor (o outro) e reciprocamente. O culto do si é posto em questão ao mesmo tempo como ideal (deseja-se o outro, não o si) e como realidade (o próprio si é forjado na relação com os outros).

Certamente, Wilde atribui essa fórmula a um personagem do romance. Mas Basil não é qualquer um. Numa carta, Wilde faz o seguinte comentário dos principais protagonistas de *Dorian Gray*: "Basil Hallward é o que eu creio ser; Lorde Henry, aquilo que o mundo acredita que eu seja; Dorian, o que eu gostaria de ser — talvez em outro tempo."[53] Dito de outra maneira, Dorian não se parece com ele, mas com o objeto de seu desejo; Lorde Henry é uma máscara destinada ao público, que identifica Wilde ao autor dos paradoxos cínicos; em contrapartida, Basil, o único artista verdadeiro entre os três, é aquele em quem Wilde se reconhece.

O amor entre homens

Wilde teve relações amorosas com mulheres, mas ele descobre progressivamente sua homossexualidade, e é dessa maneira que ele viverá seu amor no decorrer dos dez últimos anos de sua vida. Após sua saída da prisão, ele renuncia definitivamente à heterossexualidade. "Um patriota posto na prisão por amar seu país ama seu país — e um poeta encarcerado por amar jovens ama os jovens. Mudar de vida teria sido reconhecer que o amor uranista é ignóbil; sustento que ele é nobre — mais nobre do que os outros amores."

Por não querer assumir publicamente sua homossexualidade, Wilde quase não a menciona em seus escritos destinados a serem impressos nem em suas mensagens destinadas a não homossexuais. Uma carta a Robert Sherard faz o elogio da amizade em termos muito gerais e abstratos. Seu ideal seria "a capacidade de ser comovido pelas mesmas nobres obras da arte e do canto". Se o entendimento se realiza, então podemos "na Habitação da Beleza nos encontrar e dar as mãos". "Em nosso desejo de beleza em todas as coisas, somos um."[54] Essas fórmulas maneiristas estão de acordo com a filosofia global de Wilde — viver no culto do belo —, mas ela não nos dá qualquer esclarecimento sobre as formas particulares dos amores entre homens.

Dorian Gray também se mantém alusivo sobre esse tema, mesmo que, para os iniciados, é claro que o meio descrito pelo romance é o da homossexualidade masculina. Em Sibyl, Dorian admira a atriz, não a mulher; a esposa de Lorde Henry é inexistente. Enfim, Basil declara seu amor por Dorian, mesmo que esse amor seja platônico e se confunda com sua adoração pelo belo. "Você se tornou para mim a encarnação visível desse ideal oculto cuja lembrança nos assombra, nós artistas, como um sonho encantador. Eu o adorei. Tão logo você começava a falar com alguém, eu já sentia ciúmes. Eu o queria inteiramente para mim. Só era feliz na sua companhia." Dorian se abstém de responder a esse amor possessivo, mesmo estando orgulhoso por tê-lo inspirado. Ele escolhe interpretá-lo, da maneira mais aceitável para a sociedade contemporânea, como um amor vivido em comum pela beleza e a inteligência. O amor de Basil "não tinha nada em si que não fosse nobre e espiritual. Não era essa admiração puramente física da beleza que nasce dos sentidos e morre quando esses se cansam. Era o amor que conheceram Michelangelo, Montaigne, Winckelmann e o próprio Shakespeare",[55] quatro personagens que supostamente ilustram a homossexualidade sob sua forma mais admirável.

A vida em Londres descrita no livro também evoca a ambiência da homossexualidade, mesmo não sendo ali nomeada. Por um lado, a dissimulação, a vida dupla, a frequentação do submundo, a exposição à chantagem. Por outro, a sensibilidade dirigida aos belos objetos, ao meio em que se vive, ao prazer e aos sentidos para além da sexualidade, ao mineral em detrimento do biológico. A própria fantasia de um corpo que permanecesse eternamente jovem, intocado pelos estragos do tempo, está nos antípodas das associações ligadas ao corpo materno: que dá vida e é mortal. No romance, Wilde concede mais atenção à percepção do mundo do que às relações humanas, como se os indivíduos, pelo próprio fato de pertencerem ao mesmo sexo, ocupassem posições paralelas e não complementares — portanto, não se vendo. Haveria uma especificidade do casal homossexual? Auden o sugere no ensaio sobre Wilde. "Todo desejo sexual pressupõe que o amado seja, de alguma maneira, um outro do amante: o eterno problema e provavelmente insolúvel para o homossexual é o de encontrar um equivalente para as diferenças naturais, anatômicas e psíquicas, entre homem e mulher."[56]

Wilde se aproxima um pouco mais da homossexualidade em *O retrato de Mr. W.H.*, texto que está a meio caminho entre a novela e o estudo literário, que procura identificar o destinatário dos numerosos sonetos de Shakespeare a um ator de sua trupe especializado em papéis femininos. Também nesse caso, a relação é idealizada, não dizendo respeito aos sentidos — vulgares! —, mas à produção do belo: Shakespeare tem necessidade desse homem para criar suas obras. "O amor que lhe era dedicado por Shakespeare era como o amor de um músico pelo instrumento delicado que ele tem o prazer de tocar, como o amor de um escultor por um material refinado e raro que lhe sugere uma nova forma de beleza plástica, um novo modo de expressão plástica." Ele é da família dos amores descritos por Platão em seus diálogos, confundindo-se aí com o culto à beleza e à sabedoria, que Michelangelo pratica em seu fervor religioso, atravessando "o véu da carne" para buscar "a ideia divina que a carne aprisionava"; louvada por Marsile Ficin, tradutor de Platão, que definia essa "amizade passional" como "amor da beleza e beleza do amor".[57]

São os mesmos argumentos, enfim, retomados por Wilde no decorrer de seu próprio processo, quando se viu confrontado às cartas passionais que destinou a um homem. Desta vez, ele não nega a existência desse amor, mas propõe a mesma interpretação enobrecedora, evocando novamente Platão, Michelangelo e Shakespeare. Esse amor "é belo, é puro, é a mais nobre forma de afeição. Nada tem de anormal. É intelectual e não cessa de surgir entre um homem maduro e um rapaz, quando o mais velho tem a inteligência e o rapaz toda a alegria, a esperança e o esplendor de vida diante dele".[58]

Nem os juízes nem a opinião pública serão convencidos por esse argumento, evidentemente. É que Wilde — e nisso ele não é nada diferente de vários heterossexuais — tem de fato dois tipos de relações eróticas. Umas se parecem em maior ou menor grau com esse ideal: são as relações duráveis com jovens apaixonados pela literatura, Robbie Ross, John Gray e, a partir de maio de 1892, Bosie. As outras, sobre as quais se cala, concernem os rapazes prostituídos das classes mais baixas, a quem paga por seus serviços e que, por sua vez, o chantageiam. Se a relação com os primeiros pode ser classificada na rubrica "beleza", aquela com os segundos se refere apenas ao desejo sexual, multiplicada pela sensação de perigo (brincar com panteras); a identidade do parceiro é indiferente. Após sua saída da prisão, Wilde o admite sem hesitar: "Outrora, fui totalmente negligente com as jovens existências: eu tinha o hábito de tomar um rapaz sob minha proteção, de amá-lo 'passionalmente', depois me cansar e, com frequência, de me desinteressar dele."[59] Aqui, amor e desejo estão inteiramente desassociados — de onde, também, a total ausência de exigência de fidelidade nas trocas sexuais.

É Bosie quem introduz Wilde ao mundo da prostituição masculina. A relação dos dois, de fato, tem aí sua origem:

Bosie encontra Wilde uma primeira vez em julho de 1891, mas é na primavera de 1892 que ele faz ao escritor um pedido de socorro urgente. Perseguido por um chantagista de quem tinha sido cliente, ele pede dinheiro a Wilde; este o ajuda e, ao mesmo tempo, se apaixona por ele. No decorrer de sua vida em comum, em 1892-1893, 1894-1895 e 1897, esses mesmos personagens, ora desejados, ora ameaçadores, mas sempre fonte de despesas, continuam a se misturar na relação dos dois. A partir do outono de 1892, Wilde passa a frequentar o prostíbulo para homossexuais de Alfred Taylor (que será coacusado com ele em seu processo) e aluga quartos de hotel para seus favoritos. Suas cartas dão testemunho esporádico desses fatos. Durante o verão de 1894, ele sai de férias com Bosie, mas também com vários amigos deste: Ernesto, Percy, Alphonso, Stephen e outros, todos com urgentes problemas financeiros. Em janeiro de 1895, Wilde e Bosie estão na Argélia; por volta do dia 25 de janeiro, Wilde escreve a Ross: "Fizemos um passeio pelas montanhas da Cabília: plenas de vilas habitadas por faunos. Alguns pastores tocaram flauta para nós. Éramos seguidos por amáveis coisas morenas de floresta em floresta. Aqui, mesmo os mendigos têm belo perfil, de maneira que o problema da pobreza está facilmente resolvido."[60]

Após sua saída da prisão, Wilde vê as portas da alta sociedade se fecharem para ele, o que, constatamos, o condena a frequentar somente os rapazes a quem ele tem de pagar. Tal é sua vida em Paris ("a paixão, sob a máscara do amor, é meu único consolo", escreve ele a Ross), mas também no decorrer de suas viagens. Quando vai a La Napoule,

WILDE

custeado por Frank Harris — que tem esperanças que Wilde volte a escrever —, sua atenção é rapidamente desviada para a paquera de rapazes. Num primeiro momento, Wilde tem a impressão de estar condenado à vida virtuosa. "Observamos uma triste falta de faunos nas florestas de pinheiros de La Napoule", mas pouco após descobre um ambiente mais adequado a seu gosto. Ao ir a Nice, encontra "um rapaz charmoso que conheci em Paris, um elemento do nobre exército do Boulevard". No local, descobre "um jovem inglês muito gentil", acompanhado de um "belo e pequeno italiano esbelto, de cabelos loiros". Ao mesmo tempo, se vê quase noivo de um pescador local; e goza da companhia de "dois amigos particulares, um chamado Raphaël e o outro Fortuné, ambos quase perfeitos, exceto por não saberem ler ou escrever". Nova visita a Nice com o amigo inglês: "Conheci o magnífico André, que tem olhos soberbos, e um pequeno italiano, Pietro." Algumas semanas mais tarde: "Em Nice, conheci três efebos de bronze, de forma absolutamente perfeita."[61]

Há grande distância entre as errâncias solitárias evocadas por Wilde em suas cartas e o projeto descrito em suas obras de antes da prisão. Mas isso já ocorria em sua vida anterior, se admitimos a descrição feita por ele em *De Profundis*: "Cansado da estada nas alturas, mergulhei deliberadamente no submundo da busca por novas sensações. O que o paradoxo representava para mim na esfera do pensamento, a perversidade passou a representar na esfera da paixão. O desejo, ao fim, foi uma doença, ou uma loucura, ou os dois. Tornei-me negligente com a existência dos outros: busquei meu prazer onde quis e desprezei o resto."[62] Esses encontros não alimentavam nenhuma criação artística e não servem ao culto do belo. Devemos então nos virar para as relações homossexuais sublimadas para ver se elas não correspondem à concepção sacrificante e assassina do amor desenvolvida por Wilde. Seu grande amor, no decorrer dos últimos anos, é aquele por Bosie; lembremos as principais peripécias.

Uma paixão fatal

A relação amorosa entre Wilde e Lorde Alfred Douglas, chamado de Bosie, estende-se de maio de 1892 a dezembro de 1897; essa relação já foi várias vezes contada e analisada em detalhes, e de diversos pontos de vista. Seu caráter dramático me incita a apresentá-la em poucos grandes atos, como uma peça de teatro.

ATO I: *Sedução (maio de 1892-dezembro de 1893)*

Os dois homens já se conheciam, mas a relação se inicia, acabo de lembrá-lo, em torno de uma tentativa de chantagem feita por um dos amantes de Bosie. Wilde se deslumbra com a beleza do rapaz, que, por sua vez, se sente lisonjeado com a atenção desse homem célebre a quem admira. Uma carta de Wilde a Ross descreve Bosie como uma flor — um narciso, um jacinto — estendida no sofá. As cartas escritas a Bosie falam de seus lábios como pétalas de rosa e de amor eterno; Bosie é essa encarnação da beleza que Wilde procura há tempos: "És a criatura divina de que preciso, uma criatura de graça e de beleza." Dele, seria necessário fazer mais do que um retrato, uma estátua de marfim. Tem-se a impressão de que Wilde vê Bosie mais do que o escuta: a questão é sempre a de sua aparência. Logo, porém, surgem algumas sombras. Bosie não se separa de seu cortejo de prostitutos, no qual ele introduz Wilde; ele tem, além disso, um gosto imoderado por hotéis e restaurantes de luxo, assim como por champanhe. Tudo isso dá a Wilde despesas consideráveis, provocando querelas entre os dois. Bosie se recorda, mais tarde: "Lembro-me bem que delícia era pedir dinheiro a Oscar. Era uma deliciosa humilhação e um prazer precioso para nós dois."[63] Humilhação e prazer que se tornam causa de cenas frequentes. Além disso, Bosie está constantemente ocioso e suporta mal ver Wilde ocupado em seu trabalho literário. Wilde lhe propõe traduzir *Salomé* do francês para o inglês, mas o resultado é catastrófico; de todo modo, o trabalho não dura tempo suficiente. A mãe de Bosie inquieta-se ao ver o filho assim desviado e pede a ajuda de Wilde, que sugere enviá-lo ao estrangeiro; ao mesmo tempo, Wilde espera terminar com essa relação que começa a lhe incomodar. Em dezembro de 1893, Bosie parte para o Egito, onde fica por três meses. O primeiro ciclo de experiência se fecha.

ATO II: Ataque (abril de 1894-maio de 1895)

Durante alguns meses, Wilde resiste aos pedidos de Bosie, mas, em fins de março de 1894, ele aceita um encontro e a relação se reinicia num segundo ciclo. O amor reen-

contra sua intensidade. Bosie é "uma criança alegre, dourada, graciosa", que lhe faz uma "falta imensa" em cada uma
de suas ausências, e Wilde passa a lhe apreciar tanto a inteligência quanto a beleza. "Penso em você por todo o dia e me
angustio sem sua graça, sua beleza juvenil, os brilhantes
jogos de esgrima do seu espírito, a fantasia delicada do seu
gênio." Wilde diz só esperar uma coisa: "Que sua adorável
vida transcorra sempre de mãos dadas com as minhas."
Bosie não é apenas a encarnação da beleza, ele torna bela
toda a vida da qual participa. Amor e beleza se reencontram,
para Wilde, graças e ele. Os dois homens se veem ininterrup-
tamente, arranjando pequenas escapadas, como a da Argélia,
onde experimentam as alegrias do haxixe ("paz e amor"). Os
momentos exaltados por vezes se alternam com rusgas, deta-
lhadamente narradas em *De Profundis*, como aquela conse-
cutiva a uma doença de Wilde, no decorrer da qual Bosie se
recusa a cuidar dele e, em resposta às recriminações de seu
amigo, lhe escreve: "Quando não está em seu pedestal, você
não é interessante. A próxima vez em que ficar doente, par-
tirei de imediato."[64]

Entretanto um perigo surge no horizonte. Wilde e Bosie
são cada vez menos discretos em sua conduta; ora, o homos-
sexualismo, mesmo sendo amplamente difundido, continua
sendo crime. Para ser tolerado, deve permanecer invisível;
não é mais assim que se comportam Wilde e Bosie. A ameaça
toma a forma do pai deste último, o marquês de Queensberry,
que injuria publicamente Wilde e faz tudo o que está em seu
poder para provocar o confronto. Como reação a uma das
acusações de Queensberry (de "posar de sodomita"; ele

escrevera "somdomita"), Wilde abre processo contra ele por difamação. Mal a queixa é feita, ele pressente a catástrofe: "Parece que esse homem vem demolir toda a minha vida. Minha torre de marfim está sendo tomada de assalto por um obsceno." Apesar desse pressentimento, Wilde e Bosie viajam por uma semana para Monte Carlo, a fim de jogarem no cassino. Ao retornarem, os eventos se precipitam: Queensberry reuniu numerosos testemunhos que estabelecem a natureza das frequentações de Wilde, sendo assim absolvido, ao mesmo tempo que Wilde passa a ser acusado. Este, por não tentar fugir, é detido e julgado. Em lugar de se defender com todos os meios, ele continua a se comportar como autor de teatro: quer atrair para si os aplausos do público, não a benevolência do júri. "A verdade é absoluta e inteiramente questão de estilo", escrevera num texto que faz o elogio da mentira, matriz da arte.[65] Ora, para a justiça, longe de ser uma das belas-artes, a mentira é considerada como um crime. No mês de maio, Wilde é condenado.

É nesse momento de seu encarceramento que o amor de Wilde por Bosie atinge seu apogeu: sentindo-se abandonado e desprezado por todos, ele se agarra àquele que lhe é mais caro. Bosie lhe faz visitas cotidianas. "Bosie é tão maravilhoso que não penso em mais nada." "Somente as visitas cotidianas de Alfred Douglas me reanimam." "Não sonho em ter mais nada." Ao ler algumas das cartas de amor preservadas, sentimos um incômodo por sermos introduzidos na intimidade de uma paixão tão intensa. Nelas, Wilde fala de seu amor eterno e imortal, de seu sonho de viver com Bosie numa pequena casa de uma ilha grega. "Seu amor é a luz de todas as minhas horas. [...] Nosso amor sempre foi nobre e belo. [...] Ó, possa eu viver para acariciar seus cabelos e suas mãos." "Jamais, em toda a minha vida, ninguém me foi tão caro quanto você; jamais o amor foi maior, mais sagrado, mais esplêndido." "Dos seus cabelos sedosos a seus pés delicados, você é para a mim a perfeição. [...] Você foi o supremo, o amor perfeito da vida; ele não poderia ter sido de outro."[66]

ATO III: Ruptura (junho de 1895-maio de 1897)

Nas vésperas de seu encarceramento, Wilde declara se arrepender das veleidades da separação com Bosie: se tivesse ocorrido, a separação teria destruído sua arte (o amor serve sempre à produção do belo); ele espera que a estada na prisão veja o desabrochar de seus sentimentos. Mas não é assim que as coisas se passam. Primeiro, a vida na prisão é bem mais dura do que Wilde podia imaginar; por outro lado, Bosie viaja ao exterior e não lhe faz mais nenhuma visita. Em agosto de 1895, Wilde descobre que seu amante se prepara para publicar na França um artigo em defesa do amor homossexual e de sua ligação com Wilde, contendo as últimas cartas de amor recebidas. Essa insensibilidade relativa à sua situação e às consequências inevitáveis de tal publicação revolta o prisioneiro, que começa a reinterpretar o passado de maneira inteiramente diversa. Ele pede, em vão, que Bosie lhe restitua as cartas; ele obtém em todo caso que as cartas não sejam publicadas e que os poemas de Bosie não lhe sejam mais dedicados. Cada vez mais, Wilde se dá conta

WILDE

de que a hostilidade que Bosie dedica ao próprio pai é responsável pela prisão que ele experimenta, e que a vida dissipada de Bosie causara o desregramento anterior da existência dele, Wilde. "Ele estragou minha vida, isso lhe deve bastar", escreve ele então a Ross. "Amaldiçoo-me noite e dia da minha loucura, o que lhe permitiu dominar minha existência. [...] Estou profundamente envergonhado de minha amizade por ele, pois é pelas amizades que podemos julgar um homem."[67]

É nessas circunstâncias que, no início de 1897, Wilde recebe enfim a permissão de escrever, o que lhe tinha sido recusado até então, e que ele decide destinar uma longa missiva a Bosie, recapitulando sua vida e seu pensamento, o que será *De Profundis*, publicado em segmentos após a morte de Wilde, a partir de 1905, e pela primeira vez inteiramente em 1962. Essa carta é, antes de tudo, um ato de acusação de seu destinatário, a quem Wilde reprova seu gosto pela "sarjeta" ou pela "escória" (ou seja, prostitutos), seus gastos desmedidos, suas crises de raiva, geradoras de tensões terríveis entre os dois homens, seu egoísmo revoltante (como durante a doença de Wilde — a fórmula citada por Bosie exprime de maneira exemplar a falta de amor). Todos esses relatos circunstanciados acabam por convencer o leitor: Bosie aparece como um personagem nada amável.

A posição de Wilde nessa relação, entretanto, não é inteiramente clara. Ele começa sua carta declarando que as críticas serão direcionadas em primeiro lugar a si próprio, mas a única censura que se faz verdadeiramente é a de ter se deixado influenciar a esse ponto por Bosie. Ele se vira então para seu amante e o acusa, antes de tudo, de não ter apreciado com justeza seu gênio, não favorecendo seu trabalho criador. "Censuro-me por ter permitido que uma amizade cujo fundamento era qualquer coisa menos intelectual, uma amizade cujo objetivo não foi a criação e a contemplação de belas obras, tenha dominado inteiramente minha vida. [...] Durante todo o tempo em que estivemos juntos, não escrevi uma linha sequer." Ele se arrepende amargamente de ter se separado de outros escritores e artistas para frequentar apenas Bosie e seus amigos. "Sua presença ao meu lado foi a ruína absoluta de minha arte." Compreendemos com isso que, no momento em que escreve, Wilde, nesse ponto de forma semelhante a Basil Hallward, tem mais afeição por sua vida de artista do que pela vida "artística", estetizante e algo fútil de Bosie (como a de Dorian Gray). Mas a oposição é então formulada como sendo entre o "belo mundo irreal da arte em que outrora fui rei" e o "mundo imperfeito da paixão imperfeita e vulgar, dos apetites sem distinção, do desejo sem limites e da avidez informe."[68]

Essa acusação nos mostra inicialmente que Bosie não era nem a pura encarnação da beleza nem uma ajuda eficaz no sentido de produzir belas obras. Inútil insistir nos efeitos da "cristalização", para falar como Stendhal, que nos fazem automaticamente idealizar o objeto de amor; damo-nos conta, ao mesmo tempo, de que a harmonia entre amor e beleza, ou entre beleza na vida e na arte, é mais difícil de ser alcançada do que Wilde poderia supor anteriormente. Ao contrário, uma parece impedir a outra inteiramente! Impressiona, além disso, a extraordinária passividade que Wilde se atribui, a de vítima dócil, joguete nas mãos de Bosie, o único a aparecer como possuidor de vontade. "Cego, estrebuchei como gado no abatedouro. [...] No momento decisivo, a vontade me faltou inteiramente."[69]

Em momento algum Wilde propõe qualquer explicação para suas próprias condutas singulares. Por que ele se deixa humilhar dessa maneira no decorrer das incessantes brigas públicas, por que ele se considera obrigado a pagar todas as contas extravagantes de Bosie, assim como as do bando de chantagistas que gravitam em torno dele, por que ele sacrifica seu trabalho de artista, por que ele se deixa conduzir como "gado para o abatedouro"? Uma única resposta explica essas estranhezas: é porque ele ama loucamente Bosie e que o amor sempre leva a melhor sobre a prudência e a razão, a arte e a beleza. Apenas o amor, e mais especificamente o amor sacrificante, que parece ser o seu destino, pode explicar o que forma o grande enigma da existência de Wilde, a precipitação em direção à própria ruína, a destruição obstinada de seu próprio bem-estar. Por que, sem isso, um conhecedor tão aguçado dos mecanismos da sociedade vitoriana se deixaria prender e ser destruído por eles? Num dado momento, na carta, Wilde se aproxima da explicação, mas é apenas para melhor se iludir. "Existe, sei disso, uma resposta para tudo o que lhe disse: é que você me amava." Entretanto, o amor de Bosie é bem menos evidente do que o de Wilde. E a força superior do amor, apesar da demonstração involuntária fornecida por Wilde, não o impede de, ao mesmo tempo, escrever: "Meia hora com a Arte sempre foi mais para mim do que um século com você. Em nenhum período de minha vida, verdadeiramente nada, comparado à arte, teve para mim a menor importância." Mesmo depois do que ocorreu, Wilde prefere dizer que sua arte era "a paixão suprema de minha vida, o amor em face do qual todos os outros amores são como água salobra comparada ao vinho tinto".[70]

O que Wilde não queria dizer nessa carta é que ele estava pronto a aceitar o que quer que fosse, conquanto que Bosie o amasse. E muito menos admitir que esse amor não estivesse totalmente morto, mas apenas ferido — em particular pela ausência de tudo e qualquer sinal afetuoso desde o aprisionamento de Wilde (Bosie o prefere rico, célebre e em boa saúde!). Os outros amigos o visitam, escrevem para ele, arrumam-lhe dinheiro; de Bosie, nada. Nas últimas páginas, a reivindicação subterrânea vem à luz do dia: "Quero saber de você por que nunca tentou esforçar-se para escrever após o mês de agosto de dois anos atrás, [...] desde que soube o quanto me fez sofrer e a que ponto eu não me dava conta disso."[71] Essa grande carta aparece de repente como uma réplica vingadora na imensa rusga conjugal que representa a vida em comum de Wilde e Bosie: ela diz na aparência: "você é vil", mas subentende: "Ame-me".

O fato é que ao escrever *De Profundis* Wilde crê ter terminado sua relação com Bosie: assim se conclui o segundo ciclo de seus amores.

ATO IV: Final (junho a dezembro de 1897)

Tão logo liberado da prisão, Wilde se refugia na França. Nos primeiros dias, ele ainda fala de "cartas revoltantes" ou "infames" de Bosie e diz esperar jamais revê-lo. Mas, assim que recebe uma carta dele o assegurando de seu amor intacto, ele lhe responde — mantendo alguma distância, é verdade, num primeiro momento. Alguns dias mais tarde, ele começa, porém, a falar de uma "alegria nova", a de poder escrever cotidianamente a Bosie; o vocabulário se faz cada vez mais suave, mesmo que Wilde, quando se dirige a terceiros, não faça vista grossa para os defeitos de Bosie. Se eles não se reveem, não é por falta de vontade, mas porque os pais de Bosie, assim como a esposa de Wilde, se opõem violentamente ao encontro e ameaçam cortar-lhes as provisões. Entretanto, Wilde não tem muitas outras fontes de afeto: todos o rejeitam, ao passo que Bosie suplica para revê-lo. Eles marcam um encontro em 28 de agosto, que se dá como um encantamento, pois decidem retomar a vida juntos e, para isso, partem para Nápoles. Wilde lhe diz esperar que, mais uma vez, se associem criação artística e amor, que o passado não se repetirá. Mas, para Ross, ele se mostra mais lúcido: "Não posso viver sem a atmosfera do amor: preciso amar e ser amado, pouco importa o preço a ser pago." Ele acrescenta, de acordo então com suas teorias de amor-sacrifício: "É certo que serei infeliz com frequência, mas ainda o amo: o simples fato de que ele tenha arruinado minha vida me leva a amá-lo." A outro amigo, ele explica: "Ele destruiu minha vida, mas é precisamente por essa razão que me vejo obrigado a amá-lo ainda mais. [...] Minha vida sempre foi *romanesca* e Bosie é meu romance. Meu romance é certamente uma tragédia; mas ele não deixa de ser um romance."[72]

A vida a dois, em Nápoles, se revela, já o vimos, menos feliz do que Wilde esperava. Notadamente porque Bosie, como de hábito, se deixa sustentar por seu amigo sem nada contribuir para as despesas comuns; ora, os meios de que Wilde dispõe são então limitados. Bosie permanece fiel a si mesmo: encantador e destruidor, um "pilar dourado de infâmia". Quando os dois amantes se veem ameaçados por seus respectivos parentes de perderem seus últimos recursos se continuarem a viver juntos, Bosie parte, deixando Wilde em Nápoles. Alguns meses mais tarde, Wilde resume esse terceiro e derradeiro ciclo de seus amores numa carta a Ross: assim que se separam, Bosie lhe prometia mundos e fundos; uma vez reunidos, ele simplesmente se deixa sustentar por Wilde. "Quando chegou o momento para ele de reembolsar a parte recebida, o que era bastante natural, ele se tornava terrível, maldoso, mesquinho, sovina, exceto no que dizia respeito a seus prazeres, e, quando minha mesada acabou, ele se foi." E Wilde conclui: "É a experiência mais amarga de uma vida plena de amargura."[73]

Tal é a história do grande amor de Wilde. Ela está, devemos admitir, de acordo com as descrições gerais que podem ser encontradas em sua obra: o amor e o trágico, comportando morte e sacrifício. Nem todo mundo mata aquele a quem ama, certamente: alguns matam porque amam, mas outros amam aqueles que os matam. Enquanto a catástrofe não havia ocorrido, o amor não se realizara. Wilde parece dizer: "Todo grande amor comporta uma tragédia, e agora é a vez do nosso", escreve ele a Bosie no momento de seu aprisionamento.[74] Os dois papéis parecem bastante distintos, e pouco importa como os nomearemos, o masoquista e o sádico, ou ainda, como o faz Auden, o "superamado" e o "subamado". Podemos lembrar, nesse contexto, as configurações familiares dos dois homens: Wilde venerado por sua mãe, Bosie rejeitado por seu pai. Pode-se observar também que a natureza homossexual desse amor não determina sua própria forma, ao passo que ela parecia fazê-lo no que se refere às aventuras puramente sexuais de Wilde: Bosie é para ele um "homem fatal", como para outros homens pode ser uma mulher (ou, para uma mulher, um homem), isto é, um ser que sabidamente traz sofrimento e destruição, e que, porém, não se pode deixar de amar. Notemos, por fim, que para os leitores e admiradores de Wilde, Bosie aparece como um personagem maléfico. Ora, nesse contexto, os juízos morais estão um pouco fora do lugar: a vontade de um indivíduo nunca é totalmente alienada; Wilde escolheu ficar com Bosie — por precisar dele. Quaisquer que tenham sido os sofrimentos vividos por ele, as satisfações deviam parecer-lhe como ainda maiores. No fim das contas, como Auden também observa, Bosie foi a musa de Wilde, e é vivendo sua paixão por Bosie, por mais dolorosa que tenha sido, que escreve suas obras mais maduras, desde *Uma mulher sem importância* até a *Balada do cárcere de Reading*. A esse respeito, a carta *De Profundis* não dizia toda a verdade.

Daí a pensar que a relação com Bosie tenha sido sempre favorável à criação de Wilde há, entretanto, um passo. As cartas de Wilde, exceto nos momentos de exaltação amorosa, dizem o contrário, e revelam por essa via a dificuldade que há para o artista em conciliar o amor e a busca da beleza, dificuldade que Wilde não conseguiu identificar. Na realidade, sua experiência amorosa contradiz duplamente as teorias gerais de seu autor. Primeiro, o amor que Wilde conhece não consiste numa aceitação serena da totalidade da vida, mas em violência e renúncia; ele se fixa no ser que lhe traz sofrimento. Além disso, ao não encontrar harmonia fácil entre, por um lado, amor e, por outro, trabalho criador e busca da beleza, Wilde terminará por se resignar às reprimendas e aos caprichos de Bosie em lugar de escrever belas obras de arte. Podemos mesmo nos perguntar se sua concepção de arte não vai ao encontro daquela do amor como sacrifício de si, assim como ele diz no início de sua carreira de escritor: "Dominar os próprios sentimentos é sublime, ser dominado por eles o é ainda mais. Por vezes creio que a vida do artista é um longo e arrebatador suicídio — e não me arrependo de que seja assim."[75] Depois do encontro com Bosie, a existência de Wilde não passa mais pelo signo do belo, mas por aquele do amor trágico e autodestrutivo.

A vida, um romance

Que Wilde tenha desejado sinceramente procurar a beleza para a ela submeter sua vida é incontestável. Se entendermos

a palavra beleza em todo seu espectro, a tentativa tem caráter sedutor. Confrontados com o resultado catastrófico ao
que Wilde foi levado por seu destino, não podemos, porém,
deixar de nos perguntar: esse projeto de vida não teria sido
parcialmente responsável por ele? Pois a existência de Wilde
não está apenas, como a de qualquer um, aquém de suas
ambições e de esperanças iniciais; para seu desenlace trágico,
ela parece colocar em questão sua própria aspiração inicial.
O que podemos constatar agora é que a falha não reside no
projeto geral, mas na maneira como esse projeto foi realizado. Exigindo, a princípio, a aceitação do mundo em toda a
sua diversidade e do ser humano em sua plenitude, Wilde
parte, entretanto, de uma imagem singularmente empobre-
cida da humanidade. Ele imagina o sujeito humano como
possuidor por todo o tempo de uma identidade estável a
qual o homem teria, por vocação, de deixar desabrochar; "ser
si mesmo" lhe parece ser um objetivo de vida necessário e
suficiente. Porém, como Wilde percebe por conta própria no
decorrer de seus últimos anos, a autossuficiência do sujeito é
uma ilusão. Tal imagem negligencia uma dimensão essencial
de toda a existência, e mais particularmente da própria existência de Wilde: a necessidade que cada um tem do outro, e
que não seria possível escamotear apenas a partir da reivindicação da beleza, no sentido estrito desta vez, que se confunde com os prazeres dos sentidos.

Essa necessidade se manifesta inicialmente na busca do
reconhecimento público, particularmente intenso no caso de
Wilde. Após sua libertação ele descobre, para grande surpresa, sua incapacidade de escrever sem a atenção benevolente

de seu público: ele pode ser ou "poeta" ou "maldito", mas não os dois ao mesmo tempo! Em seguida uma necessidade ainda mais imperiosa, a de amar e ser amado, que se sobrepõe a toda inquietação com beleza e harmonia. É o amor por Bosie que leva Wilde a exibir cada vez mais perigosamente sua relação homossexual aos olhos da hipócrita sociedade vitoriana, é ele quem o instiga a processar judicialmente o marquês de Queensberry, causando assim sua exclusão dessa sociedade que lhe era necessária para a escrita. Tudo se passa como se as duas vias identificadas por Wilde "deve-se ser uma obra de arte ou vestir uma obra de arte", que ele sonhava ver reunidas, se revelassem incompatíveis. Sem ter feito a escolha consciente entre essas opções, ele opta pela via da vida em detrimento daquela da criação. Ora, sua vida está longe de obedecer a princípios estéticos. Sua carreira de artista será imolada no altar do amor, não no da beleza. Nem todo amor é tão destruidor quanto o vivido por Wilde, mas, nesse caso, a vontade não tem um papel tão forte: a maneira que temos de amar se impõe a cada um em razão de uma série de circunstâncias sobre as quais o sujeito não tem domínio. A vontade dispõe de um papel bem limitado: permite aquiescer ou recusar, não inventar.

Sabe-se que, para Wilde, a arte interpreta o mundo e dá forma ao informe, de maneira que uma vez educados para a arte descobrimos facetas ignoradas nos objetos e nos seres que nos cercam. Turner não inventou a bruma londrina, mas foi o primeiro a tê-la visto como tal, assim mostrando-a em seus quadros — a partir desse momento todos podem vê-la. O mesmo ocorre na literatura: Balzac "cria" seus personagens mais do que os imita, mas, ao tê-lo feito, ele os introduz na vida e, a partir daí, não deixamos de conviver com eles. É o que Wilde exprime sob a forma de um epigrama: "A Vida imita a Arte muito mais do que a Arte imita a Vida." A vida em si é "terrivelmente desprovida de forma", ela "ignora essa sutil correspondência entre a forma e o espírito que apenas pode satisfazer o temperamento do artista e do crítico". Dessa ausência de forma decorre o papel da arte: "A função da literatura é criar, partindo do material bruto da existência real, um mundo novo que será mais maravilhoso, mais durável e mais verdadeiro do que o mundo visto pelos olhos do vulgo."[76] A biografia de Wilde, por sua vez, ilustra essa lei. Que suas obras, desde os contos até as comédias, passando por *Dorian Gray*, contêm numerosas passagens que hoje nos aparecem como proféticas não é em nada surpreendente: afinal de contas, Bosie e os outros jovens que gravitavam em torno dele leem suas obras e tentam imitá-las. Bosie quer ser o Dorian desse Oscar-Basil que se dissimula por de trás da máscara de Lorde Henry.

A aproximação entre vida e arte adquire, entretanto, outro sentido na biografia de Wilde: sua existência, como ele mesmo o observa, se torna cada vez mais romanesca, e esse romance acabou por alcançar um círculo de leitores pelo menos tão amplo quanto o de seus escritos. Como o projetava, ele conseguiu fazer de sua vida uma obra de arte, mas não aquela que imaginava: a tragédia substituiu o idílio. A existência de Wilde anterior ao processo é sem grande interesse: prazeres e distrações alternadas com os momentos da escrita. Seu destino posterior é perturbador: Wilde é incapaz de escrever um novo romance, pois ele se tornou um herói de romance. Suas cartas são os fragmentos dessa obra que permitem reconstituir o todo, as réplicas de um imenso diálogo romanesco. Seu enigma é ainda mais fascinante que os segredos encenados em suas obras, e não é proibido preferir o retrato de Oscar Wilde, tal como ele surge em seus escritos íntimos, ao *Retrato de Dorian Gray*. Mas ser o herói de fofocas e páginas policiais, ou mesmo de um romance, não é um destino invejável.

Wilde identificou com clareza o papel que o destino lhe confiou. Seu contemporâneo e irmão espiritual, Friedrich Nietzsche, antes de naufragar no sofrimento e na loucura, se espelhava em Dioniso. Wilde preferia se pensar como Apolo, perseguindo seu suave Hiacinto. Porém, uma vez na prisão, ele se reconhece em outro personagem da Antiguidade: o fauno Mársias — rival infeliz de Apolo, que, ao acreditar ter atingido o absoluto na arte musical, desafiou o deus tocando sua flauta. Como punição, foi esfolado vivo; vencido, Mársias não tem mais canto. Wilde também não, entretanto permanece o relato de um e de outro. Assim como ocorre com a maneira de amar, não se escolhe livremente o próprio destino, mesmo sendo possível desviá-lo. "Arrependo-me", escreve Wilde a um amigo pouco antes de sua morte,[77] "por partir com um grito de dor — um canto de Mársias, não um canto de Apolo, mas a vida que amei com tanta intensidade — amei em demasia — me dilacerou assim como um tigre teria feito".

RILKE

❧

Durante o verão de 1900, alguns meses antes de sua morte, Oscar Wilde foi apreciar *A porta do inferno*, de Rodin, uma obra de arte da qual se falava então com muita admiração. Wilde a teria contemplado e depois se dirigido a Rodin para questioná-lo, não sobre sua obra, mas sobre suas escolhas de vida, como se a excelência da escultura o levasse a colocar mais uma vez questões sobre o próprio percurso: onde teria se enganado, ele que teria pretendido situar sua vida sob o signo do belo? O escritor teria perguntado ao escultor: "Como foi sua vida?" E o escultor teria respondido:

— Boa.

— Você tem inimigos?

— Eles não me impediram de trabalhar.

— E a glória?

— Ela me obrigou a trabalhar.

— E os amigos?

— Eles exigiram de mim que eu trabalhasse.

— E as mulheres?

— Foi no trabalho que aprendi a admirá-las.

Wilde havia tentado tornar sua vida bela como uma obra de arte. Rodin teria replicado: a vida do artista é bela quando é inteiramente devotada à criação de belas obras de arte. Foi assim, em todo caso, que, em 1907, Rilke transcreveu o encontro dos dois artistas.[1]

Hoje se diz com facilidade que Rainer Maria Rilke foi o maior poeta alemão do século XX; alguns omitiriam a restrição trazida pelo adjetivo "alemão". Como Wilde, ele pensa que a busca do absoluto merece tornar-se o ideal da vida humana, mas, diferentemente de seu predecessor, ele não acredita que é a própria vida que deve se tornar bela. Sua via é bastante diversa, inteiramente dedicada à criação de obras de arte. Tendo se encontrado com Rodin bastante jovem (Rilke tem 27 anos em 1902), decide adotar o preceito do escultor, organizando sua própria vida em consequência dele.

Alguns meses de experiência bastam a Rilke para lhe mostrar que esse projeto — ao qual, porém, ele nunca renuncia — é, por sua vez, claudicante: persegui-lo não lhe traz satisfação, nem mesmo um apaziguamento. Dir-se-ia, ao contrário, que o conduz progressivamente a um estado depressivo do qual só consegue se livrar no decorrer de breves momentos de exaltação amorosa ou de raros períodos de produção intensa. Esse estado se manterá até sua morte, em 1926. O que ele experimenta ao longo desses 25 anos é, em particular, uma grande fadiga, um endurecimento, um torpor que paralisa a vontade, uma "perpétua distração interior", um esgotamento que o conduz à impotência e que se acompanha por angústias sufocantes, semelhantes às vividas quando era criança. Essa fraqueza constante o conduz, muito antes que sua doença fatal se apresente, a frequentar sanatórios e casas de repouso.

Esse estado psíquico se traduz imediatamente em sofrimentos físicos. Rilke experimenta dores de cabeça, no pescoço, na língua, contrações que circulam pelo sangue, congestões da fronte e dos olhos. O corpo doente se vinga do espírito, e Rilke crê "perceber os menores rumores de seu corpo a ponto de se sentir distraído" ou, ainda pior, dominado: "O corpo se impõe à minha consciência como algo desregulado, tomando posse de toda sua substância, colorindo-a com sua própria derrota, e só se retira para aí refluir na primeira ocasião com outra cor, não menos sombria." Uma angústia só se vai quando é expulsa por outra! "Agora os dias passam como se eu não fizesse senão trocar um mal pelo outro; de todo modo, não tenho nada com que me alegrar em meu universo." Ele tem a impressão de que seu mal renasce sem cessar, invadindo todo local em que espera se refugiar. Para Rilke, a continuidade entre corpo e espírito se encarna, em particular, na imagem do sangue, cujo fluxo é uma representação do inconsciente — mas que também é essa matéria líquida na qual vê a fonte de seus sofrimentos. Ele acredita firmemente que anomalias perturbam sua circulação sanguínea, e tem a sensação de que "o mundo, a cada instante, desfalece por inteiro em seu sangue".[2] Assim, quando é atingido por uma doença fatal do sangue — a leucemia —, não vê ruptura na continuidade entre o espírito e o corpo: os quistos na boca, provocados por sua doença, lembram-lhe os sofrimentos passados de 20 anos ou mais.

De resto, as descrições intuitivas que ele faz de seus sintomas são impressionantes pela justeza clínica.

Um ano antes de sua morte, Rilke escreve uma carta lancinante a sua maior amiga e confidente, Lou Andreas-Salomé. A própria carta lhe faz tanto mal que ele não ousa enviá-la, mas a guarda em sua posse durante mais de um mês. Essa carta o mostra atormentado por um verdadeiro fantasma, para não dizer por um delírio: fala de uma "possessão demoníaca" que atinge "seu paroxismo no momento exato em que creio ter vencido a tentação", fazendo com que ele se sinta como fechado num "inferno breugheliano", "entre as mãos desses diabos mesquinhos". As dores que experimenta (seus sintomas são, de fato, ligados à leucemia) são intoleráveis, e ele lança um pedido desesperado de socorro: "Não vejo como continuar a viver dessa maneira."[3]

A via por ele escolhida não lhe trouxe serenidade, a produção de suas obras não bastou para convencê-lo de que tinha feito a boa escolha. Seus tormentos prosseguem quaisquer que sejam seus êxitos artísticos — ele sofre da mesma maneira após seu *Rodin* quanto após *Os cadernos de Malte Laurids Brigge*, após os poemas dos anos 1900 quanto após a explosão final dos sonetos e das elegias. Em 1926, com sua obra já realizada, ele confessa a André Gide: "Há muito tempo estou estagnado no impasse de uma doença inextricável." As cartas a Nanny Wunderly, confidente do último ano de sua vida, são uma queixa quase ininterrupta — e o tema não é somente o progresso de sua doença. "Os maus momentos se impõem." "Não podia escrever-lhe nesses últimos tempos, eu estava oprimido e angustiado demais em minha solidão." "Que misteriosa infelicidade em que me arrasto, dando voltas num circuito mortal!" E este grito de socorro destinado àquela que é então sua melhor amiga: "Você não pode imaginar, querida, que vida levo, que círculo sem saída em que giro há anos."[4] Até sua morte, Rilke é supliciado pela angústia.

Rilke concebera um projeto de vida ao qual se manteve fiel, o de sacrificar toda a existência à criação artística. Ao descobrir seu infortúnio, não podemos deixar de nos perguntar: trata-se de uma simples coincidência ou esse projeto tem alguma participação em sua infelicidade? O sofrimento vivido é o preço necessário ao êxito da obra?

A serviço da arte

Quando chega a Paris, no fim de agosto de 1902, Rilke já tinha escrito numerosos textos literários, além de ter vivido uma intensa relação amorosa com Lou Andreas-Salomé e desposado a jovem escultora Clara Westhoff. Mas ainda não tem a sensação de ter encontrado seu caminho, estando simplesmente pronto a buscá-lo com afinco. "Estava amadurecido para minha escolha interior", escreveria muito mais tarde. O que sabe apenas é que queria se colocar "em relação com tudo o que o supera",[5] mas ainda não sabe de que maneira. Dois dias após sua chegada, em 1º de setembro de 1902, ele se dirige à casa de Rodin, sobre quem deve escrever um ensaio, e a luz irrompe desse encontro: o escultor francês encarna a via que ele deverá tomar. Pois o que descobre em Rodin não é simplesmente uma concepção de arte, mas um modo de vida e decide, por sua vez, adotá-lo.

Com efeito, ao visitar o célebre escultor, o jovem Rilke não se contenta em interrogá-lo sobre suas obras. Alguns dias mais tarde, ele lhe escreverá: "Fui a sua casa para perguntar: como é necessário viver? E você me respondeu: trabalhando." A resposta que Wilde teria recebido não é diversa daquela obtida pelo próprio Rilke. "É preciso sempre trabalhar — sempre", tal teria sido a réplica invariável de Rodin a todas as perguntas que lhe tinham sido destinadas pelo jovem poeta —, supondo-se, claro, que este último queira ser um verdadeiro artista que se abra para o absoluto. Ou, como demonstra outra fórmula destinada por Rilke a Rodin no decorrer do primeiro encontro: "Sinto que trabalhar é viver sem morrer." Ao privilegiar assim o trabalho da criação, o artista negligencia forçosamente outras facetas de sua existência: sua vida material, suas relações com outros seres humanos. Foi essa a escolha que Rodin quis fazer. O artista é obrigado a escolher: o rio de sua vida não poderia se manter caudaloso sendo obrigado a se separar em dois leitos, o da existência e o da criação. E Rilke conclui sua observação com o comentário: "E creio, Lou, que deve ser mesmo assim, pois esta é uma vida e aquela é outra, e nós não fomos feitos para ter duas vidas."[6]

Toda vida é uma mistura entre relativo e absoluto, entre a necessidade de sobreviver aqui embaixo e a urgência imperiosa de elevação; o que caracteriza mais especificamente a vida do artista, Rilke se dá conta então, é que se deve manter a primeira vertente carente de estima, concedendo-lhe o mínimo necessário. A grande vítima, aqui, são as relações humanas: seu lugar deve ser limitado, o criador é condenado à solidão. Tal é o efeito de Rodin: ele até tem uma companheira — mas seu papel é subalterno. Para ele, a mulher "é um tipo de alimento para o homem, um tipo de bebida que se propaga nele de tempos em tempos: um vinho". Rodin, verdadeiramente, não tem amigos.

Aos olhos do artista criador, o vivo é assimilado à matéria inanimada: esse criador permanece como único humano, os outros homens se tornam para ele semelhantes às coisas. Tal é o preço a ser pago para ter êxito em sua criação: para aceder ao absoluto, deve-se renunciar ao relativo. O que é confirmado pela confissão de outro gênio, Beethoven, mencionada por Rilke a Rodin: "Não tenho amigos, devo viver sozinho comigo mesmo, mas sei que, em minha arte, Deus está mais perto de mim do que dos outros."[7] Pela beleza da arte que cria, o artista se aproxima de Deus, o que ele não poderia realizar ao se contentar em viver com seus semelhantes. O preço cobrado é elevado, mas Rilke se sente pronto a pagá-lo: ele enfim encontrou a grandeza encarnada num ser humano, e a vida de Rodin lhe inspira uma admiração sem reservas; o caminho está então traçado.

É à sua mulher, Clara, que, cinco anos mais tarde, Rilke destina outro conjunto de cartas cuja mensagem é em grande parte semelhante: trata-se desta vez do exemplo da vida de Cézanne. O pintor descobriu um dia o gosto pelo trabalho — em seguida a um encontro com o pintor Camille Pissaro, semelhante ao ocorrido entre Rilke e Rodin — e, a partir desse momento, "durante os 30 anos que lhe restavam de vida, não fizera mais do que trabalhar". Diferentemente de Rodin, Cézanne não experimenta júbilo interior, ele trabalha mais à maneira de Flaubert, "sem alegria, numa fúria contínua", mas trabalha. Suas raras afirmações públicas, citadas por Rilke, vão no mesmo sentido da fórmula de Rodin: "Trabalhar sem se preocupar com ninguém e se tornar forte", a aquisição da força exigindo que se renuncie ao olhar dos outros, ou ainda: "Creio que não há nada melhor do que o trabalho."[8]

Essa escolha implica renúncias: Cézanne permanece só, não fala com ninguém, mal chega a se alimentar. Ele ama a sua mãe, mas não interrompe sua pintura no dia de seu enterro, não indo ao local para não perder um momento sequer de trabalho (o próprio Rilke não irá ver seu pai em seu leito de morte, um pai que era, entretanto, estimado). É que, para Cézanne, "a única coisa essencial" — mas uma coisa que toque verdadeiramente na essência, no absoluto, como para o pintor imaginado por Balzac em *A obra-prima ignorada* —, é realizar com sucesso o quadro que está pintando no momento. Essa aparente recusa do mundo não é de fato uma recusa, já que, graças a essa ascese, o pintor ascende a um mundo superior: "Para fazer alguns passos apenas no caminho da paixão, Cézanne teve de se afastar de tudo, não com desdém, mas com heroísmo de alguém que escolhe as aparências da morte por amor à vida."[9] Na mesma época, Rilke conclui melancolicamente seu *Requiem* dedicado à memória de Paula Becker, uma amiga pintora que teve dificuldades em conciliar maternidade e criação artística:

RILKE

*Pois existe em algum lugar uma
Velha intimidade entre a vida e a obra.*[10]

Se o artista em geral — e Rilke em particular — deve
escolher o braço do rio "criação" em detrimento do braço
"vida", é também porque os outros homens são essencialmente fonte de agressões, ao passo que o trabalho com a
obra permite, ele crê, se elevar à esfera do divino. É por essa
razão que a exigência da solidão não deve ser entendida apenas no sentido banal do silêncio e da tranquilidade necessários a cada criador, mas num sentido mais profundo, o da
renúncia às alegrias e às relações com os homens. Numa
carta a Lou, Rilke associa dois textos para ele essenciais, o
Livro de Jó e um poema em prosa de Baudelaire; a mesma
associação será retomada em *Malte Laurids Brigge*. Jó fala das
pessoas que riem de você, o pisoteiam, o perturbam, descrevendo a miséria humana, mas o homem que sofre mantém
sua harpa e sua flauta, mesmo que elas não profiram mais do
que queixas e soluços. Em *À uma hora da manhã*, Baudelaire
pede a Deus que o ajude a escrever belos versos. O êxito do
poeta recupera e redime o fracasso do homem; a atividade
artística está associada de forma intrínseca a Deus, ou
melhor, Deus passa a ser apenas o intermediário que permite
o acesso a esse novo ideal, a beleza. É nesse Baudelaire que
Rilke se reconhece: "Uma estranha comunhão nos aproximava então, a mesma pobreza e talvez a mesma angústia."[11]

Escrever poesia não deve ser uma distração nem um
meio para atrair a aprovação dos leitores; só se deve se entre-
gar à escrita poética quando se tratar de uma necessidade

imperativa, de uma urgência vital. Mas, quando é esse o caso, tem-se a obrigação de se submeter a essa urgência, já que permite ascender a uma vida superior — e, com isso, tornar mais belo o mundo e os homens. Em todos os conselhos dirigidos a artistas ou poetas mais jovens, Rilke retorna à mesma exigência: só escreva se sentir uma urgência imperiosa; mas se tal for o caso, esteja pronto a tudo sacrificar para levar a termo essa tarefa. "Então construa sua vida em função dessa necessidade; sua vida deve ser, até em seus instantes mais insignificantes e mais mínimos, a marca e o testemunho dessa urgência." Essa vocação é tão exigente quanto o chamado de Deus, "ela requer um artista com a mesma imperiosidade de Maomé", e isso porque tem a mesma natureza: o ato de escrever tem "a virtude de provocar a ascensão do Anjo, e de torná-lo ciumento". É, com efeito, a comparação que se impõe: a transfiguração do mundo pelo intermédio da arte, esse culto a que Rilke se entrega, tomou o lugar exato da adoração de Deus e deve ser praticada com o mesmo fervor. Trata-se ainda do sagrado, mesmo que sua substância tenha mudado. Nenhum preço, nenhum sacrifício é então por demais elevado, e Rilke aprova Hölderlin, que aceitou seguir sua vocação mesmo na loucura. O próprio Rilke vê aí seu destino: "Copiar até o fim o ditado da existência."[12]

Por que é legítimo preferir a via dedicada à arte a uma vida comum? Na tentativa de responder a essa questão, Rilke parte ainda de Baudelaire, do qual é tomada de empréstimo a epígrafe de seu primeiro ensaio sobre Rodin. Trata-se, mais exatamente, de uma citação de Emerson que

Rilke encontrou em Baudelaire — e é a interpretação baudelairiana que ele aproveita. Baudelaire escrevia: "'O herói é aquele imutavelmente concentrado.' A máxima que o líder do transcendentalismo americano aplica à sua conduta de vida e ao domínio dos negócios pode também ser aplicada ao domínio da poesia e da arte."[13] A mesma qualidade é fonte de valor na vida e na arte, mas apenas a arte a atinge de maneira mais direta: é a concentração, a densidade, a intensidade. O "trabalho" no qual Rilke pensa não é apenas o do escultor às voltas com a argila ou o do pintor diante de seu cavalete; é o trabalho que permite ao artista captar de forma mais aguçada sua própria interioridade.

Rilke se apossa dessa ideia para usá-la como base de suas concepções de arte e do valor da obra. Se Rodin é um grande artista, é porque suas obras conseguem extrair os objetos que elas representam "do acaso e do tempo" reinantes na existência comum, revelando os traços pelos quais esses objetos participam da necessidade e da eternidade; a arte mantém-se num nível de intensidade que a vida só vem a conhecer excepcionalmente. Goethe escrevera: "É preciso que mil rosas pereçam nas chamas para produzir o minúsculo frasco de perfume que o Rouxinol oferece à sua bem-amada." Rilke transforma essa imagem: "Num único pensamento criador revivem-se milhares de noites de amor esquecidas, que lhe conferem elevação e nobreza." O objetivo da arte não é apreender a aparência do mundo — essa aparência seria elegante (a palavra "belo" não é valorizada por Rilke) —, mas "encontrar a causa mais profunda e a mais interior, o ser oculto que suscita essa aparência".[14] O artista deve evitar o renome não apenas em virtude do risco de substituir a urgência interior de criação pelo prazer das recompensas vindas de fora, mas também em razão da dispersão, contrário exato da concentração, ponto de partida obrigatório de toda a criação artística.

Essa densidade da obra tem como contrapartida a extensão de sua ação: quanto mais sua forma for concentrada, mais seu sentido é geral; quanto mais o poeta se condensa, mais seu leitor se torna universal. "O artista", escreve Rilke acerca de Rodin, "é aquele a quem cabe, a partir de numerosas coisas, fazer delas uma só, e, a partir da menor parte de uma só coisa, fazer um mundo." Todas as artes participam da mesma lógica. Vinte anos após ter descoberto a escultura de Rodin, Rilke assiste ao trabalho teatral dos Pitoëff* e experimenta uma sensação semelhante: a alegria diante de alguém que, ao agir sobre um único ponto, mas com toda a intensidade imaginável, revela sua necessidade interior, "toma posse do universo de maneira inesperada e o torna inesgotável a partir de seu centro de criação".[15] Essa capacidade, privilégio do verdadeiro artista — a do gênio, portanto —, é o que há de mais precioso no mundo, o que dá sentido e valor a uma existência, o que contrabalança suas misérias. Eis por que a vida do artista, mesmo sendo dolorosa, merece ser escolhida entre outras: ela põe não apenas o criador, mas também todo o universo, em contato com o absoluto; ora, essa relação é indispensável ao homem.

---

* Os Pitoëff (Georges, Ludmilla, Svetlana e Sacha Pitoëff) são uma família de atores e diretores franceses de origem georgiana. (N.T.)

A descoberta, em toda coisa e todo ato, de sua necessidade interior é o objetivo único do trabalho artístico; para o artista, não existem maus objetos ou experiências insignificantes, mas apenas objetos ou experiências dos quais o artista não teria conseguido apreender a essência. Seu trabalho começa pelo amor do mundo, e será ainda mais bem realizado na medida em que conseguir nada excluir desse mundo. O homem comum experimenta admirações e aversões. O artista proíbe a si mesmo de deixar curso livre às aversões: "nenhuma recusa, adesão infinita". Mesmo as mais negativas experiências trabalham para o aperfeiçoamento do artista, por isso não pode se permitir evitá-las. "Da mesma maneira que toda seleção é proibida, não é permitido ao criador desviar-se de nenhuma forma de existência." A arte não é um reflexo do mundo nem uma escolha de seus mais belos segmentos; ela é "a transformação integral do mundo em esplendor".[16] Desde que o artista não autorize para si nenhuma exceção a essa regra, ele suplantará as mais amargas experiências e descobrirá a beleza dos mais feios objetos; ele evoluirá na esfera dos anjos.

Foi assim que Baudelaire, sempre ele, procedeu ao escrever *A carniça*. Rilke encontra outra imagem literária para designar essa aceitação total do mundo, e ela se torna sua preferida: a de são Julião Hospitaleiro, tal como Flaubert o descreve em seu conto. É nele que Rilke encontra a parábola completa da condição do artista. "Deitar-se junto ao leproso, partilhar com ele o calor do próprio corpo, até mesmo o calor das noites de amor; é preciso que isso tenha ocorrido algum dia na existência do artista, como uma vitória sobre si mesmo que o conduza à beatitude de um novo gênero."[17] A condição de criação artística é o amor pela vida em sua integralidade, tanto do belo quanto do feio, do vil como do bom. É o mesmo amor que Wilde, nos lembramos agora, atribuía a Jesus, o ser que sabia se reconhecer no destino do leproso e no do cego.

Diante da história

A visão de mundo de Rilke implica reservar para sua própria existência um lugar bastante singular, confinada a um papel auxiliar e instrumental e sem interesse em si mesmo. Tudo o que lhe pede é não invadir em demasia seu espírito de artista e de servir docilmente ao trabalho da criação. Colocando-se essa condição prévia, Rilke pode assumir uma atitude contemplativa em relação ao restante do mundo, que é um fim e não um meio, e mostrar, como consequência, sua recusa em intervir nas questões públicas. "Na política, não tenho nenhuma voz, nenhuma — e me proíbo de dedicar a ela qualquer sentimento", escreve em 1923.[18] Desde que o deixem tranquilo, Rilke não quer nada saber da política ou da grande história, e se recusa a julgá-las. Já que a vocação do poeta consiste em se colocar à escuta do mundo, convir-lhe-ia mal querer ao mesmo tempo modificá-lo, sendo obrigado a escolher entre a paixão por tudo o que o cerca e sua recusa.

É numa longa carta datada de 1924, endereçada ao filólogo Hermann Pongs (nos anos 1930, Pongs virá estigmatizar seu correspondente por falta de espírito patriótico), que Rilke se explica sobre a significação de sua escolha quietista. Ele declara de saída que, a não ser se renegando ou se dividindo em dois, não pode ter ação política nem mesmo apenas social: para aquele cujo dever consiste em aceitar o mundo, toda tentativa de aperfeiçoá-lo deve ser proscrita. Ele reivindica, portanto, o que chama de "meu pouco gosto, ou mesmo minha repugnância pela ideia de mudar ou, como se diz, melhorar a situação de quem quer que seja". O artista é forçosamente conservador — já que lhe foi preciso acolher e amar o real tal como é. Não é apenas caso de as soluções propostas para aos problemas sociais serem com frequência ilusórias, consistindo em substituir um sofrimento familiar por outro — diferente, mas não menor; ou ainda que se possa, com a condição de melhor compreender as situações, mesmo as mais dramáticas, encontrar nelas mesmas o meio de viver de outra maneira e melhor. Não se trata de uma escolha de indiferença, mas da própria condição do trabalho artístico e, portanto, do acesso ao absoluto. "Nada seria mais superficial do que compreender essa alegria do poeta diante da multiplicidade dolorosa como uma fuga do esteticismo."[19] Longe de querer se fechar em sua torre de marfim, o artista renuncia à ação porque se confunde com o mundo tal como é. Ele se proíbe de julgar as situações, de tomar partido dos oprimidos contra os opressores, dos pobres contra os ricos, das vítimas contra os carrascos, contentando-se, o que é mais difícil, em celebrar o universo revelando sua necessidade interior.

É por essa razão que Rilke adverte a seus correspondentes que queriam ver nele, homem pacífico e moderado, um humanista e um defensor da justiça. É bem verdade que em sua juventude ele teve grande admiração por Tolstoi, a quem encontrou por duas vezes em suas viagens pela Rússia, mas o que Rilke aprecia nele é o espírito russo, tal como o imagina, e não o fervor moralista. Ora, em 1897, Tolstoi publica seu ensaio *O que é a arte?*, no qual se pode ler a declaração: "Basta aos homens de hoje rejeitar a teoria falsa da beleza que faz do prazer o objetivo da arte, para que a consciência religiosa se torne naturalmente o guia da arte atual." Tolstoi fustiga particularmente um de seus adversários: "Os decadentes e os estetas, tal como Oscar Wilde, escolhem como tema de suas obras a negação da moral e a glorificação da luxúria." Em 1899, surge seu primeiro romance, *Ressurreição*, marcado por uma submissão da arte do relato à ideologia de seu autor. Na mesma época, Rilke reclama para si o "novo evangelho da beleza"; mais tarde, ele qualifica *O que é a obra de arte?* de "miserável e tola brochura". Se Rilke venerou Tolstoi é porque o homem se tornou um campo de batalha grandioso de duas forças contrárias, sua vocação de artista e suas convicções de pregador, e também porque encarna simultaneamente essas duas exigências opostas: aceitar o mundo para poder pintá-lo, rejeitá-lo para torná-lo mais habitável. Rilke aprecia a severidade do conflito, mas não quer de modo algum seguir o exemplo do romancista russo.

Ele também não se reconhece em outros artistas contemporâneos que gostariam de melhorar o mundo, tal como Rabindranath Tagore ou Romain Roland, pois ambos se enganam sobre a própria natureza da criação literária, acreditando que ela deve servir ao bem. O que decide acerca da

grandeza da obra "não é de modo algum uma intenção cari-
dosa e clemente, é a obediência a um ditado autoritário que
não *quer* nem o bem nem o mal". O poeta deve renunciar a
todo juízo assim como a todo querer e se deixar dominar
pela "ordem superior que nos ultrapassa".[20]

É preciso dizer que o próprio Rilke nem sempre seguiu
essa via por ele elogiada. Em várias oportunidades, diante de
ocorrências que saíam do comum, escolhe afastar-se dela.
Nesses casos, deixa de julgar a vida em função das obras de
arte que permite — ou impede — criar, para lhe pedir uma
beleza e intensidade dignas de uma obra de arte. Esses momentos de exaltação são, entretanto, breves.

No dia seguinte à declaração de guerra, em 1914, Rilke
é tomado por um desses momentos de euforia: a nova situação lhe parece ter uma grandeza da qual a vida pacífica seria
desprovida. Ele escreve febrilmente *Cinco cantos/Agosto de
1914*, inspirados em sua realização pelos *Hinos* de Hölderlin,
a quem lê nesse momento; nesses textos ele faz a saudação a
um deus até então ausente, o "deus-batalha":

*Pela primeira vez te vejo erguer-te
longínquo improvável deus da guerra conhecido por
rumores.*

As vantagens da guerra sobre a paz são de ordem estética: a vida cotidiana era terna e medíocre, a guerra revelou
forças desconhecidas — a única até então a poder abrigar a
poesia.

Alegria! Por ver nascerem essas paixões

prossegue o segundo canto de Rilke. No mesmo momento, ele escreve a seu editor, Anton Kippenberg, mobilizado, para lhe dizer que se alistou no exército de seu país. Porém, antes mesmo do fim do mês, o entusiasmo de Rilke decai e o poeta é devolvido a seus sentimentos pacíficos habituais.

Ao fim de 1917, as novidades da Revolução de Outubro chegam à Alemanha. Os sentimentos pró-russos de Rilke são despertados e, numa carta a Katharina Kippenberg, ele declara se deleitar com "o pensamento da magnífica Rússia".[21] É preciso dizer que, nessa época, Rilke não apenas frequenta o círculo habitual de suas admiradoras, condessas e duquesas, e de seus conhecidos nos mais altos círculos, mas também personagens de extrema-esquerda, engajados nos protestos contra a guerra, como sua amante Claire Goll, ou Sophie Liebknecht, a mulher de Karl Liebknecht, que, ao lado de Rosa Luxemburgo, dirige o movimento espartaquista. Rilke tem também amigos entre alguns dos dirigentes da efêmera República dos Conselhos da Baviera, eco da República Russa dos Sovietes, tais como Kurt Eisner ou Ernst Toller. Fato excepcional para Rilke, ele acha fascinantes as grandes reuniões públicas, apesar da "atmosfera sufocante de cerveja, fumaça e populacho", pois a vida atinge nesses locais uma intensidade desconhecida: "Tais momentos são milagrosos." Mas, também nesse caso, o entusiasmo não dura: algumas semanas mais tarde, ele constata que sua esperança de um "começo puro e novo" foi frustrada.[22]

O mais durável entusiasmo de Rilke por uma ação política provida de qualidades que, habitualmente, são exigidas da arte diz respeito ao *Duce* italiano, Benito Mussolini. Na sequência de sua marcha triunfal sobre Roma, em outubro de 1922, Mussolini foi encarregado pelo rei da formação do governo; a Câmara lhe concedia plenos poderes. Após o assassinato do socialista Giacomo Matteotti, em 1924, os outros partidos políticos são eliminados e, em dezembro de 1925, Mussolini transforma o regime em ditadura. É o momento escolhido por Rilke para exprimir, à sua correspondente italiana Aurelia Gallarati Scotti, sua admiração pelo *Duce*. É revelador que esse elogio inclua a política numa apreciação da poesia. Depois de evocar alguns livros franceses admirados, Rilke prossegue: "Mas também na Itália: que impulso, e não apenas na literatura, mas na vida pública! Que belo discurso o de Mussolini, endereçado ao governador de Roma! Entre seus belos poetas, fizeram-me ter grande admiração por Paris Ungaretti."[23]

A correspondente de Rilke nada compartilha de sua admiração por Mussolini, e lhe diz isso com clareza. O que leva o poeta a justificar suas escolhas em duas longas cartas escritas nos dias que se seguiram. O conteúdo é bastante surpreendente. Para argumentar sua admiração estética pela ação do *Duce*, Rilke se vê obrigado a defender duas teses que sua obra anterior parecia antes refutar. A primeira quer que a liberdade dos indivíduos, assimilada então à anarquia, seja uma coisa perigosa, sendo melhor impor, mesmo com o uso da violência, um poder forte e uma ordem estrita; o autoritarismo é preferível ao parlamentarismo. A outra tese consiste em dizer que o fervor nacionalista é indispensável, e certamente superior a abstrações como "internacional" e "humanidade". Rilke parece aderir plenamente à retórica fascista, que chega até ele tanto pelos jornais quanto pelas declarações de outros escritores — alemães, italianos ou franceses. Ele rejeita ao mesmo tempo o mundo moderno, que simboliza o triunfo da técnica, para fazer o elogio do humilde artesão e da ordem hierárquica estrita.

Além desses argumentos, surge uma justificativa que por si só participa do desejo de julgar a vida como se fosse uma obra de arte. A Itália de Mussolini é boa por ser forte, viva, intensa. "Não se deve perder tempo evitando a injustiça", escreve Rilke; "deve-se simplesmente superá-la por meio da ação." A força da ação torna-se sua justificativa, e a vitalidade leva vantagem sobre qualquer outro valor. "Em todo caso, essa Itália de 1926 mostra admiravelmente a vida em ato." O "contentamento vital" que Rilke percebe na política italiana é bem mais importante do que suas diminutas falhas ideológicas: "O que importa, se com isso os corações sobem e os espíritos se renovam!" Mussolini teve então razão de reatar com o espírito conquistador dos antigos romanos, e deve-se louvar "esse arquiteto da vontade italiana, esse fabricante de uma consciência nova cuja chama é animada por um fogo antigo".[24] Para Rilke, Mussolini modela a nação italiana da mesma maneira que ele próprio dá forma à língua ou que Rodin trabalha a argila (uma comparação que não teria desagradado a Mussolini, ainda que este preferisse ter sido comparado a Michelangelo); o estilo lhe parece mais importante do que o conteúdo. O desacordo entre os dois correspondentes é completo e a troca acerca desse tema se interrompe nesse ponto, sobretudo porque Rilke já se encontra seriamente doente (vindo a falecer no fim daquele ano).

Mediante esses três exemplos — Primeira Guerra Mundial, Revolução de Outubro e Fascismo italiano —, podemos avaliar que a aplicação direta de critérios estéticos à ação política não traz bons resultados para Rilke. Se considerarmos o custo humano, guerra, revolução e ditadura, mesmo supondo que possam ser belas e intensas, nem por isso se tornam aceitáveis. Acrescentemos que, para produzir esse tipo de juízo, Rilke teve de renunciar a seus próprios princípios: em lugar de compreender a partir de dentro tanto da guerra quanto da paz, da tirania e da transigência, Rilke escolheu uma coisa em detrimento da outra — aquilo que precisamente se recusava a fazer como artista; é nesse momento que ele recai sob a censura do esteticismo, o qual afastava a justo título na carta a Pongs. Por essa razão, podemos preferir sua primeira posição à segunda: sua melhor escolha política se dá quando renuncia a toda escolha.

A solidão, o amor

Retornemos então à vida íntima. Viver sozinho é menos um preço a ser pago para ter êxito em sua atividade criadora do que a condição necessária a seu trabalho. É por isso que, quando Rilke se dirige a um autor iniciante que lhe pede conselhos sobre a maneira de viver sua vocação, ele não se contenta em consolá-lo em virtude da solidão a que todo poeta, assim como todo criador, é destinado; ele a recomenda. A solidão é grandiosa e, por ser difícil, é um signo de sua fecundidade. A razão dessa preferência é que tudo o que vem de dentro é autêntico, ao passo que o que vem do outro é tomado de empréstimo. "Esteja atento ao que surge em você e situe-se acima de tudo aquilo que perceber em seu entorno." O que nasce em nós é a única coisa digna de nosso amor, não devemos perder tempo "esclarecendo [suas] relações com as pessoas". Rilke acrescenta que apreendemos melhor a verdade do ser humano quando o observamos isolado: "Apenas o indivíduo solitário pode situar-se como uma coisa sob as leis profundas da vida."[25] Compreende-se agora a razão dessa exigência, mas não se pode dizer que, reduzido ao status de uma coisa e submetido a leis sobre as quais não tem qualquer controle, o homem ainda revela a verdade de sua vida. O homem radicalmente solitário não é mais homem, e nenhum abismo separa verdadeiramente o que vem de fora do que se encontra dentro do indivíduo: o dentro não é outra coisa a não ser um fora anterior.

O próprio Rilke sempre procurará se colocar em conformidade com seu preceito, desde seus primeiros anos de sua vida em Paris até sua morte. Sua correspondência é uma litania em que as esperanças de encontrar a boa solidão se alternam com as queixas causadas por sua ausência. Ele aspira à "imobilidade exterior e à animação interior"; os admiradores invasivos o perturbam, e ele gostaria de alcançar esse resultado paradoxal, segundo o qual, apesar de continuarem a admirar sua poesia, eles se pusessem a detestá-lo pessoalmente! A própria princesa Maria von Thurn und Taxis, sua grande protetora e sua anfitriã no Castelo de Duíno, teve de se abster de interromper a solidão do poeta para que se pudesse cristalizar sua consciência do mundo, a "ordenação de minhas condições interiores". A solidão permite a concentração, qualidade primeira da obra de arte, e ajuda a evitar a dispersão, a agitação e a tagarelice; para trabalhar, Rilke tem necessidade de "romper todo contato com outrem, que desgastem minhas forças e minha atenção". Aquilo a que ele aspira no fim de sua vida é uma solidão durável, "uma solidão estável, e não buscarei outra coisa — com a mão no coração — a não ser essa solidão *para o resto de minha vida!*". É também uma "solidão absolutamente estrita" — apesar da simpatia que nutre pelos animais, ou talvez até por causa dela, Rilke descarta até mesmo a ideia de ter um cão: todo ser vivo representa para ele uma solicitação, abarcando assim uma parte de seu ser, ao passo que ele necessita de dispor de sua totalidade. As palavras da língua, utilizadas na conversa, tornam-se inaptas ao uso poético; houve quem indagasse, sem dúvida com razão, se a fecundidade poética do ano de 1922 só foi possível graças ao uso cada vez mais frequente da língua francesa na vida cotidiana, deixando o alemão disponível para a poesia. Ele próprio teria dito a Lou, inquieta ao vê-lo praticar tanto o francês: "Imagine apenas o número incalculável de palavras que *poupo* ao não degradá-las no banal cotidiano!"[26]

Não é apenas o conforto do artista que exige alguma solidão; esta diz a verdade da condição humana, e cada um, não somente o artista, deveria tentar alcançar a verdade de sua existência. "Somos solitários. Podemos nos iludir a esse respeito e fazer como se assim não fosse. É tudo. Mas é preferível compreender que somos solitários, e mesmo fazer tudo a partir desse fato." O que se tem a impressão de compartilhar com outros é, na realidade, pouca coisa, mesmo se, de hábito, exista uma ilusão acerca disso; as trocas, de aparência agradável, logo acabam por provocar repulsa. Todo o essencial, "tudo o que é infinito reside no interior do homem isolado: ali se produzem os milagres, as realizações, ali se superam as provações". É por essa razão que quando um irmão de Clara vive uma ruptura amorosa, Rilke lhe envia uma missiva-sermão, coassinada por Clara, na qual explica ao jovem — então com 20 anos — que ele não deve se atormentar: o que fez foi apenas se aproximar um pouco mais da verdade da existência. "Na vida, ninguém pode ajudar ninguém; cada conflito, cada nova perturbação ensinam a seguinte: estamos sós." Mas não há nada aí para lamentarmos: "Ao mesmo tempo é o mais positivo da vida, que cada um tenha tanto dentro de si: seu destino, seu futuro, seu espaço, seu mundo inteiro." Desse ponto de vista, portanto, os criadores só se distinguem dos simples mortais por serem "os mais solitários dos solitários".[27]

Os que optaram pela solidão gozam de um privilégio: a morte não tem controle sobre eles. Os poetas mortos se dirigem a nós como se estivessem vivos: é o benefício que tiram da aceitação de sua condição; e, para aquele que abraçou a solidão como verdade de sua vida, a morte dos próximos é apenas mais uma separação entre outras. "E, ao mesmo tempo em que devemos aceitar que nos separamos definitivamente, em certo momento dessa transformação, a mais vidente de todas, devemos, literalmente, a todo instante, renunciar uns aos outros, não nos retermos mutuamente." Se a verdade de cada um é ser só, então a vida e a morte dos outros pesam pouco.

A questão que não podemos deixar de fazer ao escutar esse elogio vibrante da solidão, depois de ter percebido a elevada posição que Rilke reserva para o amor, é, evidentemente, como reconciliar os dois. Rilke não vê aí incompatibilidade, sob a condição de superar o conceito corrente de amor. "O amor em si, que parece por excelência um bem comum, só pode ser desenvolvido até o fim e de certa maneira levado à sua perfeição se estivermos sós e separados." E isso não apenas porque, para Rilke, a sexualidade é uma experiência puramente sensual do indivíduo, na qual não se encontram quaisquer traços de relação com outrem — experiência comparável, diz ele, à "pura sensação que produz um belo fruto na língua",[28] o que poderia explicar sua propensão pela masturbação; o que Rilke quer dizer é que o amor perfeito deve ter como resultado uma extensão do sujeito, uma abertura ainda maior de seu espaço, ao passo que a ligação a *um* objeto de amor é privação de liberdade, imposição de limites, restrição. O amor solitário é elevação; a vida a dois, rebaixamento.

Rilke desenvolve essa concepção de amor em *Os cadernos de Malte Laurids Brigge*. A verdadeira amante "supera o ser amado", pois "o dom que faz de si mesma quer ser infinito"; sua frustração vem do fato de "exigir-se dela que imponha limites a esse dom", isto é, que prefira o amado ao amor. Tal é também o sentido da Parábola do Filho Pródigo, situada significativamente por Rilke ao fim de seu relato. A grandeza do amor é ser inesgotável, ilimitado; ora, se há um objeto preciso, ele já se vê diminuído. Ser amado significa restringir o amor do outro; para poder continuar a ser sujeito do amor, não se deve ser objeto dele — o amor não pode ser recíproco. "Ser amado é perecer; amar é durar." O Filho era amado em sua casa, partindo para poder escapar então dessa limitação. Ao tomar conhecimento da verdade, "ele projetava então jamais amar para não colocar alguém na atroz situação de ser amado". Após vários desdobramentos, ele retorna à casa familiar e se atira aos seus pés "conjurando-os a não amarem".[29]

A forma ideal desse amor é o sentimento dedicado a Deus, pois Deus não impõe nenhuma limitação ao amante. "Deus só pode ser uma direção do amor, não um objeto de amor." "Esse bem-amado ilustre", acrescenta Rilke numa carta contemporânea a *Malte*, "teve a prudente sabedoria, sim [...] a nobre habilidade de nunca se mostrar". O amor a Ele devotado pode então permanecer infinito, e podemos cultivá-lo à vontade, desenvolvê-lo e aprofundá-lo na solidão. Mesmo não sendo religioso, Rilke é fascinado pela fórmula de Espinoza: "Quem ama a Deus não pode se esforçar para que Deus, por sua vez, o ame." Não se deve esperar por uma gratidão da parte de Deus pelo amor que lhe é devotado: Deus não nos deve nada, dirão também os jansenistas. O que, transportado ao mundo humano, significaria que se deve preferir a ausência do ser amado à sua presença — que se deve preferir o amor ao amado. Tal é a "razão pela qual os seres que se amam se afastam uns dos outros". O objeto amado não é senão o chamariz do amor, uma satisfação inicial algo enganadora — é, diz Rilke, um pouco como o torrão de açúcar que se dá inicialmente ao cavalo que está sendo treinado, para lhe servir de estímulo; uma vez iniciado, porém, o amor deve se livrar dele para se desenvolver. "Então, toda nossa experiência não tende assim a mostrar que a presença do objeto amado é decerto um adjuvante para o amor nascente, mas que, depois de crescido, essa presença lhe causa mais dano e prejuízo?" O amante abandonado conhece um amor bem maior que o amoroso correspondido, privado de sua liberdade pela presença do objeto: o último acede apenas ao relativo, o primeiro se comunica com o absoluto. O desaparecimento do amado é aqui desejável: "É somente a partir da morte, a meu ver, que podemos fazer justiça ao amor."[30]

Esse ideal de amor vivido no inacabamento era, de acordo com Rilke, o dos trovadores medievais, "pois não havia nada que temessem mais do que a possibilidade de esse amor ser um dia realizado", e sobretudo o de algumas mulheres célebres, as "grandes amantes" — pois, para Rilke, desse ponto de vista, as mulheres encarnam melhor a condição humana do que os homens. Durante algum tempo, ele acalentou o projeto de escrever um livro composto pelos retratos dessas mulheres. Estariam presentes no livro: Safo, Heloísa, Gaspara Stampa (poeta italiana do século XVI), Louise Labé, Bettina von Arnim — "tal amor não necessita resposta [...], ele se realiza por si só" —,[31] Eleonora Duse e a condessa Anna de Nouailles. Ao longo de toda a sua carreira de escritor, Rilke comenta, recomenda e traduz os escritos dessas grandes amantes, citando-as como exemplo.

Ele considera singular o caso de Mariana Alcoforado, autora das *Cartas portuguesas* (hoje tende a prevalecer a tese de que se trata de cartas ficcionais, talvez escritas por autor masculino). Essas cinco cartas, endereçadas por uma mulher a um homem medíocre que a abandonou, exprimem, segundo Rilke, a essência do amor, pois a portuguesa acaba por compreender que o objeto do amor não é indispensável ao amor: "Ele não depende mais da maneira como me tratas", e é a partir desse momento que ele atinge uma grandeza, "uma grandeza severa e gelada, a que a partir de então nada mais podia vencer". A solidão é uma condição necessária ao amor perfeito, e a religiosa portuguesa mostrou, melhor do que qualquer outro, que "a essência do amor não reside na comunidade, mas no fato de que cada parceiro obriga o outro a se tornar alguma coisa, alguma coisa de infinitamente grande, ao extremo do limite de suas forças".[32]

O amor na vida

Quando Rilke aplica suas teorias a seu próprio caso, ele interpreta a relação entre vida e criação em termos de ruptura e não de continuidade; ele não procura concentrar e sublimar o já existente, mas opta por uma escolha exclusiva, um "ou isso ou aquilo". Assim, exprime numa carta a Lou: "Num poema coroado de êxito, há muito mais realidade do que em toda relação ou inclinação que vivo; onde criei sou verdadeiro, e gostaria de encontrar a força para fundar minha vida integralmente nessa verdade [...]. Sei que não deveria buscar ou desejar outras realizações, a não ser as de minha obra, é nesse lugar que se encontra a minha questão, as figuras que me são verdadeiramente próximas, as mulheres de que necessito, as crianças que crescerão e viverão por muito tempo."³³ O que conta aqui é a palavra "integralmente": a criação exclui a vida.

Ao ler certa parte da correspondência de Rilke, poderíamos de fato crer que ele aplica sem afetação à sua própria vida os preceitos que formula em suas obras ou os presentes em sua correspondência. Assim, sua ligação com uma jovem e bela veneziana, Mimi Romanelli: ele se descobre apaixonado por ela em novembro de 1907 e lhe escreve cartas inflamadas, mas, tão logo percebe que Mimi poderia se apaixonar, Rilke deixa Veneza e dá outra coloração à relação: ela deve se diluir num amor de vocação universal que não conhecerá mais limites. "Devo ter amor suficiente por todos aqueles a quem amo, já que necessito de ter um dia todo o amor do mundo para minha obra." Ele evoca para Mimi os exemplos a serem seguidos, Gaspara Stampa e Mariana Alcoforado. A jovem tem dificuldades em compreender, obstina-se a esperá-lo, a querer vê-lo, a pedir seu amor em retorno. Por ocasião de uma visita a Veneza, Rilke se vê obrigado a colocar os pingos nos "is": "Há apenas um erro mortal no qual poderíamos cair, é nos unirmos um ao outro, mesmo por poucos instantes. [...] Não se esqueça jamais de que busco a solidão, que não devo necessitar de ninguém e que mesmo toda minha força nasce desta renúncia."³⁴

A solidão não é, de fato, um fim em si mesma, é simplesmente a condição necessária à criação artística. Rilke retomou tal e qual a relação entre o amor divino e o amor humano, como interpretavam os jansenistas, contentando-se em colocar o culto do belo e da arte no lugar daquele devotado a Deus. Em outros termos, ele poderia assinar essa frase de Pascal sobre os seres humanos que o cercam: "Eles não devem se afeiçoar a mim, pois é necessário que eles passem suas vidas e seus esforços agradando a Deus ou buscando fazê-lo."[35]

A relação com Mimi termina nesse ponto.

Porém, a impressão de uma correspondência harmoniosa entre teoria e prática — entre, por um lado, as concepções da arte, da solidão e do amor, e, por outro lado, da experiência vivida — é enganosa. Na realidade, as coisas não são tão simples assim. A vida de Rilke, contrariamente ao que poderíamos imaginar, em nada se parece com a de um eremita. Durante os 35 anos de sua vida de homem, ele raramente se priva da companhia de uma mulher. Algumas de suas amigas são apenas confidentes e protetoras, mas com um bom número delas ele mantém relações eróticas. Rilke é um homem que agrada às mulheres. De pequena estatura, não é particularmente belo, mas seus olhos azuis não inesquecíveis e seu verbo é enfeitiçante. O que seduz nele é um casamento singular entre o terrestre e o celeste. Segundo uma dessas mulheres, Claire Goll, "ele tinha dentro de si tanto de monge quanto de sedutor", dando a impressão de um "arcanjo de terno".[36]

Ao buscar a verdade sobre si mesmo, em particular nas cartas a Lou Andreas-Salomé, Rilke admite que não se trata de uma escolha livre, decidida por sua consciência, mas de uma imposição experimentada — e não forçosamente desejada. É verdade que desconfia das pessoas, que as trocas banais não lhe parecem poder conduzi-lo onde pretende ir, ao "essencial, o último, o supremo". Mas ele não se glorifica com isso. "Essa limitação ao essencial não é em mim de forma alguma o resultado de uma sabedoria. É uma enfermidade de minha natureza." De súbito, seus dias são mornos e vazios: o cotidiano é fastidioso, o essencial se ausenta. Ele só conhece o todo ou o nada — ora, o todo é excepcional. "Finalmente, essa disposição psíquica defeituosa me proíbe toda troca", as relações com os outros repousam em mal-entendidos, seus amigos não são verdadeiros, os amores se encurtam.[37]

Ora, e isso é decisivo, Rilke não consegue se abster dessas relações; além disso, ele também não pode se impedir de sonhar com uma comunicação superior, e tampouco pode aceitar que "não somos feitos para ter duas vidas", como escrevia a Lou em 1903. Contrariamente ao que afirmam seus postulados, a solidão nem sempre lhe é benéfica. Ela é indispensável à criação, de fato, mas não é suficiente para provocá-la. Ora, uma solidão estéril é pior do que uma comunicação incerta. Rilke se via então condenado a alternar espera pela inspiração e esperança de comunhão, e esta última nascia do fracasso da primeira. "Quando conto com os seres, quando preciso deles, quando busco por eles, é que tudo está mal." Mas, por sua vez, essa demanda é previamente destinada ao fracasso, pois Rilke só recorre aos outros em último caso, porque fracassou numa primeira via; eles não lhe interessam por si sós. "Os seres são sempre para mim uma falsa solução, algo que galvaniza minha letargia sem, porém, curá-la."

Assim como Don Juan, Rilke experimenta uma necessidade imperiosa de ser amado por uma mulher, mas, desde que se assegura de sua afeição, foge. Ele se sente, portanto, ora culpado por não estar à altura de suas próprias exigências, e ora como embusteiro daqueles que o cercam e tomam seu desencanto diante do absoluto como uma atenção que lhes é dedicada. De que valem então suas reflexões sobre a comunicação dos seres humanos entre si, já que essa comunicação é proibida? "Com o tempo, desconfio cada vez mais desse monstro que sou, que nunca se preocupou por um ser qualquer da mesma maneira tão torturante e constante quanto de si mesmo. Um monstro tão horrível tem o direito de falar daquilo que se passa entre os seres e os põe em conflito?"[38] Rilke tem necessidade constante de escrever cartas aos outros — não para se comunicar com eles, mas para se exprimir diante deles: ele precisa ser escutado. O que lhe interessa é menos Lou Andreas-Salomé ou Maria und Taxis, mas seu ouvido complacente, e a aquiescência que elas poderiam dar a suas proposições.

Se Rilke fala de solidão, é porque a teme tanto quanto a deseja. Isso se passa até mesmo em seus últimos anos, quando se retira na Suíça: a todo instante, ele o sabe, "a enorme solidão de sua morada, à qual tanto devo, pode se tornar excessiva e se transformar em ameaça". Até o fim, a solidão será tão pretendida quanto ao mesmo tempo temida. É apenas numa de suas últimas cartas que uma presença amistosa é aprovada sem reservas; a carta é endereçada a Nanny Wunderly, que o velará durante sua agonia: "O Inferno! O teremos conhecido! Obrigado a todo o seu ser (sinto-o) por me acompanhar nessas regiões anônimas."[39] Rilke precisa da atenção feminina, mas, da mesma forma, da possibilidade de escapar dela. Encontrar uma mulher, seduzi-la, amá-la é fácil para ele; permanecer com ela, impossível. Suas relações amorosas são marcadas por uma maldição: ele necessita dessas relações, mas, assim que se iniciam, só há uma premência: partir para longe. O destino posterior desses seres pouco o afeta, quer sofram, quer adoeçam, quer morram — mesmo que, é verdade, tal morte possa se tornar, em seguida, o ponto de partida de um belo poema.

A mesma impossibilidade de se estabelecer caracteriza sua relação com os lugares. Rilke não tem de fato uma casa; seus locais privilegiados são os hotéis confortáveis, os castelos de seus amigos aristocratas ou as residências que lhe são emprestadas. Ele deixou sua Boêmia natal, na Áustria-Hungria, mas não quis se estabelecer definitivamente em nenhum outro país. O que lhe permite hospedar-se por meses na Rússia ou na Espanha, na Suécia ou na Dinamarca, na Argélia ou no Egito, sem falar de suas estadas prolongadas na França, na Alemanha e na Itália, mas nem Paris, nem Munique, nem Veneza podem se tornar portos de ancoragem definitivos. E se, ao fim de sua vida, ele se instala na Suíça, pode-se pensar que é porque esse país em si é um lugar de encontros entre as línguas e as tradições de seus vizinhos.

É possível conjugar a atividade de poeta e a de um indivíduo preso no tecido das relações humanas? Ou os dois braços do rio devem permanecer bem separados, com o privilégio de apenas um deles? A questão é colocada a Rilke pela primeira vez com acuidade no momento de seu casamento com Clara Westhoff, em abril de 1901, e no nascimento de sua filha Ruth, em dezembro do mesmo ano. Em conformidade com suas teorias, Rilke gostaria que essa união não fosse incompatível com a solidão necessária para o processo de criação. Mal se torna esposo, ele escreve a um amigo que no casamento "um deve ser o guardião da solidão do outro": ambos são artistas, Clara, escultora, ele, poeta, assim ambos têm necessidade de estarem sós para alcançar a grandeza de sua arte. Sua mulher aceita o seguir nessa via. No início do verão de 1902, seis meses após o nascimento de sua filha, Rilke deixa o domicílio familiar para nunca mais retomar a vida em comum. Em Paris, onde Clara se junta a ele alguns meses mais tarde, eles vivem no mesmo edifício, mas não no mesmo apartamento. Essa decisão é apresentada como escolhida em plena liberdade pelos dois; assim, escrevendo ao irmão de Clara, Rilke afirma que eles compreenderam: mesmo que isso acarrete algum sofrimento, "toda a vida em comum não pode consistir senão na fortificação de duas solidões vizinhas".[40] Nos anos que se seguem, Rilke cuidará de manter esse equilíbrio: sem romper com Clara, sempre é mantida entre os dois uma distância.

Para ser assim capaz de escutar a voz pura das coisas e de transcrevê-la, não basta querer ou estar fisicamente disponível; um tributo bem mais pesado, mais cruel, é exigido do poeta. O perigo para o amor não vem do que a criação tem de diferente dele, mas do que tem de semelhante. Se é impossível reconciliar amor e poesia, é porque a poesia já é amor — um amor superior ao outro. Rilke sempre esteve consciente da proximidade dos dois. "A experiência artística se esboça, com efeito, como tão incrivelmente próxima da experiência sexual, de seu sofrimento e de seu prazer", escrevia ele a F.X. Kappus, "que os dois fenômenos não são propriamente senão formas diferentes de um único e mesmo desejo, de uma só e mesma felicidade". "Da doação apaixonada da amante ao abandono lírico do poeta, há somente um passo", também afirma em 1907.[41] E Rilke estabelece constantemente comparações entre os dois: escutar falar de seu trabalho lhe é tão inútil quanto escutar os outros proferirem juízos sobre a mulher a quem ama. Notemos que o artista, receptáculo do mundo, se reconhece na sexualidade "passiva" da mulher, não na do homem.

A continuidade da correspondência com Lou Andreas-Salomé, no entanto, revela um Rilke menos seguro de si e menos satisfeito. Ele está dolorosamente consciente de que sua mulher e sua filha necessitariam que ele estivesse mais presente e ajudasse mais, mas ele se sente impotente para atendê-las. "Sou incapaz de ser útil no que quer seja e de ganhar qualquer coisa." Em vez de ser aqui uma decisão de preferir o trabalho solitário ao amor, se trataria mais de uma enfermidade, de uma incapacidade de amar, de uma interdição. Aceder ao essencial a partir de uma relação humana é impossível — porém, é sempre tentador. Nesse sentido, mesmo que as pessoas próximas não lhe façam nenhuma censura, Rilke se sente culpado por nada poder dar a elas. A culpa o torna, por sua vez, agressivo em relação a elas, pois esse pensamento o impede de trabalhar. Ele gostaria de se refugiar em sua criação, escapar das preocupações cotidianas engendradas por suas obrigações de marido e de pai. "Eu gostaria, de uma maneira ou de outra, de me recolher mais profundamente em mim, nessa clausura em mim em que dobram os grandes sinos. Gostaria de me esquecer de todo o mundo, de minha mulher e de minha filha." Ora, esse anseio não se pode realizar: não se escapa do que se é, e "há vozes por todos os lugares". Essa relação com uma mulher e uma criança não apenas não o fortalece, como também o impede de ter o sentimento de sua própria existência, de atingir o objetivo ao qual aspira, "de ser alguém real entre as coisas reais",[42] isto é, um poeta escritor de poemas... Rilke não encontra alegria na relação humana, tampouco no trabalho, que, de resto, lhe parece ser mais um festim funesto do que um programa voluntariamente escolhido. Contrariamente ao que lhe prometia Rodin, não lhe bastava trabalhar para ser feliz — sem dúvida, sua natureza não era tão "coerente e simples" quanto a de Rodin.

A relação de Rilke com sua filha Ruth, em particular, não é vivida com serenidade. Rainer e Clara desejam ambos prosseguir suas obras artísticas, assim eles deixam com frequência sua filha pequena com pessoas próximas. Nas festas de Natal a família se reúne: ocasião para Rilke de constatar que aquilo devia lhe dar alegria — o carinho de Ruth por ele — se torna fonte de angústia. "Excessivamente difícil de amar, de ter essa atenção, essa força, essa bondade e esse dom de si que constituem o amor."[43] Ruth cresce, a maior parte do tempo, distante de seus pais. Rilke não vai ao casamento de sua filha, não lhe envia nenhum presente pessoal, nunca se encontrou com seu genro nem com o primeiro filho do casal. Ruth, por sua vez, não assiste a sua agonia nem a seu enterro; todavia, ela se dedica em seguida ao inventário e à edição de suas obras.

Na véspera do casamento de Ruth, em 1921, Rilke escreve a seu futuro genro uma carta na qual estabelece um balanço de sua experiência paternal e, além disso, de sua existência terrestre. Ele tem plena consciência daquilo do que privou Ruth — uma relação constante com seu pai —, mas pensa que o sacrifício era inevitável: "Minha vocação para a realização *interior* de minha vida era tão imperiosa que foi preciso, após uma curta experiência, abandonar o trabalho de sua realização *exterior*." O trabalho venceu a afeição — que, aliás, é por sua vez percebida como "trabalho", mas de natureza menos digna. Essa vocação o obrigou também a se mudar incessantemente de domicílio, sem poder se identificar com nenhum lugar: ele nunca pode "se sentir fixado em nenhum lugar, enraizado no mundo exterior", o que o conduziu a se "exilar no interior de [si] mesmo".[44] O que ele não diz ao noivo de sua filha, mas que confessa a outros próximos, é que esse exílio o tornou profundamente infeliz.

"Obra de coração": Benvenuta

No momento de seu próprio casamento e do nascimento de sua filha, em 1901, Rilke ainda não tinha encontrado sua via: ele hesita. Pode-se pensar que, se tivesse entrado em contato anteriormente com a lição de Rodin e com o exemplo de Cézanne, ele teria desistido de formar uma família para poder se dedicar sem remorso ao que contava para ele mais do que tudo: a criação artística, via real para se comunicar com o absoluto. Os anos que se seguiram a essa experiência mostram, com efeito, um Rilke que evita engajar-se em relações afetivas duráveis. Entretanto, às vésperas da Primeira Guerra Mundial — após a conclusão de *Malte* e a depressão aguda que se seguiu, após as primeiras elegias redigidas para Duíno —, uma mudança parece ocorrer. Rilke a registra num poema escrito nessa ocasião e intitulado justamente *Die Wendung* (*A mudança*). Ele constata que uma etapa foi ultrapassada — a da descoberta do mundo das coisas —, assim outra etapa poderia ser iniciada.

> *Eis que da visão ver é um limite.*
> *E o mundo por demais visto*
> *quer no amor florescer.*
> *A obra dos olhos está feita,*
> *faz agora a obra do coração.*[45]

Teria chegado o momento de passar da percepção das coisas à interação dos seres? Na realidade, a mudança ocorreu alguns meses mais cedo. Estamos no fim de janeiro de 1914, Rilke vive em Paris. Um dia, recebe uma mensagem de uma admiradora e a responde. Ela se chama Magda von Hattingberg, é pianista, aluna de Busoni, vive em Berlim; em suas cartas, Rilke passa a chamá-la de "Benvenuta". A ascensão de sentimentos é fulminante; a correspondência, iniciada no princípio de fevereiro, rapidamente atinge o seu auge — e as cartas de Rilke a Benvenuta contêm algumas das páginas mais inspiradas que ele jamais tenha escrito. Ao fim do mês, ele não pode mais suportar e parte para Berlim. Eles passam duas semanas juntos e depois retornam a Paris. Um mês mais tarde, tornam a partir, sempre juntos, para o Castelo de Duíno, situado próximo a Trieste, onde habita a princesa de Thurn und Taxis. No início do mês de maio, entretanto, ocorre, na estação de Veneza, o adeus final. Anos após a morte de Rilke, Benvenuta narra a história, publicando os documentos a que a ela se referem.

As cartas de Rilke a Benvenuta procuram reformular a dificuldade que há em conciliar vida e criação. O dom e ao mesmo tempo a vocação de poeta são o *Einsehen*, compreender o mundo, "vê-lo por dentro" mesmo em suas manifestações mais humildes. Assim como um cão, o objetivo do poeta não é atravessá-lo com o olhar, à maneira de um sábio, mas o de se instalar em seu interior, no lugar em que ele se torna o que é, sem, porém, se perder ali, claro!, pois de outro modo teríamos apenas um cão a mais... Ter êxito em tal imersão no mundo e manter o traço verbal é o que Rilke chama de "minha beatitude terrestre". Ele ainda se lembra da imagem de são Juliano se deitando perto do leproso: ser poeta é ser capaz de se dar por inteiro ao mundo, e assim converter a feiura e o desespero em beleza, uma beleza sem contrários. "Minha tarefa não era estar acima das coisas, mas dentro." O fracasso, contrariamente, é a incapacidade de se esvaziar de toda prevenção do mundo. "Se eu não pudesse mais me deitar perto do leproso, por falta de amor, eu não teria convertido a lepra em seu contrário radiante."[46]

Ora, se já amamos alguém, se dizia Rilke, não podemos nos doar *inteiramente* ao mundo, da forma que esse mundo, ciumento, exige; não podemos ofertar sem reservas a essa parcela do mundo que percebemos, esse cão diante de nós. "O cão se aproximava, e com ele um sofrimento sem nome, pois havia sido perdida a liberdade de nos transferir sem cálculo para ele." Haveria então um terceiro — o amado —, a quem o poeta e o cão deveriam pedir a permissão de comunhão sem reservas, e "que alguém esteja a par e o permita às vezes ('mais uma vez'), já bastaria para tornar quase que eternamente impossível esse momento encantado." Aquele que ama um indivíduo não pode mais confundir-se com o mundo, praticar esse conhecimento que preside ao nascimento da verdadeira poesia, pois ele não possui mais seu si mesmo em sua integralidade; ora, essa prática exige o dom integral. É por essa razão que Rilke se apoderou com tal fervor de um aforismo de seu amigo Rudolf Kassner: "O caminho da interioridade à grandeza passa pelo sacrifício",[47] vendo nisso a descrição de seu próprio destino. Muitos são aqueles, e Rilke faz parte deles, que possuem essa interioridade. Mas para atingir a verdadeira grandeza poética, pensava ele, exige-se um sacrifício: o da vida.

Rilke havia escolhido, portanto, o que ele mesmo conta em suas cartas a Benvenuta, a arte (o trabalho) em detrimento da vida (do amor). Não era, no entanto, um engajamento na via da santidade e da ascese, mesmo que em alguns momentos ele tenha sido tentado por essa alternativa; Rilke sabe bem demais que a renúncia ao mundo seria, por sua vez, uma traição a seu projeto: "Minha arte não me implantou mais profundamente no ser humano? Devo então me afastar dele, ignorá-lo?" Tal é a trágica exigência contraditória que pesa sobre o poeta: ele deve sacrificar a vida pela arte, mas é, porém, com a vida que faz sua arte. Ele não deve, assim, nem se doar à vida nem se desviar dela; deve permanecer aberto à vida, mas sem participar dela. A solução encontrada por Rilke para seu caso consistia em manter o contato humano sem, porém, personalizá-lo — se dirigir preferivelmente à humanidade, em vez de aos seres humanos. "Enquanto o humano não me disser respeito, mais eu consagro a ele uma compressão amistosa."[48]

Esses temas nos são familiares. O que é, porém, novo na correspondência com Benvenuta é que Rilke experimenta uma viva insatisfação diante dessa separação tão bem estabelecida entre arte e vida. Rilke é um ser generoso, sabe doar-se, todos os que se aproximaram dele o confirmam. O que não sabe é receber — como se o fato de acolher os outros ameaçasse sua própria identidade; ora, aceitar receber — ou seja, depender dos outros — é a marca do início da generosidade superior. Com Benvenuta, muito mais do que com qualquer outra mulher anterior, ele gostaria de tomar outro caminho: escolher o amor, mesmo que isso significasse renunciar à arte. A revelação se faz desde as primeiras cartas que escreve a ela; a desconfiança, porém, ainda é grande. Cabe a você decidir, diz inicialmente, depondo assim as armas, para logo recuar: não, é impossível nesse momento. Caminhando, procura convencer-se do movimento: a melhor prova de que sou capaz de amar não reside justamente nessa vontade que tenho de dar esse passo em direção ao desconhecido? Viver esse amor tornaria a arte inútil: "Ó, minha criança, poder oscilar entre a obscuridade que suas mãos suscitam para mim e o espaço de luz eterna oriunda de sua música." Benvenuta lhe permitiu receber, e não apenas doar. Ele fala então de "o evento mais generoso de minha vida";[49] e, no caminho que conduz a ela, Rilke lhe dedica esses versos:

Podes imaginar que há tantos anos
vivo como estrangeiro entre os estrangeiros?
E agora abres para mim a tua casa.[50]

Nem por isso Rilke deixou de desconfiar de Benvenuta — mas, sobretudo, desconfiou de si mesmo. Todo impulso que o leva a ela é precedido, acompanhado e seguido de reservas, de temores, de recuos, de barreiras protetoras. Ele se diz que deveria preferencialmente seguir o exemplo de Beethoven, que se tornou surdo para o mundo para poder escutar sua música interior e permanecer isolado. Em outros termos, Benvenuta pode mesmo imaginar que ele crê ter direitos sobre ela e se retirar. Se ela o fizer, ele não se inquieta: ele compreenderá perfeitamente, pois sabe que não merece mais; de resto, já recebeu o que esperava. Caso ocorra o encontro, estaria ela a sua altura? Sua cura não teria sido rápida demais, poderia ele adaptar-se ao ar livre do exterior? A realidade estará à altura do sonho? Até o último momento ele hesita em dar o primeiro passo, em renunciar ao conforto da escrita, em partir.

Rilke parte, porém. Ele podia temer tudo desse encontro fortuito. E se viesse uma repentina decepção, o desgosto físico? Mas não, a transição entre o sonho e a realidade parece ocorrer sem maiores sustos. Devemos nos reportar aqui às lembranças de Benvenuta. Se acreditarmos nessas lembranças, tudo se passa na maior perfeição. Ele próprio fala a Lou Andreas-Salomé, em cartas escritas nessa ocasião, de "circunstâncias felizes, inesperadas". Em Berlim, Rilke aluga um quarto de hotel; em Paris, é Benvenuta quem o faz. Eles passeiam, conversam, se dão as mãos; ele lê para ela, ela o faz descobrir a música, tocando só para ele. "Quando o piano se calou, a escuridão já tinha descido. O melro não assobiava mais, tudo permaneceu silencioso. Então, atrás de mim, Rainer aproximou-se sem ruído. Senti suas mãos em meus cabelos, e seu rosto, ardente, inundado de lágrimas, em minha face."[51]

À primeira vista, é em Duíno, no castelo da princesa Thurn und Taxis, que a relação se degrada. Não é, porém, uma impressão fortuita: a própria princesa contribui ativamente para o fracasso desse amor. Benvenuta o percebe, mas prefere ver no fato uma clarificação de uma realidade a uma intervenção deliberada. A princesa a convoca, então, para uma entrevista, no decorrer da qual explica a Benvenuta que, tal qual a Dama das Camélias, ela deveria renunciar às suas pretensões. Rilke a ama, certamente, mas esse amor o priva de seu ser verdadeiro, pois ele não pode mais trabalhar. Se os dois passassem a viver juntos, a arte correria perigo: em lugar de obras sublimes, ele teria apenas um amor humano, demasiado humano. Ora, "seu dever é estar só, seu sacrifício é o sofrimento, que o eleva em direção a novas e grandes tarefas criadoras."[52]

Em suas próprias lembranças, a princesa se mostra ainda mais hostil. Desde que viu essa pianista chegar a seu castelo, sua decisão foi tomada: Rilke deve abandonar a música que lhe chega aos ouvidos para se dedicar integralmente à escuta de sua música interior; ele *é* a música e não deve, portanto, *tê-la*. Crendo na princesa, o próprio Rilke teria vindo suplicar para que ela o ajudasse a se afastar de Benvenuta; ao mesmo tempo, porém, ela o caracteriza como cego por sua nova paixão, necessitando, assim, de ser esclarecido por seus próximos. A hierarquia entre a arte e a vida está por demais estabelecida para que a princesa possa aceitar sua modificação; então, ela faz de tudo para que a prática não desminta a teoria. Ela confronta Rilke com sua regra da vida anterior, como se esta fosse de uma verdade eterna: "Doutor Seraphicus [é o nome, revelador, que a princesa lhe dá], sua verdadeira noiva é a solidão."[53] Rilke lhe teria confiado seu desejo de partilhar, pelo menos uma vez, a vida dos homens — seus sofrimentos, mas também suas alegrias —, ao que ela lhe teria retorquido: "Seráfico, você nasceu para a obra do Espírito imortal, uma só coisa é necessária, e é o preço a pagar, você não deve nem viver, nem amar, nem gozar como os outros."

Antes mesmo de encontrar Benvenuta, a princesa já havia apresentado a Rilke a ideia que ela própria fazia do destino do poeta: "Se não estivesse tão desesperado, você provavelmente não saberia escrever de maneira tão maravilhosa. Portanto, desespere-se! Seja um grande desesperado, e seja-o cada vez mais!" O amigo em comum a ambos, Kassner, teria acrescentado, por ocasião da ligação de Rilke com Benvenuta: "Ele deve renunciar ao acompanhamento. É um grande engodo não compreender que somos sós na vida, e quanto mais nos elevamos, mais nos afastamos."[54] É evidente que o retorno à situação anterior atende às necessidades da própria princesa: ela pode então continuar a representar o papel de protetora benevolente, amiga das artes e das letras, que ajuda o gênio solitário a atingir o cume de sua criação. Tal seria, a se crer na compatibilidade da princesa, a mulher ideal de que Rilke tem necessidade: uma pessoa que sabe doar sem nada pedir em troca — em outros termos, que liberaria Rilke de todo e qualquer dever de reciprocidade.

Entretanto, não se deve censurar demasiadamente a princesa ou outros amigos no que diz respeito ao fracasso amoroso entre Rilke e Benvenuta, mesmo que ela ou os outros amigos tenham feito de tudo para contribuir para isso; a razão mais profunda desse desenlace está na atitude dos próprios protagonistas. Pouco adianta a Benvenuta ter diante de si um homem que a ama e que está pronto a tudo sacrificar por ela, ou pelo menos a tentar não mais fugir do amor; ela está por demais impressionada com a imagem que emana dos escritos de Rilke — com os relatos que o poeta faz de si mesmo ou que os outros fazem dele — para não sentir em seu íntimo que, ao amá-la, Rilke exerce uma violência inadmissível contra seu ser. Ele gostaria de com ela experimentar a alegria desconhecida de ser um homem como os outros; Benvenuta não pode se impedir de ver nele um ser de exceção, e é inclusive por isso que o ama. No momento em que redige suas lembranças, é na incapacidade de ver Rilke como um homem comum que ela encontra a fonte em si mesma do fracasso final. Eis sua primeira impressão: "Eu imaginava: 'Não é um homem, é uma aparição que um milagre conduziu para a nossa própria terra.' Não desconfiava que esse pensamento justamente nos traria mais tarde indizíveis sofrimentos." Essa primeira impressão só faz se confirmar na sequência dos fatos, e quando, em Paris, se faz uma questão eminentemente prática — gostaria de se casar com ele? —, ela admite, numa carta a sua irmã: "Devo responder: não. Ele é para mim a voz de Deus, a alma imortal, Fra Angélico, tudo o que há de bom, de sublime, de sagrado acima da Terra, mas não é um homem. Tenho um medo indizível de ver humanizar-se o sentimento profundo e exclusivo que tenho por ele, de vê-lo banhar-se no cotidiano e no terrestre no qual não pode se manter a não ser negando-se infinitamente."[55] No próprio momento em que Rilke decide humanizar-se, pensando que não se renegará se amar uma mulher e se instalar no cotidiano, Benvenuta, invertendo o gesto de Heloísa escrevendo a Abelardo, abraça a imagem de Rilke da qual ele próprio quer se desembaraçar, devolvendo-lhe essa imagem como seu destino inelutável: ela não permite que ela desça de seu pedestal para estar entre os simples mortais!

Benvenuta não se sente menos decidida do que os outros amigos de Rilke a ajudá-lo — e inclusive a constrangê-lo — a permanecer o artista que ele é, estando pronta mesmo a afundar na infelicidade. O processo começa com o remorso. "Experimento certa inquietude", escreve ela em seu diário, "quando me dou conta de que Rilke não está trabalhando. Ele, que olha para a solidão como dever supremo de sua vida e a coloca acima de tudo, vive agora na música e nos projetos de viagem." Mas talvez Rilke não tenha mais vontade de

RILKE

solidão? Não, a convicção de seus próximos é por demais assentada. Quando Benvenuta o escuta ler suas primeiras elegias, em Duíno, sua certeza só faz se fortalecer. "É para mim impossível admitir que ele não possa terminá-las. Permito-me apenas compreender que essa obra, gestada na dor, reclame de maneira definitiva a renúncia a toda vida compatível com o asilo humano." "Quanto a mim, quero impedi-lo de se retratar, Fra Angélico, e quero impedir a mim mesma de contribuir para isso. Quero convidar você a partir, se as velas do navio estão pandas para levá-lo para os mares longínquos de sua solidão, lá onde o trabalho tem sobre tua vida direitos mais antigos, mais eternos que os jamais terei."[56] Compreende-se que nessas circunstâncias a princesa não tenha tido muito com que se fatigar para convencer Benvenuta a deixar Rainer.

Deve-se então interrogar sobre a atitude do próprio Rilke. Não é que tenha faltado sinceridade em seu desejo de se extrair de seu destino glorioso, que ele tenha sido secretamente tentado a voltar atrás em suas certezas, por mais desoladoras que fossem, de uma vida na arte. Não, Rilke está realmente movido por um impulso até então ignorado, experimentando uma felicidade inaudita e se vendo pronto a assumir as consequências de seu gesto. Mas o amor, tal como o sonho, pode ser apenas vivido? Tal como o vê, esse amor pode ser compartilhado? Benvenuta talvez se engane quando pensa que ele é mais um anjo do que um homem, mas o próprio Rilke terá visto a Benvenuta real? Ele nunca saberá dizer o que ela significa para ele, escreve Rilke a Benvenuta numa magnífica preterição, apenas as estrelas poderiam fazê-lo em seu lugar: ele está de tal modo impregnado por ela que chega a escapar da condição mortal dos homens.[57] Benvenuta é a perfeição, mas não se pode, nessa vida, viver com a perfeição, desposá-la numa igreja, amá-la no cotidiano. A vida humana real não se refere ao registro da perfeição, o indivíduo não supera jamais sua incompletude — portanto, o ser mais amado também se mantém incompleto. Rilke transforma essa mulher em absoluto, a sacraliza, atribui a ela o mesmo lugar que sua arte, a de Deus inacessível; súbito, arte e amor são incompatíveis. Alguma coisa de tragicamente impossível caracteriza seu próprio projeto: conhecer apenas o êxtase, substituir o real comum pelo absoluto. Pois o cotidiano não poderia ser *substituído* pelo sublime: é então em seu íntimo, onde são guardadas todas as suas imperfeições, como se fosse no íntimo da lepra, que ele deveria descobrir a beleza.

A potência transfiguradora de Rilke, que não é outra coisa a não ser seu dom poético, parece desta vez grande demais para lhe permitir ver os seres tais como eles o são. As cartas que escreveu a Benvenuta não participam de um diálogo, elas provocam o deslumbramento e instigam mais a aquiescência do que a resposta, pedindo para serem saboreadas e admiradas à maneira de uma obra de arte (o próprio Rilke falará, mais tarde, de sua beleza). Nessas cartas magníficas, faz uma descoberta humana, mas não se trata de Magda, mas dele mesmo; são cartas habitadas por uma única subjetividade, a de Rilke. Estar apaixonado lhe permite enfim dizer a si mesmo. Ele exalta aquela a quem escreve, mas sem de fato percebê-la, e não é sem dúvida por acaso que o nome real de sua correspondente se veja excluído por esse apelido, Benvenuta, que a define com relação a ele. A poesia, sem que o soubesse, e sem dúvida involuntariamente, mais uma vez venceu a vida. Os dois amantes são condenados ao sofrimento; eles querem, mas não podem se amar, cada um deseja fazer o outro feliz, porém cada um se sente a causa da infelicidade do outro. Eles não podem se queixar das circunstâncias, a culpa deve ser atribuída aos dois.

Uma vez terminada a relação, os protagonistas dessa trágica história de amor tentarão extrair dela algum sentido. Rilke se curvará sobre o registro da autoacusação e do autodenegrimento: tudo estava reunido para a felicidade, diz ele; não ter sabido como aproveitar a ocasião é a prova definitiva de sua incapacidade de viver. "Nenhum ser humano pode ajudar-me, nenhum", escreve ele a Lou Andreas-Salomé em junho de 1914; "Não estive à altura de uma tarefa pura e radiante. [...] Não tenho de fato mais dúvida de estar doente — e minha doença ganhou muito terreno". Alguns anos mais tarde Rilke escreve também a Benvenuta uma carta, enviada apenas após a morte de Rilke; ele mais uma vez atribui toda a culpa a si próprio e a sua doença. "Não ousei, não me acreditava capaz de segurar o Sol." Porém, não se arrepende de nada. "Deus, entretanto, me conduziu até a montanha e mostrou você para mim. Você, Benvenuta! E quem jamais poderia retomar-me o que vi? A própria morte pode apenas aprisionar isso dentro de mim..."[58]

Cabe a Benvenuta reter toda a lição dessa aventura, não para aclarar o caráter de Rilke, mas para afirmar o dilaceramento trágico inerente à condição humana em si, que faz com que todos os nossos objetivos legítimos não possam ser perseguidos ao mesmo tempo. Rilke, pensa ela, é o homem que sabe melhor do que ninguém se colocar à escuta do mundo, mas, por isso mesmo, não pode fazer parte desse mundo. "Rainer compreende esse coração radiante como ninguém, mas ele próprio não tem essa alegria. Foi-lhe concedida apenas a capacidade de apreender até o infinito o que se passa na natureza e no homem. Foi-lhe concedida a compreensão do sentido invisível de todas as coisas, de exprimir o que parecia ser inexprimível, e o faz tão bem que ficamos diante da profundidade, da beleza e da clareza de sua santa humanidade, como diante de um milagre. E, porém, é justamente essa humanidade a causa de seu dilaceramento e de seu sofrimento."[59]

Não saberíamos conhecer a vida e ao mesmo tempo vivê-la, parece dizer Benvenuta; ora, os dois são desejáveis, tanto para o indivíduo isolado quanto para a humanidade em seu conjunto. Os primeiros passos no caminho de seu destino podem se manter na indecisão, mas sobrevém um momento em que é necessário escolher entre a grandeza e a felicidade, entre servir a humanidade *ou* os indivíduos que nos são próximos; qualquer que seja a escolha efetuada (que não depende inteiramente da vontade do sujeito), há o abandono trágico de um ingrediente essencial da vida. As obras superiores do espírito são tão indispensáveis à humanidade quanto os indivíduos capazes de amar e de se interessarem por outrem. E cada um, em sua vida particular, em sua escala modesta, repete esse gesto de automutilação. Não saberíamos satisfazer os deuses e os homens ao mesmo tempo; não podemos, porém, nos impedir de desejá-lo. A sensação de ter perdido sua vida não é mais confortável do que a de tê-la desperdiçado; e nos dois casos teremos feito apenas evidenciar o que o próprio Rilke chamou de "fissura irreparável".[60]

Rilke terá conhecido as alegrias do amor — não aquelas da vida comum.

O último grande amor

O destino de Rilke não é então a solidão, mas, antes, a tentativa — frustrada — de fugir dela, a necessidade contraditória, e por isso trágica, de buscar e ao mesmo tempo temer o amor. Apesar das admoestações da princesa e das promessas que Rilke lhe faz, ele não pode sempre guardar seu coração para si — como poderia? A última grande história de amor que vive inicia-se no fim do verão de 1920: é a história com Elisabeth Klossowska, conhecida como Baladine, a quem chama em suas cartas de "Merline". Eis as grandes linhas dessa aventura: o encontro ocorre no início do mês de agosto; reencontros e separações se alternam durante o outono. Trata-se de uma mulher de rica personalidade: artista, como várias outras amantes de Rilke, mas também uma plurilíngue exilada (é uma polonesa que vive na Alemanha, na Suíça e na França) e, pela primeira vez na vida de Rilke, mãe; mais ainda, ele cuida dos filhos de Merline, Pierre e Balthus, muito mais do que cuidou de Ruth, sua própria filha.

Em novembro, Rilke se instala para o inverno no Castelo de Berg, morada solitária na qual espera reencontrar essa voz do mundo a qual se sentia incapaz de escutar havia muitos anos. Em dezembro, recebe, porém, notícias alarmantes acerca da saúde de Merline, e se descobre bastante preocupado com ela. A intensidade dos sentimentos aumenta perigosamente e, no princípio de janeiro de 1921, Rainer se precipita a Genebra para encontrar-se com Merline. Eles ficam juntos até o fim do mês; em seguida é ela quem o visita em Berg, em meados de fevereiro. Cartas, telegramas e telefonemas se tornam frequentes nas semanas que se seguem. No início de abril, Merline se afasta mais um pouco, partindo para Berlim. Rainer retorna aos poucos às suas disposições anteriores, mas já é tarde demais: em maio, se vê obrigado a deixar o Castelo de Berg. O inverno se mostra estéril — em lugar de escrever, Rilke entrega-se a sua paixão por uma mulher. A prova da trágica incompatibilidade entre vida e poesia, entre amor e obra, foi mais uma vez administrada.

Rilke medita acerca desse fracasso e dessa incompatibilidade tanto nas cartas que escreve a Merline quanto nas notas que toma para si, mas que destina visivelmente a uma publicação póstuma (essas notas formarão, cinquenta anos mais tarde, o livro publicado sob o título de *O testamento*). Nessas notas, procura ao mesmo tempo compreender melhor a natureza do conflito no qual se encontra preso, defender a escolha que será a sua e formular seu ideal de amor posto a serviço da criação.

Que Rilke, poeta, queira prosseguir com sua obra não há nada de surpreendente. Ora, para colocar um ponto final na impotência criadora que durava havia anos, para romper com sua própria surdez, ele necessita de todas as suas forças.

É preciso abandonar todos os outros lugares de sua existência para habitar sua voz de poeta: "Preciso de um calor de tal forma intenso e brusco que, para produzi-lo, retiro sangue de todos os meus órgãos para dispor desse sangue no coração e na cabeça." Se tem êxito, ele pode então se aproximar de seu objetivo, que é o de dizer o mundo — não as formas infinitamente cambiantes que todos têm sob os olhos, mas a própria alma do mundo, e também o de se colocar em estado de "disponibilidade" para "devolver a vida essencial" às coisas e "realizar a alma invisível, essa dançarina entre os astros". O que é a poesia? O que é a arte? É uma abertura à totalidade do real, é a capacidade de descobrir a beleza da existência em cada uma de suas parcelas. O artista é aquele que diz "um sim livre e definitivo ao mundo", que vive a "paixão da totalidade" e supera a incompletude constitutiva do ser humano. Para chegar a isso, porém, o artista necessita de todo o seu amor. "O princípio de meu trabalho é o de uma submissão apaixonada ao objeto que me ocupa, ao qual, dito de outra maneira, pertence meu amor."[61] Em Rilke, a paixão é forçosamente vivida na recepção passiva.

A escolha, como ele já havia explicado a Benvenuta, se situa entre os destinatários desconhecidos e o ser conhecido, entre os Eles inumeráveis e o Você singular, entre o amor pelo mundo, ilimitado, incluindo todos os seres humanos, e o amor por uma pessoa particular — no final das contas, egoísta e pequeno. E Rilke decidiu-se: "A clareza e a obscuridade de meu espaço interior não poderiam ser determinadas pela influência preponderante de um ser, mas unicamente pelo anônimo." Nesse contexto, o amor por uma pessoa em particular deve ser superado e excluído. O amor pessoal é aquele que, contrariamente ao outro, se refere não a uma necessidade interior, mais ao destino. Dessa pessoa única que o acaso colocou em nosso caminho criou-se um obstáculo entre o si e o mundo; então, quando focalizamos aquilo que temos muito perto dos olhos, toda a imagem do mundo se torna embaçada. "Assim, a aventura do amor surge como uma forma secundária estéril, degenerada de algum modo, da experiência criadora, como se fosse seu rebaixamento."[62]

Tal é a teoria. Mas, como no tempo de Benvenuta, a prática não se seguiu. Rapidamente, Rainer põe em dúvida a hierarquia estabelecida entre arte e vida e eleva a experiência amorosa como vizinha às alegrias da criação. Em seguida, ele suplica: "Oh, se você puder conseguir tirar de mim até o último resto desse medo de amor que paralisa minhas faculdades até meus instintos..." Ora, o amor não pode se satisfazer com o já conquistado, ele desloca constantemente seu apetite. Quando Merline cai doente, Rainer sofre com ela e por ela, pensa nela em lugar de escrever versos. Ela se apoderou dele, desviou o curso de sua vida. Longe de optar serenamente pelo prosseguimento de sua obra, Rilke se vê dilacerado entre dois polos de atração de intensidade comparável. Por isso mesmo, sua concentração é condenada. "Meu coração havia sido rejeitado do centro de seus interesses para a periferia, para o lugar em que estivesse mais perto de você" — mas, ao mesmo tempo, mais longe dele próprio. A experiência do amor, que deveria tê-lo enriquecido, o devastou, e ele encontrou a aflição em lugar da felicidade. "Um caso que me esmagava com preocupações e opressões veio atingir-me aqui em meu retiro de maneira tão invasiva que toda proteção se revelou ilusória", confessa Rilke um tanto confuso a Maria Thurn und Taxis. E o texto que consegue escrever na companhia de Merline (que aparece em *O testamento*) é uma espécie de escrita automática, uma série de palavras sem ligação nem forma, e que o próprio Rilke vai nomear "Pesadelo".[63]

Numa carta do mesmo período, Rilke tenta dar conta de todos os dados do problema. O grande e eterno conflito de sua vida é o de "harmonizar vida e trabalho no sentido mais puro", uma vez que é claro que "quando se trata do trabalho infinito, incomensurável, do artista, as duas direções se opõem". Alguns se resolvem alternando as duas sem nunca fazer com que se encontrem, outros renunciam firmemente às alegrias da existência refugiando-se no ascetismo. Mas Rilke, mais uma vez, recusa essas soluções em nome de uma exigência que decorre da própria natureza da poesia (ele confirma assim a interpretação de Benvenuta): "Como minha produtividade provém, em última instância, da admiração a mais imediata da vida, de um espanto cotidiano e inesgotável diante dela (como eu a teria alcançado sem isso?), eu só poderia ver outra mentira na recusa, em qualquer que seja o momento, de sua generosa oferta."[64] Tal gesto faria repousar toda sua arte sobre um mesmo engodo. Ao término de sua experiência existencial, Rilke condena o projeto inicial: ele não pode renunciar à vida para magnificar a arte. Se o rio se separa em dois, cada um dos braços é condenado ao ressecamento. É verdade, porém, que "não somos feitos para levar duas vidas". Estão aí duas exigências contraditórias. Tem-se a impressão, aqui, de um verdadeiro impasse no qual o próprio Rilke se confinou: para ser poeta, da maneira que o deseja, a vida lhe é ao mesmo tempo indispensável e impossível. Entretanto, cada uma dessas exigências corresponde a uma verdade de seu ser; o conflito é então insolúvel.

A princesa Maria Taxis, que interpreta a relação com Merline como uma nova queda no mundo comum, reitera seu veredicto: seu poeta preferido não é destinado aos amores terrestres. "Ó poeta! que não compreende que [em troca] do gênio que lhe foi dado, [Deus] lhe pede sua vida [...], poeta que tenta mais uma vez também beber da fonte da vida, e sempre o Deus ciumento a lhe servir o amargor nas águas doces." Rilke quer amar uma mulher como se amasse a Deus, sem que isso implicasse nem respostas nem obrigações; ora, ele não encontra tais mulheres. Ele não pode, porém, sobreviver sem a presença feminina. O que fazer? A saída por cima é impossível, é necessário procurar no outro extremo, como já fazia Rodin, que Rilke encontrasse uma mulher que aceitasse "viver para ele sem pensar em sua própria pequena vida, provavelmente estúpida e sem qualquer importância".[65] A princesa não se interessa pelos sentimentos de Merline, mas vê com perfeição os sofrimentos de Rilke.

Nesse ano de 1921, ele tem a impressão de que existe, entretanto, outra vereda estreita que permita superar a contradição. Esse caminho pede, é claro, muita boa vontade da parte do outro: o que a amada também deve aceitar não é renunciar a seu amor, mas vê-lo se transmutar numa forma de acesso ao amor universal indispensável à criação. O que

Rilke não consegue obter de si mesmo, ele o pede a ela, procurando persuadi-la mediante argumentos racionais da necessidade de um afastamento, para que ela própria o imponha a ele. Mais uma vez, trata-se de assegurar não apenas uma solidão física, uma disponibilidade do corpo, o que poderia ser conquistado sem muita dificuldade, mas também a liberdade de espírito. Para isso, é necessário renunciar às cartas por demais frequentes e apaixonadas: apesar de sua preparação de cerca de 20 anos, Rilke é tudo, menos invulnerável. É necessário renunciar, por motivo ainda mais forte, às conversas telefônicas. É necessário, sacrifício supremo, pedir ao ser amado que não se torne infeliz pelo fato de o amor permanecer assim suspenso. Se Merline sofrer em demasia, Rainer não poderá se impedir de pensar nela e não poderá escapar da culpa. "Não há prisão pior do que o temor de fazer mal a quem se ama."[66]

Todo o esforço de Rilke irá consistir então em desenhar para Merline a imagem da relação ideal entre amante e amada, para que a própria Merline a opere. Pois — e isso é essencial — em nenhum momento Rilke foi tentado pela ruptura, pela renúncia absoluta à relação de amor e de carinho. Ele luta por sua solidão, mas o faz mediante inúmeras cartas que lhe permitem manter um contato humano incessante; ele desconfia do amor, mas não o descarta. A mesma reinterpretação das relações entre trabalho e amor que lhe permitia compreender que o trabalho era amor também o obriga a respeitar o amor humano em si, já que este não é estranho ao campo de seu trabalho. Como o objetivo do poeta é ir ao coração de cada coisa, descobrir a beleza de todo ato, ele não tem o direito de excluir de seu horizonte o único amor.

O surgimento de Merline foi necessário a Rilke para apagar a inquietude que o queimava (a amada virá um dia?), mas, agora, é em nome desse mesmo amor que Merline deve proteger sua solidão. A relação amorosa deve ser suficientemente apaziguante e serena para não desviá-lo de sua busca. Mas essa relação pode fazer mais: ampliar seu mundo, estender sua experiência, tornar-se não obstáculo entre ele e a verdade, mas a via que a ela conduz. "Que ela me fosse uma janela no espaço ampliado da existência... [...] (não um espelho)." Nesse momento, mas nesse momento apenas, a amada poderá por sua vez recolher os frutos de sua abnegação, absorver o que "surde inesgotavelmente" do poeta. O afastamento aparente serve assim para uma aproximação última. "Afasto-me de você — mas já que farei todo o contorno, voltarei a me aproximar a cada passo."[67] Se a amante pode elevar-se até essas alturas, a obra os reunirá, em lugar de separá-los.

É o que ocorrerá, de resto, após algumas tentativas e passos em falso. O amor de Merline por Rainer é tamanho que ela sabe renunciar a ele. Merline aceita, de algum modo, tornar-se a amante ideal pela qual Rilke sonhava, a irmã de Mariana Alcoforado e de Gaspara Stampa, aquela que prefere o amor ao amado e para quem a presença do objeto amado não é mais necessária; aquela cujo amor desabrocha na ausência. "Amo-te tanto que não posso deixar-te", escreve-lhe ela um dia; Merline não cessará nunca de se inclinar diante de sua necessidade de criar. Ela compreende o que busca o poeta e o ajuda a encontrá-lo. Durante o verão de 1921, ambos descobrem outra morada isolada na Suíça, o Castelo de Muzot, que ela lhe faz adotar e o acomoda; depois, no outono, ela retorna a Berlim, de onde o apoia mediante sua afeição a distância. Rilke pode fazer seu relatório à princesa: "Minha amiga só permanecerá aqui pelo tempo em que sua assistência me seja necessária." E o milagre tanto esperado se produz: no decorrer do inverno de 1922, Rilke escuta mais uma vez a voz do universo e, em uma semana, escreve suas obras da maturidade, as *Elegias de Duíno* e os *Sonetos a Orfeu*. No dia seguinte à revelação, sua primeira carta é para ela: "Merline, estou salvo! O que mais me pesava e angustiava está feito, e gloriosamente, creio. Foi apenas por alguns dias: mas eu nunca havia suportado tamanho furacão de coração e de espírito. Ainda tremo — esta noite pensei que fracassaria, mas, pronto, venci..."[68]

Esse estado de exaltação não pode durar por muito tempo. Algumas semanas mais tarde, Rilke recai na depressão; é a partir desse momento que começam a se manifestar os sintomas de sua leucemia. Durante os últimos anos de sua vida, Rilke se dedica essencialmente à tradução.

O mal de amar

Tendo observado o destino de Rilke, podemos ficar tentados a prosseguir por duas vias diferentes: um caminho permitiria circundar a particularidade de seu caso, o outro procuraria retirar desse caso seu sentido universal. O mal de viver rilkiano pode lhe ser próprio; o projeto de vida que defende e que tenta colocar em prática concerne a todos. Reunamos alguns indícios que concernem tanto a uma quanto a outra via.

Por que, pergunta a si mesmo Rilke com insistência, minha vida é essa tortura, por que não posso escapar nem à angústia nem à depressão, nem mesmo aos sofrimentos físicos? No início, não pode se impedir de procurar razões exteriores: ele trabalhou demais, ou foi perturbado em demasia, ou sua mãe ameaçava lhe fazer uma visita, ou o clima de determinado lugar não lhe convinha. Paris, a cidade grande, o agride: "Seu clamor, que é sem-fim, rompeu com meu silêncio; seu horror me perseguiu até o interior de meu triste quarto e as imagens de seus dias me pesaram sobre os olhos." As sensações que recebe não se deixam dominar, elas o transpassam e o queimam: "Não sou eu que me nutro de impressões, elas me são atiradas nas mãos, com todas suas arestas e pontas, quase que à força."[69] Durante a guerra de 1914-18, as circunstâncias exteriores — impossibilidade de retornar a Paris, a falta de recursos financeiros, a ameaça do serviço militar — agravam seu sofrimento pessoal. Nos três últimos anos de sua vida, antes de ter se submergido nos efeitos da leucemia, ele se persuade de que sofre como consequência da prática imoderada da masturbação.

Ele sabe, porém, que essas explicações circunstanciais não bastam para iluminar seu mal-estar, não mais do que o fazem as análises dos médicos do corpo. Quando procura uma causa mais geral para sua incapacidade de viver feliz, Rilke se vira com frequência para a história de sua infância, em particular a da sua relação com sua mãe. Ele sabe que esse amor inicial foi decisivo, descrevendo a intensidade desse amor em seus poemas ou nas cenas de *Malte* com acentos proustianos — por exemplo, quando os parentes retornam de uma noitada para que a mãe possa consolar seu filho febril: "Passei minhas mãos sobre seus cabelos, em seu pequeno e bem cuidado rosto, nas joias frias que pendiam de suas orelhas [...]. E ficamos assim a chorar suavemente e a trocar beijos até que tomássemos consciência de que meu pai estava lá e que era necessário nos separar." Ora, a realidade de sua vida foi diferente. Adulto, Rilke não se entende com sua mãe e a evita, mas, segundo suas lembranças, o mesmo ocorria desde os primeiros anos: "Tenho a impressão de que, ainda bem pequeno, devo ter procurado fugir dela." A razão dessa fuga seria o temor de não encontrar o amor que procura; em seus últimos anos, Rilke fala "dessa angústia de ser amado que remontava às primeiras dores de sua infância e que nunca o deixava". Essa forma de amor, uma demanda imediatamente seguida por um recuo, uma tão necessária quanto o outro, se reencontra nas relações com as mulheres de sua vida adulta; ao se questionar sobre isso, Rilke escreve a Benvenuta: "Esse é um gesto que não cessei de refazer, desde a infância, em minhas relações com outrem: anular o impulso infinito de doar mediante um incompreensível recuo."[70] Essa explicação talvez permita retornar às origens do traumatismo, mas não ensina como superá-la.

Enquanto procura compreender sua eterna dificuldade em comunicar a partir de dentro da afeição, a dar e a receber ajuda, Rilke escreve a Maria Taxis, de maneira brutal:

"Não sou, de modo algum, um 'amante', pois só me sinto tomado exteriormente, talvez porque ninguém me afetou de maneira absoluta, talvez porque não ame minha mãe."[71] É — talvez — a razão pela qual, sempre insatisfeito com suas relações amorosas, Rilke vive serenamente suas relações com as mulheres que alimentam por ele uma atitude protetora de uma mãe ou de uma irmã, assim como a própria Maria Taxis ou, nos últimos anos, Nanny Wunderly-Volkart. É assim também que evolui o laço mais importante de sua vida, aquele com Lou Andreas-Salomé: após um breve período de amores tumultuados, a relação se transforma, a partir de 1903, e prossegue intensa até a morte do poeta. Em Lou, Rilke encontra a atenção benevolente, uma escuta compreensiva, uma afeição que não o atrapalha em nada. Mas esses substitutos maternais não poderiam, evidentemente, transformar sua maneira de amar — ou, antes, de mal amar.

Rilke gostaria, claro, de escapar desses estados de sofrimento intenso, mas não sabe como fazê-lo. Nem os impulsos amorosos por tal ou tal mulher nem a exaltação trazida pelos momentos felizes de escrita não curaram, vimos, o estado doloroso no qual mergulhou. Ele se vê obrigado a procurar a ajuda de médicos — não apenas os médicos do corpo, mas os da alma. Rilke descobre rapidamente a existência da psicanálise, já que sua mulher, Clara, segue um tratamento com o barão Von Gebsattel. Mas, ao mesmo tempo, teme seus efeitos, pois haveria o risco, diz numa carta a Lou Andreas-Salomé em 1911, de que fosse eliminado de sua alma justamente aquilo que serve de húmus à sua criação. A escolha é, mais uma vez, entre favorecer a arte e favorecer a vida, e Rilke escolhe a primeira via. Quando escreve a Gebsattel algumas semanas mais tarde, é sempre com a forte reserva: ele gostaria de ser curado, mas não ao custo de sua criação. "Pode compreender, caro amigo, que temo perturbar por qualquer espécie de classificação e de controle, mesmo compassivos, uma ordem infinitamente superior, à qual após tudo o que se passou eu deveria dar razão, mesmo se essa ordem me aniquilasse?" Ele espera, por fim, que o próprio trabalho se constitua num "autotratamento análogo". Não será surpresa vê-lo, alguns dias mais tarde, renunciar à ideia de fazer análise, temendo, diz ele a Gebsattel, que "se meus demônios forem caçados, meus anjos também teriam um pouco — digamos assim um pouquinho — de medo."[72]

É necessário dizer que a própria Lou Andreas-Salomé, sua grande confidente e cúmplice, compartilha desse ponto de vista. Lembremos que essa mulher — que primeiro viveu uma relação intensa com Nietzsche e em seguida com seu amigo o filósofo Paul Rée —, por quem Rilke esteve apaixonado entre 1897 e 1900, tornou-se psicanalista e próxima de Freud. Ora, durante vários anos, sua reação às frequentes queixas de Rilke será preferir o êxito do poeta à felicidade do indivíduo. Ela está convencida de que o sofrimento permanece como absolutamente indispensável ao artista, pois alimenta sua criação. Desde o princípio de sua amizade, ela constata: "O poeta, em você, cria a partir das angústias do indivíduo"; portanto, suprimir as angústias significaria calar a fonte da poesia. O trabalho de criação não pode dispensar o sofrimento interior do criador. Quando Rilke intensifica suas queixas, Lou coloca os pingos nos "is": se quiser continuar a flertar com o essencial, ele deve pagar o preço. "Estou profundamente convencida de que nenhum *corretivo* é possível nesse ponto, e isso me *deleita*, pois todo corretivo implicaria a mais cruel fratura. Creio que você deve sofrer, e sofrerá sempre." Não nos surpreendemos, portanto, ao ver Lou Andreas-Salomé — que, porém, está em processo de se engajar na prática psicanalítica — desaconselhando essa prática para o poeta: ela tem medo de que a análise prejudique sua produção artística. O próprio Rilke dizia isso numa carta escrita a Salomé: ele é contra essa "limpeza" de seu interior, temendo que lhe seja devolvida "algo como uma alma desinfetada".[73]

Apesar de ter renunciado à análise, entretanto, Rilke continua a jogar com essa ideia, como diz numa carta a Benvenuta em julho de 1914. Ele conhece Freud em 1913, visita-o em sua casa em 1915 e escreve ao psicanalista em 1916 para lhe dizer que não consegue se decidir a iniciar uma análise. Ele prefere optar pelos médicos do corpo que, porém, permanecem abertos aos problemas da alma. No entanto, seus sofrimentos aumentam — de maneira que, numa carta a Lou Andreas-Salomé em fins de 1925, ele pergunta mais uma vez se ela não o aconselharia a seguir um tratamento analítico para se liberar de seus demônios, e mesmo, mais exatamente, se não estaria apta a cumprir esse papel ("só vejo você"). Mas sua amiga permanece inflexível e compartilha o ponto de vista de Maria Taxis: Rilke deve procurar a beleza, não a felicidade; é melhor que seja infeliz e poeta genial do que feliz e medíocre (qualquer outra divisão desses atributos parece impossível). Ela lhe tinha explicado pouco antes que a neurose era um signo provável de valor artístico, signo de que "alguém quis ir aos confins de si mesmo"; em resposta a seu pedido de ajuda ela se contenta em reconfortá-lo: contrariamente ao que ele imagina, "não se trata de forma alguma de uma possessão diabólica!"[74] Rilke se inclinará.

Sem informar a Lou, por fim, ele já havia consultado um psicoterapeuta durante o verão de 1925, mas, não tendo experimentado nenhum alívio imediato, havia renunciado a essa ideia. Não mais do que a criação e o amor, a medicina não consegue acalmá-lo. Como diz numa carta a outra correspondente: "Talvez o que esteja sendo recusado seja que um profissional da ciência tenha facilidade de acesso a suas profundezas, por mais bem-intencionado que este seja [...]; fui meu próprio médico por tempo demais para não experimentar um ciúme estúpido contra aquele que, por sua própria profissão, se esforça para conhecer melhor do que eu os segredos de minha natureza. Onde termina o corpo que gostaria de se confiar? Onde começa a alma que vive de seu mistério?"[75] Essa reticência em curar-se, logo, viver com mais felicidade, parece corresponder, em Rilke, a uma convicção adotada desde seus anos de juventude como um artigo de fé. A saber, que o sofrimento é uma marca de eleição, mesmo não sendo uma garantia: não existe gênio feliz. Para se aproximar de seu Deus, o criador deve se tornar mártir...

Numerosos fatores, próximos ou distantes, puderam moldar o destino de Rilke, e, portanto, também a representação que Rilke dá desse destino: a personalidade de sua mãe, uma bissexualidade mais pronunciada do que a média, doenças orgânicas, a prática da masturbação; mas, como no caso de Wilde, a reunião de todas essas razões, e ainda outras que poderíamos acrescentar, não é suficiente para engendrar nem seu pensamento nem seu destino. É por isso que, mesmo tendo mencionado essas causas possíveis, não me detenho nelas, preferindo me virar para a segunda perspectiva evocada mais acima.

Com o preço da vida

O destino de Rilke é único, mas a significação que podemos extrair desse destino é universal. A mensagem, que emana tanto de seus escritos públicos quanto de sua correspondência, tem um alcance geral: ela não explica apenas um indivíduo, pois se dirige a todos os seus leitores, passados e vindouros — e cada um pode lê-la à luz de sua própria experiência. O que retém nosso interesse não é então tal ou tal razão particular que poderíamos encontrar para sua incapacidade de manter um amor de longa duração, de conciliar vida e obra, de viver o cotidiano em continuidade e não em oposição à arte, mas saber em que medida as fórmulas de Rilke dizem a verdade de toda existência dedicada à criação, à beleza, ao absoluto — em vez de designar uma maldição que pesasse sobre a cabeça desse indivíduo em particular. Dizer que todos os poetas não conhecem essa angústia com a mesma intensidade que Rilke conheceu não invalida a universalidade dessa experiência: as circunstâncias particulares de sua evolução levam ao extremo um processo de dissociação que nenhum artista ignora. Mas, então, a partir de qual momento o caminho descrito por Rilke se transforma em impasse?

Quando formulava pela primeira vez seu projeto, inspirado pela vida e obra de Rodin, Rilke previa a necessidade de alguns sacrifícios, mas pensava que seriam de alcance reduzido. "Isso implicava um tipo de renúncia à vida; mas essa vida, graças precisamente a essa paciência, ele [Rodin] a ganhou: pois ao fim dessa ferramenta adveio o mundo." O objeto de atenção do poeta é todo o universo, todos os seus elementos, do mais elevado ao mais insignificante, sem exceção. O artista renuncia a uma parte de sua existência pessoal para fazer com que advenha, graças à sua arte, todo o universo em sua plenitude: o bônus vale o ônus. Rilke não crê que alguns objetos tenham uma dignidade intrínseca que os torne particularmente apropriados como matéria poética. Cabe ao criador dotar essa matéria de beleza projetando-se sobre os objetos, se misturando a eles, tal como são Juliano ao abraçar o leproso, a fim de identificar e revelar seu ser, extraindo deles a quintessência. A infinita disponibilidade que se exige ao poeta para que ele possa cumprir com sua tarefa lhe impõe certo modo de vida, tanto pública quanto particular.

Entretanto, no decorrer dos anos seguintes, Rilke, que permaneceu em contato com Rodin, além de ter vivido um sério desentendimento com ele, descobre uma perturbadora descontinuidade: Rodin pode em vão criar belas obras, mas a maturidade e a sabedoria por ele demonstradas permanecem sem consequências no restante de sua vida, que é tão medíocre quanto a do restante dos homens. Rodin continua a viver "como se todo seu imenso trabalho não fosse nada", e ao fim de sua vida ele se deixa incorrer "nos piores transtornos, de onde nenhum esplendor pode mais sair!".[76] A vida alimentou a obra, mas a obra não ajuda a elevar a vida, trata-se de uma relação de sentido único: tal é a amarga lição que Rilke extrai do exemplo de Rodin.

Paralelamente, torna-se cada vez mais sombria a ideia que Rilke faz do destino do poeta. Ele podia, em 1903, recomendar com alguma leveza ao jovem poeta que não se deixasse levar pelas decepções eventualmente conhecidas nas suas relações com os seres humanos e que se consolasse com o acesso a esse amplo domínio que é o mundo objetivo. "Se não existe comunidade entre as pessoas e você, tente permanecer perto das coisas, que não o abandonarão." Dez anos mais tarde — 10 anos de depressão —, refletindo sobre o destino de Kleist, cujos escritos admira, Rilke não apresenta mais o recurso às coisas como um remédio suficiente ao fracasso nas relações humanas, e escolhe uma imagem pouco encorajadora para evocar o papel do poeta. "Por que terra de infelicidade cavamos, nós, poetas-toupeiras, nunca sabendo que aquilo em que iremos esbarrar, tão logo nosso focinho poeirento saia da terra, irá nos devorar?"[77] É por isso que o aforismo de Kassner sobre a necessidade do sacrifício, que Rilke descobre em 1911 durante uma visita ao Cairo, se mantém com tanta insistência em seu espírito, a ponto de colocá-lo em epígrafe ao poema *A mudança*, o mesmo que anunciava a necessidade de fazer, após a obra de criação, obra de coração: Rilke considera seu destino de poeta não mais como uma realização da vida, mas como seu sacrifício.

Nesse sentido, a atividade criadora se aparenta cada vez mais estreitamente com a vocação religiosa: não apenas as duas são caminhos para o absoluto, como também exigem a mesma abnegação. Para atingir o divino, o artista deve renunciar ao humano e aceitar sua cruz.

Rilke não compartilha da fé dos cristãos — nem a dos católicos, nem a dos protestantes, nem a dos ortodoxos (apesar de sua admiração pela Rússia); ele pode mesmo observar, com ironia, os esforços de seus contemporâneos para recuperar a intensidade de uma relação que outrora era evidente. Eles são um pouco ridículos, esses praticantes de hoje que "se permitem versar mais uma vez água quente nessa essência de chá em infusão há dois mil anos!", que se imaginam se aproximarem do "único Deus com o qual é permitido manter uma conversa de maneira tão grandiosa a cada manhã sem recorrer ao telefone 'Cristo' no qual se grita sem cessar: Alô! Quem fala?, apesar de ninguém responder". O que lhe é particularmente estranho, no cristianismo, é a ideia de um mediador que vem perturbar o face a face entre Deus e os homens. No fundo, a consolação das religiões tradicionais, a promessa de um mundo melhor alhures ou que viria no porvir não lhe convém. "A mais divina consolação está contida no próprio humano, pois nós não saberíamos o que fazer da consolação de um Deus"; descobre-se esse consolo ao atingir o grau extremo de toda sensação, de toda experiência: se soubéssemos o que fazer, "encontraríamos consolações em nossas experiências imediatas".[78] O absoluto ao qual aspira Rilke não deve ser buscado alhures, mas entre nós; ele nasce, não de uma substância diversa, mas da própria intensidade da nossa demanda. A transcendência habita nossa terra, mas é acessível apenas aos mais exigentes.

Em vez da resignação e da esperança, Rilke escolhe então uma atitude ativa, a do criador que sabe conduzir a experiência humana a uma potência superior. Rodin é para ele o equivalente do Messias, o portador da boa-nova, "o Evangelho com o qual nossos dias tocam a eternidade". O próprio Rodin conta a Rilke que, de acordo com suas lembranças, quando lia *A imitação de Jesus Cristo*, colocava "por toda a parte 'escultura' no lugar ocupado por 'Deus': e era justo, isso funcionava...".[79] Os leitores de Rilke, por sua vez, têm com frequência a impressão de entrar em contato com o divino; algumas mulheres, vimos, experimentaram o sentimento quando, ao se encontrarem com Rilke, sentiam estar ao lado de um espírito extraterrestre. Na realidade, Rilke permanece humano, demasiado humano, e, não mais do que Rodin, não sabe aproveitar em sua vida a sabedoria à qual consegue atingir em sua obra.

É bem verdade que o modelo religioso formata a ideia que Rilke faz de seu próprio destino; sua experiência criadora dá as costas ao êxtase religioso, mas ela se calca em seu modelo. E já que o amor da arte, com tudo aquilo que implica, substitui o amor de Deus, encontra-se aí a mesma renúncia à vida humana. O deus dos poetas, tal como Rilke o imaginou, é um deus cruel: ele aceita mostrar-se apenas àqueles que lhe oferecem a vida como sacrifício. *Leben* e *dichten*, ser vivo e ser poeta, são dois estados incompatíveis. Não apenas a criação artística ocupa o lugar do Deus dos crentes, mas não é de qualquer deus que se trata: aquele cultuado por

Rilke parece originar-se no Ántigo Testamento e não no Novo. O Deus dos Evangelhos aproximou-se do homem, encarnou-se no filho de Maria que ensina que amar seu próximo já é obedecer à Lei e servir a Deus. O próprio Javé, ao formular o famoso segundo mandamento, que proíbe a veneração de imagens, declara: "Sou um deus ciumento."[80] Ora, os seres humanos, sem mencionar Jesus, não são eles mesmos imagens de Deus? À continuidade possível entre o divino e o humano, opõe-se, aqui, sua separação insuperável.

Para Rilke e boa parte de seus contemporâneos, o absoluto não se encarna mais no Deus da religião tradicional. O desaparecimento deste último provocou fenômenos de substituição: os homens preferem amar aos outros homens a amar a Deus; eles querem atingir a transcendência não mais no céu, mas em sua própria existência, vivendo-a intensamente ou colocando-a a serviço da criação da beleza. Mas essa transformação é acompanhada ao mesmo tempo por uma continuidade: do mesmo modo que seus predecessores, os zeladores do belo preservam uma distância intransponível entre o alto e o baixo, Deus infinito e mundo finito. Por isso, as duas vias ofertadas aos homens modernos, amor e beleza, não formam necessariamente um par amistoso; e todos dois são marcados por uma dificuldade que Rilke não consegue superar: viver o absoluto dentro da existência cotidiana, já que esse cotidiano conhece apenas o relativo. Kleist, conduzido pela exigência do absoluto, se suicida: Hölderlin enlouquece: morte e loucura são absolutos, diversamente das realizações humanas, imperfeitas. O absoluto mata e devasta — sem ele, entretanto, a existência humana perde o que ela tem de especificamente humano. Seria necessário poder encontrar o essencial no coração do acidental, estabelecer uma continuidade serena entre as mil noites de amor e a frase sublime do poeta (aquelas não são menos necessárias do que a outra) — ora, essa continuidade é proibida a Rilke. Mas o impasse no qual se vê preso não diz a verdade de toda criação, e menos ainda de toda a existência; ele ilustra apenas as consequências nefastas dos limites que Rilke se autoimpôs voluntariamente.

Dois meses após a morte do poeta, em 20 de fevereiro de 1927, Stefan Zweig pronuncia um discurso em sua homenagem no decorrer de uma cerimônia ocorrida em Munique; a interpretação que dá ao destino daquele que tão bem conheceu permite medir com mais propriedade o drama de Rilke. Zweig vê inicialmente nele uma encarnação perfeita da aspiração ao absoluto. Desde a mais tenra idade, diz ele, Rilke começou uma "infatigável marcha em direção à perfeição"; ao amadurecer, conseguiu aos poucos elevar sua poesia "à altura dos cimos inacessíveis do infinito". Essa ascensão ao cume foi acompanhada pelo preço de uma dupla ruptura. Primeiro, o poeta deve de forma resoluta dar as costas aos seres humanos medíocres que o cercam. É inevitável: ele não se parece com eles. Toda continuidade entre gênio e massa é rompida. "Por entre milhões de indivíduos medíocres, nunca pode nascer um poeta." Não é tudo: se quiser permanecer nas alturas, o poeta deve romper não apenas com o restante da humanidade, mas também com seu próprio ser terrestre. A vida e a obra de Rilke estão em perfeita coerência, não porque se parecem ou obedecem ao mesmo princípio, mas porque a primeira é colocada inteiramente a serviço da segunda. Zweig está, portanto, em perfeito acordo com as declarações de Rilke, segundo as quais a renúncia à vida é o preço a ser pago para que a obra se realize. A conclusão decorrente dessa afirmação é grave: aquele que quiser viver no absoluto opta pela morte contra a vida. Rilke iniciara o "diálogo com o infinito, uma conversa fraterna com a morte". Se é necessário escolher entre a vida e o absoluto, prefiramos o absoluto — declara Zweig, em nada atemorizado com as consequências desse ato; a ideia de poder recusar até mesmo os termos dessa preferência lhe é estranha. Longe de deplorar a morte de Rilke, Zweig se mostra reconhecido com o que ela permitiu realizar: preservar a imagem do poeta da impureza da vida, assim como da mediocridade dos homens. "Agradeçamos a ela por nos ter conservado até o fim essa nobre figura sem alterar seus traços!"[81] Quinze anos mais tarde, o próprio Zweig põe fim a seus dias.

Lou Andreas-Salomé, vimos anteriormente, também pensa que Rilke deve sofrer para escrever belos poemas, que a vida deve ser imolada no altar da arte; em alguns momentos ela se pergunta se ele não exagera em suas queixas. Não que ela duvide da sinceridade dele, mas, para escrever tão bem quanto ele o faz, Rilke não deve estar tão aniquilado quanto o diz. O sentido de suas frases torna-se problemático em função do ato de sua produção. Rilke narra a Lou o fracasso de seu amor por Benvenuta e se consome em censuras; Lou responde: "A maneira pela qual você ressuscita essa experiência com as palavras é exatamente, exatamente, exatamente com a mesma força de sempre, indene, que transforma a morte em vida." Ou ainda: "Na realidade, com tanta constância quanto você se sente doente e miserável, você encontra para dizê-lo palavras que, tais como são, seriam impensáveis se alguma parte sua não recompusesse numa única experiência isso que você sente como a tal ponto dividido, fragmentado [...]. Você não é assim tão absolutamente privado de unidade quanto o sente e pensa ser; você sofre com a sensação de inibição, e a parte de felicidade que há nesse estado de coisas permanece escondida de você, sutilizado, ainda que todas essas condições estejam dentro de você e *se exteriorizem*: pois não é *possível* falar da anêmona como você o faz sem alguma felicidade (simplesmente, ela não acede plenamente à consciência)!"[82] A parte de Rilke que escreve não conhece a si própria; ora, ela está em perfeito estado e não deve ser censurada. Mas de que vale uma felicidade que nós mesmos ignoramos?

Esse sentimento de Lou é semelhante ao que experimenta um leitor que lê a correspondência de Rilke. Esse modo de comunicação convém particularmente bem a seu autor: troca mediada pela escrita, as cartas estabelecem o contato com a pessoa a quem se dirige ao mesmo tempo que mantêm o corpo a distância; elas são uma terceira via, entre a da obra e a do amor, e participam, entretanto, das duas. A própria existência dessa correspondência mostra que as oposições maniqueístas nas quais Rilke acredita não são insuperáveis — nem em geral, nem mesmo para ele. O outrem permanece aqui a meia-distância entre presença e ausência: ao mesmo tempo que foge dos encontros, Rilke responde de bom grado, seriamente e com dedicação, àqueles que lhe escrevem. Ele escreveu milhares de cartas, seu volume é muito superior ao de suas obras. Claro, ele se queixa por vezes do enorme lugar que elas ocupam em sua vida, e que está sempre prestes a aumentar, já que cada resposta a uma carta provoca, por sua vez, uma nova carta; e compara os pedidos de seus correspondentes às cabeças da hidra que tornam a crescer tão logo são cortadas. É por isso que, nos raros momentos de euforia criadora, a correspondência deve ser suspensa: "Toda comunicação se torna para mim rival da obra."[83] Mas no restante do tempo, ou seja, quase sempre, ele se acomoda bem com essa imposição e responde incansavelmente a seus correspondentes. Ele não se põe a questão de saber se o anônimo que lhe escreve merece sua prosa.

Suas cartas não somente são volumosas como também contêm páginas as mais intensas que Rilke jamais escreveu; elas não se contentam em descrever sua existência, mas a transformam. Ao fim de sua vida, em seu testamento legal, ele indica que suas cartas podem ser publicadas, do mesmo modo que suas obras. Ainda que isso não diga todo o valor que elas merecem ter: o romance de Rilke, narrado dia a dia em sua correspondência, não merece apenas ser considerado como igual a seus poemas e prosas, pois atinge mesmo um grau de emoção e de sensibilidade impossível de se encontrar em outra parte. E o paradoxo se apresenta: essas cartas, que para uma maioria dizem sua incapacidade de criar e sua dor de existir, são uma obra plenamente realizada, mediante a qual vida e criação cessam de se opor para, enfim, se alimentarem e se protegerem uma à outra.

TSVETAEVA

❧

Desde que descobriu sua obra, Marina Tsvetaeva o sabe: Rainer Maria Rilke faz parte de seus autores preferidos. Nenhum superlativo é demais para descrevê-lo. Ele não é um ser humano como os outros, mas um mito, Orfeu, "simplesmente o maior poeta de todos os tempos, passado e futuro"; "ele, que eu posso chamar simplesmente de O Poeta. Não: a poesia". Tsvetaeva guarda a foto do poeta alemão sobre sua mesa de trabalho (ao lado daquela de Sigrid Undset), traduz suas *Cartas a um jovem poeta* para o russo, promete a si mesma escrever um dia um livro sobre ele. Ela o admira, certamente, em virtude do interesse que ele tem pela Rússia, mas, sobretudo, pela qualidade de seu verbo. E, mesmo que os poemas de Rilke não falem do mundo contemporâneo, eles são sua melhor emanação: não um reflexo, mas uma resposta — que desenha implicitamente a identidade desse mundo. "Por sua oposição, isto é, necessidade, isto é, antídoto a nosso tempo, Rilke só podia nascer em seu íntimo. [...] Rilke é tão necessário a nosso tempo como o padre no campo de batalha."[1]

Essa admiração fundada na leitura não pode senão se intensificar a partir do dia em que Tsvetaeva recebe, para a sua maior surpresa, uma carta de Rilke que respira benevolência.

Essa mensagem lhe chega na primavera de 1926; ela a responde imediatamente, e uma troca de grande intensidade se estabelece entre os dois poetas. Essa correspondência não dura: no fim do mesmo ano, Rilke sucumbe à leucemia. Tsvetaeva jamais se esquece desse encontro a distância, que sua memória transforma rapidamente em puro êxtase — tanto mais que Rilke lhe dedicou um de seus últimos poemas, a *Elegia para Marina*.

Ela reage à sua morte, de início, com um poema, *Carta de ano-novo*, em seguida com uma narrativa, *Sua morte*. Ela continua a se endereçar a ele mesmo depois de sua morte; ao prefaciar *Cartas a um jovem poeta*, torna isso mais preciso: "Não tenho vontade de falar dele, e com isso esvaziá-lo e distanciá-lo, fazendo dele um terceiro, uma coisa da qual se fala, fora de mim. [...] Tenho vontade de *lhe* falar." Por essa mesma razão, ela não deseja que sejam rapidamente publicadas as cartas que ele lhe escreveu: fazê-lo, implicaria que ele já está morto, definitivamente morto — coisa que ela não quer admitir. "Não quero que sua morte se conclua."[2] Publicá-las, sim — mas daqui a cinquenta anos (seu desejo será respeitado).

Essa admiração e esse sentimento de proximidade, no entanto, não impedem Tsvetaeva de constatar também que, sobre um ponto particular, ela não se parece com Rilke e tem dificuldade de aderir à sua escolha. Isso já pode ser sentido na narrativa *Sua morte*: ela não se contenta em evocar esse acontecimento, ela o integra num contexto. Mesmo que

Rilke seja esse ser excepcional, acima de todos os outros, seu desaparecimento é percebido por ela como fazendo parte de uma série de histórias de morte cujos outros protagonistas, no entanto, não são de modo algum celebridades: uma velha professora francesa, um jovem russo. E Tsvetaeva assinala: "Você jamais esteve na vida." Alguns anos mais tarde, ela torna mais precisa essa impressão numa carta: "Durante toda a sua vida, ele não podia nem viver, nem comer, nem dormir, nem escrever. Escrever para ele era: uma tortura, um tormento. Ele percorreu o mundo inteiro — da Rússia ao Egito — para encontrar um lugar onde pudesse escrever [...]. Ele buscava não só um lugar, mas também um tempo."[3]

O que está em jogo aqui não é só a diferença entre dois indivíduos, Rilke e Tsvetaeva, mas também aquela entre duas concepções de vida. A de Rilke separa e até mesmo opõe existência e criação: é aquilo com que Tsvetaeva não está de acordo. Mesmo que classifique Rilke entre os maiores criadores que a Terra tenha produzido, essa ruptura lhe parece inaceitável. Em 1935, ela o dirá em termos fortes a Pasternak: "Rilke morreu sem ter permitido que viessem vê-lo, nem sua mulher, nem sua filha, nem sua mãe. No entanto, *todas* o amavam. Cuidavam de *sua* alma!" O seu caminho escolhido por ela é diferente, mesmo que se sinta próxima desses artistas de exceção, Rilke, Proust ou o próprio Pasternak: "Eu era um simples ser humano, entre vocês, os não humanos. Conheço a linhagem superior de vocês..."[4] Rilke tem medo da vida, enquanto Tsvetaeva se lança nela sem reticência. Ela será, portanto, a representante de uma nova maneira de reger a vida segundo as exigências da beleza, após Wilde e Rilke: mesmo que aspirando atingir o absoluto, ela se recusa a privilegiar a existência em detrimento da criação, como Wilde o fazia, ou a arte em detrimento da existência, como Rilke —, mas gostaria que as duas vias fossem mensuradas de acordo com a mesma perspectiva.

Ora, se a vida de Wilde termina como uma derrocada e a de Rilke é marcada pela depressão, a imagem que se depreende da de Tsvetaeva é ainda mais sombria: estamos, desta vez, em face de uma verdadeira catástrofe. Seu destino está inextricavelmente misturado à história contemporânea da Europa, marcada por duas guerras mundiais e o advento de dois regimes totalitários. Massacrado pela Primeira Guerra, seu país, a Rússia, torna-se o teatro da Revolução de Outubro, que o mergulha no caos e na fome, antes de submetê-lo à guerra civil e ao terror. Uma das filhas de Tsvetaeva morre de fome e de esgotamento. Seu marido combate os Vermelhos ao lado dos Brancos e se vê na emigração: ela deixa o país para encontrá-lo. Mais tarde, com a família instalada em Paris, ele muda inteiramente de lado, tornando-se agente secreto soviético e se envolvendo num assassinato: mais uma vez ela se vê forçada a segui-lo. De volta à Rússia, toda a família sofre a mais brutal repressão. O golpe de misericórdia é dado pela invasão alemã, em 1941: privada de toda possibilidade de viver, Tsvetaeva só pode dar fim a seus dias. Sua existência, vemos, é uma das mais arrasadoras que podem existir. Mas há uma relação entre seu destino trágico e sua maneira de interpretar o mundo?

A visão romântica

Em 1927, Tsvetaeva escreve uma carta a Máximo Gorki, que vivia então em Capri. Ela não consegue deixar de lhe falar de um livro que acaba de ler. Trata-se do volume de Stefan Zweig *O combate com o demônio*, lançado em 1925 e dedicado a três figuras da loucura poética, Kleist, Hölderlin e Nietzsche. Tsvetaeva sentiu-se de tal modo movida por essa leitura que quis enviar a obra a Gorki: é um "livro espantoso" e, no que concerne a Hölderlin, "o que se escreveu de melhor sobre ele".[5] Podemos entender esse interesse: o ensaio de Zweig condensa em algumas páginas a concepção romântica do poeta e da vida dele, o que sempre fascinou Tsvetaeva. Sua admiração é, portanto, reveladora de suas próprias escolhas e independente do valor que se poderia atribuir à interpretação de Hölderlin proposta por Zweig.

Zweig admite, para começar, que nem todos os poetas e nem todos os criadores se reconheceriam no retrato ideal que ele está esboçando: ao lado dos "demoníacos", isto é, aqueles que foram aniquilados pelo demônio, como os personagens de seu livro, há outros, como Goethe, que saem vitoriosos desse mesmo combate. Todavia, não são esses "clássicos" que atraem sua atenção; todo o seu interesse se volta para as figuras românticas (ele nem mesmo emprega essa palavra). O demônio que triunfa através desses criadores é apenas outro nome para a "inquietude primordial" que faz com que o homem se lance "no infinito, no elementar, como se a natureza tivesse deixado no fundo de nossas almas um pouco do seu antigo caos".[6] Essa descrição permite imaginar o que deveria ser a tarefa do poeta: precisamente, fazer viver no íntimo de nosso mundo bem ordenado esses elementos primordiais, incontroláveis, caóticos, aos quais nós não temos mais acesso; permitir que abandonemos o finito em proveito do infinito, as leis terrestres cedendo o passo aos comandos celestes.

Eis aí uma função que, em outros tempos, em outros lugares, seria reservada à religião. Mas, precisamente, afirma Zweig, para Hölderlin, a poesia substituiu a religião, ela "é para ele o que o Evangelho é para outros". A poesia tornou-se a seus olhos o "princípio criador que sustenta o Universo". Ou, mais exatamente: os poetas são necessários à humanidade para fazer viver os deuses; sem o entusiasmo deles, estes morreriam. "Sem o poeta, o Divino não existe; propriamente falando, é o poeta que lhe dá o ser."[7]

A concepção romântica do poeta, encarnada, segundo Zweig, por Hölderlin, implica a existência de um dualismo insuperável: entre divino e humano, céu e Terra, alto e baixo, arte e vida. Nenhuma mediação entre os dois é possível, e Hölderlin transmite através de sua obra o "sentimento de incompatibilidade do mundo exterior — feito de banalidade, de compromissos e não valores —, com o mundo puro das coisas da alma". Duas espécies de seres habitam o Universo: no alto, "os imortais marcham felizes na luz"; embaixo, "nossa raça marcha na noite [...] sem nada de divino".[8] Hölderlin sente medo da vida material e cotidiana, ele teme sua vulgaridade e busca evitá-la, em vez de transformá-la.

Essa separação nítida entre alto e baixo implica que aquele que quer conviver com os deuses deve evitar os humanos. Não se poderia ter sucesso nos dois planos simultaneamente. Zweig proclama aqui, como o faz em seu discurso sobre Rilke no dia seguinte de sua morte: o criador deve renunciar a ser procriador, o amante das musas deve sacrificar o amor das mulheres, quem quer permanecer entre os deuses não poderia gozar plenamente de um hábitat terrestre. "Ele sabe que a poesia, que o infinito não pode ser atingido compartilhando seu coração e seu espírito, e dedicando a eles apenas uma parte superficial e fugidia: aquele que quer anunciar as coisas divinas deve se dedicar a elas, deve se sacrificar completamente a elas."[9] Rilke não dizia nada de diferente.

Segue-se que, na vida terrestre, o poeta deve renunciar não apenas à perfeição, mas também à felicidade. A vida cotidiana do artista de gênio é feita de misérias e de sofrimentos: "A vida se vinga daquele que a despreza", escreve Zweig. O próprio Hölderlin aceitou o preço a pagar para atingir o absoluto: "É apenas na profundeza do sofrimento que ressoa em nós divinamente o canto vital do mundo, como o canto do rouxinol na obscuridade."[10] O poeta sabe que não pode demorar muito tempo na companhia dos deuses, mas esses raros momentos lhe são suficientes para iluminar o resto de sua existência.

O resgate exigido para se aproximar do fogo celeste pode ser ainda mais elevado: o poeta se arrisca a ter de renunciar não apenas à felicidade terrestre e a pôr de lado as leis de seu país, mas também a deixar o mundo comum, aquele que partilha com seus contemporâneos. É exatamente o que aconteceu com Hölderlin: ele não *soçobrou* na loucura, acredita Zweig, ele a escolheu — já que não queria mais habitar o mundo dos homens. Ou, solução ainda mais radical, pode preferir a morte à vida. Tal será o destino de Kleist, outra vítima do demônio: para ele, a vida não oferece uma dose suficiente de infinito, enquanto a morte é o superlativo absoluto. Ele declara, portanto, preferir "a tumba que partilhará" com aquela que o seguirá em seu suicídio "à cama de todas as imperatrizes do mundo".[11] De que valem as alegrias do mundo quando comparadas ao infinito? Kleist dá a si mesmo a morte. Por sua vez, o destino de Rilke é interpretado por Zweig, como o vimos, como uma escolha voluntária (e admirável) da morte.

O traço mais marcante dessa concepção romântica não é talvez a assimilação da arte à religião, mas a interpretação dualista, até mesmo maniqueísta, dada a ambas. O mundo dos deuses não se mistura com o dos homens, o artista deve romper definitivamente o contato com as massas vulgares. Essa escolha é extrema: nem toda religião, nem toda arte fazem a mesma coisa. Quando Zweig escreve: "Somente aos deuses é dado se mover na pureza absoluta, num mundo sem mistura",[12] ele dá as costas a muitas experiências religiosas que não aspiram à pureza absoluta, mas aceitam a mistura. A aspiração pelo absoluto não gera mecanicamente o desprezo pelo relativo. Não é a religião que impõe a descontinuidade entre alto e baixo, a impossibilidade de estabelecer mediações entre infinito e finito, é Zweig, fiel porta-voz da visão romântica.

A natureza da arte

Tsvetaeva se vê embevecida pela imagem que Zweig dá do destino do poeta e da natureza da arte; porém, tanto em sua prática de escritora quanto em suas reflexões teóricas desenvolvidas em seus ensaios, cartas ou diários, ela rompe com a estética romântica em muitos pontos significativos.

Primeiramente, Tsvetaeva não coloca a criação artística no topo das atividades humanas; pela mesma razão, ela recusa a assimilação da arte à religião. Certamente, como Hölderlin, ela pensa que os poetas são necessários aos deuses para traduzir sua mensagem. "A poesia é a língua dos deuses. Os deuses não falam, os poetas falam por eles." Os poetas permaneceram entre os deuses e então voltaram para o meio dos homens. "Todo poeta é no fundo um emigrante, inclusive na Rússia. Um emigrante do Reino celeste e do paraíso terrestre da natureza. [...] Um emigrante da imortalidade no tempo, um exilado proibido de retornar ao *seu* céu." Por essa razão, os poetas guardam a nostalgia da eternidade e do céu, mas eles não moram mais ali. A arte é sagrada, mas não é a única a sê-lo, e não o é em tudo; ela não é, portanto, o que há de mais sagrado. A arte não é uma emanação pura do mundo espiritual, é uma *encarnação*, portanto um encontro do espiritual e do físico. Ela corresponde à alma — instância intermediária entre o espírito e o corpo —, ou, ainda, ao purgatório: "Entre o céu do espírito e o inferno do gênero [humano], a arte é um purgatório de onde ninguém quer sair para ir ao paraíso"[13] — um terceiro reino, portanto, entre o celeste e o terrestre.

Dentre os próprios poetas, Tsvetaeva faz uma distinção entre aqueles que qualifica de "sublimes" e aqueles que julga "imensos". Os poetas sublimes são os que gostariam de permanecer nas alturas do céu, como Hölderlin. Os poetas imensos — como Goethe — são apenas visitantes dos cumes em que Hölderlin se refugiou, mas, por esse fato, podem ver tudo e ouvir tudo: no céu, na Terra e entre os dois. "O poeta imenso inclui — e reequilibra." O gênio não deve romper com o restante da humanidade. "O gênio: uma resultante de forças opostas, isto é, no fim das contas um equilíbrio, isto é, uma harmonia." Nem todos os poetas pairam nas nuvens — os poetas imensos não o fazem. O poeta não substitui o sacerdote. "O poeta não é o que há de maior [...]. A esfera do poeta é a alma. *Toda* a alma. Acima da alma há o espírito, que não tem nenhuma necessidade dos poetas. Se o espírito tem uma necessidade, é de profetas." O poema só é uma prece porque faz apelo ao mundo do espírito, mas não serve a Deus — ou então serve a todos os deuses, os da carne e os do espírito, a natureza e a graça. É preciso deixar de tomar "a força pela verdade e o charme pela santidade!"[14]

Tsvetaeva compartilha da preocupação dos românticos de preservar a autonomia da arte, de não submetê-la ao poder da política e da moral. A poesia não deve servir a nada para além dela — é a busca de sua própria perfeição. "A coisa que se escreve é seu próprio fim." "Quando me coloco numa obra, meu fim não é agradar a alguém, nem a mim mesma nem a outrem, mas fazer uma obra tão perfeita quanto possível." "O único fim da obra de arte no momento em que ela se realiza é seu acabamento. [...] Tomada como um todo, é um fim em si."[15] A razão dessa recusa em servir objetivos exteriores, nobres ou ignóbeis, não é o capricho do poeta, mas a consciência de que uma arte submissa é uma arte fracassada, e que os objetivos comuns são mais bem servidos por outros meios. Quando, além disso, a arte os serve, não é porque o artista quis se engajar num combate que julgou necessário, mas por uma razão totalmente diferente, porque sua obra revela a verdade do mundo.

A vocação do poeta contém um desafio que Tsvetaeva soube sublinhar: saber se colocar à escuta do mundo e descobrir as frases que permitem aos outros, aos seus leitores do dia e de sempre, nomear e compreender suas próprias experiências. Ela teria desejado que se escrevesse em seu túmulo, à guisa de epitáfio: "Estenógrafa do Ser"; nisso, ela se aproxima de Rilke, que dizia escrever "sob um ditado autoritário". O grande escritor não inventa, descobre. "A famosa 'imaginação' dos poetas não é nada além da precisão na observação e na transmissão. [...] A causa do poeta — nomear o mundo como se fosse novo." Ele não se contenta em escrever belos versos, em produzir imagens impressionantes, contar histórias encantadoras; sua ambição é ainda mais alta: pensar intensamente e dizer — com urgência — o verdadeiro. Esse pensamento não toma, no entanto, a forma de uma doutrina, e isso lhe permite dirigir-se a todos, e não apenas aos sábios. Tsvetaeva sabe disso e o diz: "Não sou um filósofo. Sou uma poeta que também sabe pensar", ou ainda: "Em vez de ter uma *concepção do mundo*, tenho uma *sensação do mundo*."[16]

Se a tarefa do poeta é revelar o mundo, Tsvetaeva não pode mais obedecer ao preceito romântico de se dedicar à arte, e apenas à arte, mas é preciso dizer que, quanto a esse ponto, todos os grandes românticos transgridem seu próprio dogma. O poeta deve descobrir um além dos fatos materiais que o cercam e, nesse sentido, ele é seu adversário, mas o combate no qual se engajou implica o conhecimento íntimo de seu parceiro. "Um inimigo a quem aniquila unicamente por meio do conhecimento. Elaborar o visível para colocá-lo a serviço do invisível, tal é a vida do poeta."[17] Nisso, ele está concernido pelas questões de todos; o poeta tem mais a aprender com os "especialistas" do mundo — sábios, trabalhadores, camponeses — do que com os especialistas da poesia. Ele está próximo, nesse sentido, dos historiadores, mas os supera por uma capacidade: o poeta pode se projetar no interior dos seres e dos objetos que quer compreender e restituir-lhes a alma, não apenas o corpo. E é um fato: tanto a poesia quanto a prosa de Tsvetaeva são obras de um conhecimento íntimo de sentimentos e de experiências bem humanas. Habitamos a Terra, não o éter celeste.

Rilke, com quem Tsvetaeva está de acordo nesse ponto, afirmava, nós o vimos, que para realizar sua missão o artista deveria ser capaz de se comportar com o mundo como são Juliano Hospitaleiro, com o leproso: se deitar ao lado dele, abraçá-lo e amá-lo. Pouco importa, deste ponto de vista, se tal ser é criminoso ou santo; o artista deve se reconhecer nele para poder revelar sua verdade. Foi assim que Pushkin agiu quando decidiu contar a história de Pugachev, a que não ignorava, porém, que fosse um criminoso. Dedicando-se à sua arte, o poeta deve renunciar a seus reflexos humanos, espontâneos, como, por exemplo, proteger os seus e repelir os inimigos. Por força de querer compreender todos os homens, o poeta acaba por tornar-se ele próprio inumano: para fazer ouvir a verdade deles, ele aceitou abafar a voz de sua própria consciência.

Esta é a verdadeira razão, portanto, da impossibilidade de recrutar os artistas para o serviço do Bem: seu juramento primeiro é em vista do Verdadeiro, e, quando os dois entram em conflito, é este último que vence. Assim, Goethe tinha de matar Werther: "Aqui a lei da arte é diametralmente oposta à lei moral. [...] Em certos casos, a criação artística é [...] uma necessária atrofia da consciência, essa falha moral sem a qual a arte não existe." Se quisermos que a arte sirva ao bem, será porque já renunciamos à arte. "É por isso que, se você quer servir a Deus ou aos homens, se você quer servir em geral, fazer uma obra do bem, inscreva-se no Exército da Salvação ou em qualquer outro lugar e *deixe a poesia para lá*." Esta é a razão profunda do suicídio de Maiakovski: ou o homem devia vencer o poeta (como aconteceu durante sua vida), ou o poeta leva a melhor sobre o homem, causando assim sua morte. Ele poderia ter-se dado conta disso mais cedo: "Pode-se ser poeta e estar no partido? Não."[18] Desde que ouve a voz do mundo, o poeta se vê obrigado a lhe responder — ou então não é poeta. Ele não é senhor de seus pensamentos e de seus juízos; não pode, portanto, colocá-los a serviço de nenhum programa.

Se a arte não é nada além da revelação do mundo e da vida, não se pode mais, como o desejavam os românticos em suas declarações programáticas, opor arte e vida. Tsvetaeva insiste sempre nisto: o poeta não pertence a uma espécie à parte, não existe "estrutura poética da alma" — a estrutura permanece a mesma para todos, apenas mudam a intensidade da experiência e o domínio do verbo. "O poeta é o homem multiplicado por mil." Quando lhe falam de técnica poética, Tsvetaeva se declara incompetente: "Isso é negócio de especialistas de poesia. A minha especialidade é a Vida." A linguagem é seu ofício, mas apenas enquanto meio — inultrapassável — para ter acesso ao mundo: "Vivendo pelo verbo, eu desprezo as palavras." Acontece o mesmo com os outros artistas que ela aprova, como Pasternak: "Nada além da vida." O verdadeiro poeta está à escuta do mundo, não de especialistas da literatura; arte e vida devem se submeter às mesmas exigências. Napoleão e Hölderlin fazem parte de seu panteão sob o mesmo aspecto: o do extremo, da potência, do gênio. A arte não pode ser extirpada da vida, a vida deve tender à lei implacável da arte. "O poema é o ser: não ter como fazer de outro modo."[19]

Aqueles que não compartilham da sua escolha, mas se obstinam a isolar a poesia do mundo são designados por Tsvetaeva com o termo pejorativo de "estetas". São justamente os críticos que, nas obras literárias, veem apenas a forma, como se esta pudesse ser separada do fundo. Mas essa é também, de modo mais geral, a atitude daqueles que privilegiam a arte em detrimento da vida. É a separação mesma entre elas que Tsvetaeva recusa. "De maneira geral, eu detesto as pessoas de letras; para mim cada poeta — vivo ou morto — é alguém que tem um papel em minha vida. Não faço nenhuma diferença entre um livro e um ser humano, um pôr do sol e um quadro. Tudo o que amo, amo com o mesmo amor." E não é pela arte que ela se sente possuída — é pelo mundo. "A literatura? Não! Que 'literato' sou, se estou pronta a dar todos os livros do mundo — os dos outros e os meus — por uma, uma só pequena fagulha do fogo de Joana! Não a literatura — o autodevoramento pelo fogo." As chamas que dão vida e morte a Joana d'Arc queimam mais forte do que as de qualquer poema — eis aquilo de que se esquece o esteta, esse "hedonista cerebral".[20] E, sob o pretexto de adular a poesia, ele a denigre pretendendo que ela é apenas uma questão de palavras, de forma, de sonoridades raras, esquecendo que o poeta escreve com todo o seu ser. Ao privilegiar assim as obras em detrimento dos seres, diminui-se, paradoxalmente, o valor dessas obras.

Ainda sob outro ponto, Tsvetaeva se separa da visão do mundo romântica. Enquanto Zweig, como o vimos, concebia a poesia como uma abertura ao caos primitivo, um reconhecimento dos elementos desencadeados, portanto uma vitória do infinito sobre o finito, Tsvetaeva defende uma posição mais complexa. O poeta deve, certamente, se abrir aos elementos, se fazer porta-voz das forças telúricas, mas deve também saber transformá-las em obra inteligível para todos. Uma nota de 1919 em seu diário diz: "Minhas duas coisas preferidas no mundo: o canto e a fórmula." Dois anos mais tarde, relendo-se, acrescenta este comentário: "Isto é, os elementos desencadeados e a vitória sobre eles."[21] Toda arte, qualquer que seja a faceta do mundo que ela faz viver, seja a mais sombria e a mais caótica, é um elogio da forma, da ordem e do sentido. Passando inumeráveis horas a buscar a palavra justa e o ritmo verdadeiro, Tsvetaeva transforma o grito em obra.

Não se trata de escolher um em detrimento do outro, mas de conseguir preservar os dois. O estado de criação exige do poeta que se torne a presa de forças que ultrapassam, e de longe, sua vontade: ele se faz estenógrafo do Ser e escreve como que sob seu ditado. A obra faz intervir a vontade, que impõe limites; a arte consiste não apenas em se abrir ao caos, mas também em aprisioná-lo. É por isso que, mesmo admirando intensamente Hölderlin, Tsvetaeva julga que Goethe é maior.

A existência à luz da arte

Essa continuidade entre o mundo e a obra se prolonga ainda na vida do artista; com relação a isso, Tsvetaeva assume uma atitude contrária à de Rilke e da maior parte dos românticos: em vez de apresentar vida e criação como uma escolha à qual o artista está condenado, ela quer estender o mesmo princípio às duas. Rilke, como o vimos, fazia seu o aforismo de seu amigo Kassner: "O caminho da interioridade à grandeza passa pelo sacrifício"; o sacrifício de sua felicidade pessoal, de seu amor por seres individuais lhe parecia indispensável se queria ter sucesso em sua obra. Tsvetaeva não ignora essa tentação, e cita por sua vez a fórmula de seu amigo Volkonski: "A vitória pela via da renúncia."[22] Mas ela a afasta: sua via não é de modo algum a do ascetismo.

Com ela, com efeito, não se pode mais afastar a vida do poeta de sua atividade criadora: "Não se trata de modo algum de: viver e escrever, mas de viver-escrever: e escrever

— é viver." Essa continuidade deve ser entendida em muitos sentidos. Primeiramente, escrever é viver: de que valeria a poesia se fosse apenas uma bela combinação de palavras? Para escrever, o poeta se serve inteiramente de seu ser. Pouco tempo antes de sua morte, Tsvetaeva observa amargamente: "Chamam-me para ler poemas, sem compreender que em cada estrofe — é de amor, que se eu tivesse passado toda a minha vida a ler assim poemas — não haveria um só verso. 'Que bons versos!' Não são os versos, infelizmente, que são bons."[23] A poesia não é uma questão de palavras, mas de experiência do mundo, e é essa que deve ser aprofundada e esclarecida, se quisermos que o poema atinja seu fim.

Ao mesmo tempo, viver é escrever. Primeiramente no sentido mais prático: toda a existência de Tsvetaeva se organiza em torno dessa necessidade imperiosa: ter tempo para se trancar com seu caderno. É verdade que tal escolha diz respeito apenas aos escritores profissionais: num outro sentido, todavia, a experiência é aberta a todos: a escrita é, para Tsvetaeva, um meio de descobrir um sentido no decorrer da vida cotidiana. Ela diz isso a um de seus correspondentes: "Eu não amo a vida enquanto tal; para mim ela começa a significar, isto é, a ganhar sentido e peso, apenas transfigurada, isto é, na arte."[24] Ora, essa transformação não está reservada apenas aos artistas de profissão, podendo se realizar — sem necessariamente se manifestar no exterior — na consciência de cada um.

Enfim, a própria vida pode ser estruturada como uma obra: tanto uma quanto outra aspiram ao máximo de beleza, de riqueza, de intensidade.

Tsvetaeva aplica à sua própria existência esse princípio da unidade entre os diferentes "leitos" do rio (para falar ainda como Rilke). Após ter atravessado uma fase juvenil de puro "romantismo", durante a qual declara amar o defunto Napoleão II — A Pequena Águia — mais do que qualquer ser vivo e querer morrer por ele, ela adota uma atitude que guarda até o fim de sua vida e que consiste em buscar a mesma plenitude tanto em sua obra literária quanto em suas relações pessoais. Desde sua entrada na vida adulta, ela decide não imitar a atitude dos outros membros do meio literário que se contentam em sonhar, em "permanecer eternamente nas trincheiras"; ela própria deseja encontrar um meio de entrelaçar sua existência à de outra pessoa. E consegue: tanto ou mais que à poesia, ela se mantém, na vida, ligada aos "seus", isto é, àquele que em 1912 se torna seu marido, Serguei (Serioja) Efron, e à sua filha, Alia, nascida no mesmo ano. Mais tarde, sua busca pelo absoluto continua sempre segundo essas duas vias. Por um lado, o amor pelos indivíduos, "a possibilidade para mim de amar à *minha* medida, isto é, *sem* medida", e a sensação de que os outros precisam dela. Por outro, a criação artística, pois o verso é uma "escola do absoluto", e a obra de arte permite atingir um rigor e uma intensidade que sempre faltarão ao resto da vida: a obra foi construída segundo "a lei implacável da absoluta necessidade".[25]

Criação e vida, longe de se oporem, não apenas obedecem às mesmas exigências; Tsvetaeva dá um passo além, o que a distancia ainda mais da doutrina ilustrada por Rilke: se fosse necessário escolher entre as obras e os seres, ela optaria sem hesitação pelos seres. "O que eu amo acima de tudo no mundo é o ser humano, o ser vivo, a alma humana — mais do que a natureza, mais do que a arte, mais do que tudo." Seu dom poético não a desvia de seu caminho: "O verbo visivelmente me ama muito. Ora, toda a minha vida eu não fiz senão traí-lo! Em proveito dos humanos!" A ideia de que passaria o resto de sua existência fazendo rabiscos em papel, buscando rimas e frequentando apenas os personagens saídos de sua imaginação lhe é insuportável. "Não vivo para escrever versos, escrevo versos para viver." É exatamente por isso que ela pode se declarar diferente de todos esses grandes escritores que, no entanto, admira: eles escolheram o culto da arte e de sua alma divina, ela se sente pertencendo à família dos homens. Em sua hora derradeira, ela pensará, diz, não em sua alma imortal, mas em seus próximos bem imperfeitos: "Eu, quando morrer, não terei o tempo de pensar nela (isto é, em mim), estarei mais ocupada em saber se aqueles que me acompanham em minha última morada comeram, se eles, meus próximos, não estão arruinados por todos esses remédios..."[26]

Tsvetaeva recusa sem hesitar o dualismo da arte e da vida. No entanto, mesmo que superando essa separação, Tsvetaeva mantém e consolida outro dualismo, aquele que opõe céu e terra, interior e exterior, ser e existir, imortalidade e vida — dualismo bem mais antigo, já que provém não da revolução romântica, mas daquela dos monoteístas, que opõem o Deus infinito ao mundo finito. Embaixo, portanto, a existência cotidiana (*byt*) odiosa, pois consagrada à simples sobrevivência: dia após dia, devemos, por nós e pelos outros (sobretudo quando se é mulher e mãe), nos levantar, procurar água para beber, alimento para comer, lenha para se aquecer, devemos passear com os filhos, dar-lhes banho, cuidar deles quando ficam doentes. Tudo isso é a "materialidade não transfigurada", um rochedo que é preciso recomeçar a escalar todos os dias. É o que os outros chamam de vida. Portanto, Tsvetaeva não ama a vida nesse sentido restrito da palavra, não tem êxito nesse tipo de vida. "Não amo a vida terrestre, jamais a amei." "Não sei viver aqui embaixo." "Não posso viver, isto é, durar, eu não sei viver os dias, cada dia."[27]

Na falta de habitar essa vida, Tsvetaeva se refugia em outra, preferindo o interior ao exterior, o ser, à existência, o céu, à terra. "Amo o céu e os anjos: lá em cima e com eles eu saberia como proceder." No outro mundo, no alto, ela atingirá o júbilo; no reino da Alma ela será a primeira, no juízo final do verbo, a justiça lhe será feita. Esse outro mundo, mais concretamente, se chama vida interior, ou ainda alma. Tsvetaeva tem que se resignar a ater-se a ele: habitá-lo é sua "doença incurável". Mas essa resignação Tsvetaeva a apresenta como uma escolha livre: "Sou forte, não preciso de nada, exceto de minha alma!" "Sem contar a alma, fora a alma — eu precisaria de alguma coisa?" Ou ainda, como uma impossibilidade de princípio: "Ela não existe, a vida que teria suportado minha presença." Mais exatamente, é da própria impossibilidade de viver feliz nessa vida que Tsvetaeva deduz a necessidade de uma realidade superior: "A vida me acua cada vez mais (profundamente) para o interior.

TSVETAEVA

[...] Viver *não* me dá prazer e essa rejeição me faz concluir muito claramente que outra coisa existe no mundo. (Manifestamente, a imortalidade.)"[28] Mas, por força de acusar a distância entre presente e eternidade, ela corre o risco de se parecer com esses estetas que ela tanto despreza e que não conhecem o viver-escrever.

O traço característico do universo de Tsvetaeva não é a separação desses dois níveis de existência — no fim das contas, é próprio da espécie humana distinguir entre ideal e real. O que singulariza sua "sensação do mundo" é a impossibilidade de estabelecer transições entre ser e existir. Os outros, em torno dela, se poupam de toda uma série de mediações. Eles se afundam em relações sociais, amizades, distrações, obrigações, nenhuma das quais conduz diretamente ao "céu", mas podem ajudar a se aproximar dele. A própria Tsvetaeva não tem nada — esfolada viva, ela se confronta com o absoluto. Ela não sabe pôr em relação o cotidiano e o sublime, não consegue "organizar o despedaçamento dos dias a partir da eternidade".[29] Tsvetaeva cumpre seu dever de mulher e de mãe, mais ao mesmo tempo escolhe se exilar na alma e deixar correr a organização de sua vida prática — o que a conduz à catástrofe.

É o preço que Tsvetaeva parece pronta a pagar para atingir a intensidade máxima em tudo. É preciso dizer que, mesmo entre os grandes escritores, ela ocupa um lugar à parte. É raro, de fato, encontrar um autor que dá, a esse ponto, a impressão de ter vivido e escrito em contato permanente com um grau superior, paroxístico, da existência. Uma palavra parece feita para designar o estado de espírito que a caracteriza permanentemente: *incandescente*. Não por acaso, os personagens que perecem nas chamas a fascinam: Joana d'Arc, Savonarola ou Giordano Bruno. A um correspondente, ela diz: "Eu serei fogo"; a outro: "Em mim tudo é incêndio!"[30] Por que o fogo? Porque esse elemento encarna o incêndio interior, a alma aquecida, em brasa — esse extremo sem o qual Tsvetaeva não pode viver. Toda a sua existência é uma aspiração pelo absoluto — que ela persegue ao mesmo tempo por sua obstinação de sempre "gravar um verso" cada vez mais profundo, de chegar tão perto quanto possível da perfeição — e pelas relações que estabelece com seus próximos, já que seu ideal permanece o mesmo: amor louco, confiança total, lealdade inabalável.

Tal é o projeto de vida que Tsvetaeva realiza em sua existência tumultuada.

O choque da Revolução

Tsvetaeva só encontra seu destino após a Revolução de Outubro.

Durante os 25 primeiros anos de sua vida, Tsvetaeva tem, porém, o tempo para fazer muitas coisas. Nascida em Moscou num meio culto, tem 14 anos quando sua mãe morre. Uma mãe adorada e fonte de sofrimentos: Tsvetaeva não se sente amada. Ela tem dons verbais incontestáveis, encontra poetas que lhe fazem a corte, escreve poemas. Com 20 anos, publica sua primeira coletânea, logo notada pela crítica.

TSVETAEVA

Os acontecimentos exteriores não a emocionam particularmente. A Primeira Guerra Mundial estoura, a Rússia está em movimento, mas Tsvetaeva parece não se aperceber disso. Alguns anos após seu casamento, inicia uma longa série de aventuras amorosas de um gênero bem particular. O objeto de seu entusiasmo não entra em rivalidade com seu marido, Serguei; pelo menos não para ela. Essas paixões, com muita frequência de curta duração, raramente chegam a ser relações físicas, mas dão lugar ao que ela própria chama de "idílios cerebrais" e inspiram ciclos de poemas: os versos dizem inicialmente seu amor, em seguida sua inquietude, por fim sua decepção. Durante esses anos, Tsvetaeva frequenta de bom grado os meios boêmios do teatro, participa de noitadas poéticas, sonha. Em abril de 1917, dá à luz sua segunda filha, Irina; no momento em que a Revolução de Fevereiro já aconteceu e que o czar abdicou, pondo assim fim a mil anos de monarquia, ela escreve a uma amiga: "Grande quantidade de projetos de todo tipo — puramente interiores (versos, cartas, prosa) — e indiferença total à questão de saber onde e como viver."[31] Tsvetaeva pode se permitir essa indiferença — entre outros motivos, porque vem de uma família abastada e está ao abrigo dos cuidados materiais imediatos.

Essa vida poderia ter continuado por muito tempo, poderia ter sido sua vida; Tsvetaeva teria sido uma autora de qualidade entre outros. A Revolução de Outubro decide seu destino de outra maneira.

Como muitos poetas russos desse tempo, Tsvetaeva não é, por princípio, contra a ideia de revolução. A de 1905, reprimida com sangue, tinha despertado o seu entusiasmo adolescente, a ponto de poder escrever com muita seriedade a um namorado: "É a eventualidade de uma revolução próxima que me impede o suicídio." Na mesma carta, encontravam acentos nietzschianos para declarar seu fascínio pela guerra, momento de intensidade máxima: "Se houvesse uma guerra, como a vida se tornaria palpitante, cintilante! Nessa hora, pode-se viver, pode-se morrer!" Mas essa ilusão juvenil não dura, o mundo real retoma seus direitos. O que atrai Tsvetaeva na ideia de revolução é o desencadeamento dos elementos, a recusa da ordem existente, a audácia do não conformismo. Ora, pensa ela então, eis aí uma libertação que cada um deve perseguir em seu próprio espírito; além disso, ela deve terminar numa forma que enquadra a potência primitiva, sem, no entanto, eliminá-la. Os revolucionários profissionais podem escutar juntamente com os poetas o tempo de abalar as convenções estabelecidas, mas o fim deles não é manter sempre viva essa inquietude. Muito ao contrário: eles aspiram tomar o poder no lugar dos seus detentores atuais para torná-lo ainda mais forte e mais repressor. Dessa Revolução, Tsvetaeva não espera nada de bom. Anos mais tarde, ela se lembra da distinção entre as duas atitudes: "A paixão de cada poeta pela revolta [...]. Sem essa paixão por aquele que vai além — não há poeta. [...] Mas aqui os revolucionários cometem um erro: a revolta interior do poeta não é uma revolta exterior."[32]

A vitória dos bolcheviques em novembro de 1917 em nada se parece com uma revolta poética, é o mínimo que se pode dizer. O que traz concretamente à vida de Tsvetaeva, como à de milhões de outros habitantes da Rússia, não é a realização de alguns slogans inflamados (o triunfo do povo, o poder dos sovietes), mas, sobretudo, a indigência e a destruição. A propriedade privada é posta em questão, os bens são apreendidos, a continuidade entre gerações é rompida. Do dia para a noite, Tsvetaeva, como tantos outros, se encontra sem recursos. O homem não é mais seu próprio senhor, ele deve se voltar para o Estado, tornado progressivamente o único empregador do país: já que tudo lhe pertence, todos contam com ele. Os indivíduos dependem não mais uns dos outros, mas, todos, do poder do Estado, mediador impessoal e, no entanto, incontornável. Os poetas devem servi-lo, tanto quanto os trabalhadores ou os camponeses.

A essa destruição do laço social tal como existira anteriormente se acrescenta muito rapidamente uma nova ameaça: a fome. A guerra civil entre Vermelhos e Brancos se desencadeia com violência, as colheitas são destruídas, os camponeses se veem desprovidos dos víveres que lhes restavam e não ousam mais semear. Um relatório da Tcheka, a polícia política, constata: "Ninguém mais trabalha, as pessoas têm medo." Os habitantes das grandes cidades descobrem a nova face da revolução, a da fome. Em seus diários, Tsvetaeva conta anedotas: "Vimos um cachorro levando um cartaz: 'Abaixo Trotski e Lênin — senão eu serei comido!'"[33] O patriarca Tikhon faz com que se leia uma carta pastoral nas igrejas contando: "A carcaça se tornou uma iguaria para a população faminta, e essa iguaria é difícil de encontrar."

Essa situação assustadora atinge diretamente a família de Tsvetaeva. Ela vê que suas duas filhas definham: tudo o que pode lhes oferecer como alimento é a sopa que lhe dão na cantina pública, mas há sopa suficiente apenas para uma criança, e ainda por cima "é simplesmente água com algumas migalhas de batata e algumas manchas de gordura de origem desconhecida". Tsvetaeva ouve falar de um orfanato nas redondezas de Moscou, ao qual poderia confiar as duas filhas para que lá elas sejam mais bem tratadas e alimentadas. Ela vai ao orfanato e deixa ali suas filhas, para descobrir, pouco depois, que a fome também grassava por lá, com o acréscimo de sujeita, doenças e brutalidade. "As crianças, para fazer durar o prazer, comem as lentilhas uma a uma."[34] Alia fica gravemente doente. Tsvetaeva a traz de novo para casa, a fim de cuidar dela; em seguida, escreve no calor do momento uma narrativa alucinada dessa vida arrasada pela fome. Antes de ter tempo para retomar sua segunda filha, esta morre. Tsvetaeva se sente ainda mais abatida pelo fato de Irina ter sido sempre a mal-amada. Esse acontecimento a marca para sempre; a ruptura com a jovem extravagante que ela fora antes da Revolução se consuma.

Tsvetaeva mantém uma dupla relação com o poder bolchevique. Por um lado, só pode condená-lo. Ele é responsável pelo desaparecimento de todas as formas de vida que, no antigo mundo, lhe eram caras. Esse poder trouxe a desorganização da vida social e material, provocando a fome. Além disso, reprimiu a oposição e a palavra livre, exercendo uma censura muito pior que a dos czares; ele confiou a vigilância da população à Tcheka, a polícia política criada no dia seguinte ao golpe de Estado bolchevique. É preciso lembrar também que, durante esses anos, Serguei, seu marido, se bate, ao lado dos Brancos, contra os Vermelhos. Tsvetaeva descobre, portanto, um interesse pela política e até mesmo projeta — sem acreditar muito nisso — escrever um artigo intitulado "Justificação do mal". O mal é o bolchevismo; mas, paradoxalmente, em reação a esse mal, certas qualidades humanas são promovidas; por exemplo, o apego aos bens materiais foi interrompido, com o consequente privilégio dos valores espirituais! Alguns anos mais tarde, ela conclui: "O comunismo, ao afugentar a vida para o interior, deu uma saída para a alma."[35]

Ao mesmo tempo, Tsvetaeva se coloca acima do conflito entre Vermelhos e Brancos e dá as costas aos dois exércitos. Trata-se, dessa vez, de um ponto de vista suprapolítico ou, talvez, simplesmente humano. Ela julga que fanatismo e cegueira se encontram dos dois lados, violência e sofrimento também; nesse combate feroz pelo poder ela não se reconhece em nenhum campo. Toda a imensa energia dispensada para fins tão fúteis lhe parece vã; ela está pronta para chorar as vítimas de uns e outros, qualquer que seja a cor. Em 1920, nem Vermelhos nem Brancos querem ouvir essa mensagem: eles só conhecem o a favor e o contra, um ponto de vista que englobe os dois não deve existir.

No que concerne às ideias de Tsvetaeva sobre a existência, o evento da Rússia soviética só pode confirmar sua decisão de separar o alto do baixo, o dentro do fora. O país que ela habitara até a idade de 25 anos deixava a uma mulher poeta como ela a possibilidade de continuar uma existência marginal, porém decente, a de um criador que preserva sua liberdade individual e ganha sua vida sem se subjugar.

Mas na Rússia soviética, no regime totalitário que está se instalando, teria ela uma verdadeira escolha, uma vez que decidiu não perder sua relação com o céu? Quando a sociedade controla toda a vida, que via resta àqueles que não querem se colocar sob a bandeira vermelha, senão a de uma ruptura ainda mais radical entre exterior e interior?

Tentativa de exílio

Diante do poder soviético, Tsvetaeva só tem uma saída: o exílio. Aquele no interior de si, que muitos de seus compatriotas praticarão, ou aquele fora do país, solução que muitos outros russos escolhem ou à qual são obrigados. Após a derrota do Exército branco, seu marido, Efron, foge para Praga; restabelecendo o contato com ele, Tsvetaeva decide encontrá-lo. Graças à ajuda de alguns amigos, ela obtém um visto de saída e em maio de 1922 deixa a Rússia, acompanhada da pequena Alia. Após alguns meses passados em Berlim, ela reencontra Efron e eles partem para se instalar em Praga. Três anos mais tarde, a família, aumentada agora de um filho, Georgi, apelidado de Mour, se transfere para Paris, onde Tsvetaeva permanecerá por 14 anos (morando, mais exatamente, nos subúrbios de Praga e na periferia de Paris).

A ruptura de Tsvetaeva com a Rússia soviética é ditada menos por motivos estritamente políticos do que por considerações familiares e exigências relativas à sua filosofia de vida. Ela sempre se considerou uma pessoa, não um membro dócil de um grupo, seja em relação à sua classe, seu sexo ou sua profissão. Ora, na Rússia soviética, o coletivo agora se sobrepõe ao indivíduo: Tsvetaeva compreende que não tem mais lugar nesse país. É o projeto metafísico do comunismo que lhe é totalmente estranho: "E não se trata de política, mas do 'homem novo', desumano, metade máquina, metade macaco, metade carneiro." Sua falta de respeito pelas convenções da vida pública a torna particularmente inadaptada a essas novas condições. "Eu não posso assinar uma carta de apoio ao grande Stalin, pois não fui eu que o qualifiquei de grande"; e então, por princípio, ela diz: "detesto as Igrejas oficiais triunfantes."[36] O poeta, tal como Tsvetaeva entende sua vocação, é decididamente inapto para a vida segundo essas novas normas. A lucidez política de Tsvetaeva é ainda mais notável na medida em que ela se declara, em alto e bom som, "apolítica", e que também se recusa a ler os jornais ou participar dos debates sobre esses temas. No entanto, sua compreensão da situação ultrapassa não apenas a de seus contemporâneos soviéticos, mas também a de seus companheiros de emigração.

De resto, sua insubmissão ao coletivo se estende também a esse grupo particular que é a emigração russa. Tsvetaeva não se identifica com os russos brancos, mesmo fazendo parte deles — ela aspira identificar-se a si mesma e a mais nada. Como o diz a uma correspondente suíça: "Eu me entendo mal com a emigração russa, vivo apenas em meus cadernos — e nas dívidas — e se de tempos em tempos se ouve minha voz, é sempre a *verdade*, sem nenhum cálculo."

De modo que o exílio de Tsvetaeva torna-se uma condição existencial: "No estrangeiro, 'a russa', na Rússia, 'a estrangeira'."[37]

Essa maneira de se manter afastada não convém aos representantes mais influentes da emigração, homens públicos, jornalistas, escritores que gostariam que as escolhas políticas de cada um determinassem todos os seus gestos. Tsvetaeva se vê, portanto, em constante conflito com os mal-entendidos e a desconfiança. Mesmo que a emigração comporte diversas correntes, tanto de direita como de esquerda, por princípio, Tsvetaeva não se reconhece em nenhum partido. Um dia, ela louva a força poética de Maiakovski, em visita a Paris; toda a imprensa de direita começa a boicotá-la. No dia seguinte, ela lê em público poemas dedicados ao massacre da família imperial: os jornais de esquerda passam a não querer mais publicá-la. Ela pode declamar seus versos tanto numa reunião organizada pelos amigos da União Soviética, como em outra, convocada por seus inimigos: o que lhe importa é sempre permanecer verdadeira para consigo mesma. Por isso, ela prefere dizer-se "nem nossa nem sua". É que a vocação do poeta não é fazer juízos, mas amar a totalidade do mundo para poder dizê-lo. "O ódio político não é dado ao poeta."[38]

Essa marginalidade no meio da emigração tem consequências diretas sobre a existência cotidiana da família. Deve-se dizer que o próprio Efron se revela inadaptado à vida prática: ele se inscreve na Universidade de Praga, seguindo posteriormente diferentes cursos em Paris, mas não chega jamais a encontrar um trabalho estável; indo de um projeto para outro, permanece um eterno diletante. Além disso, ele é acometido por diversas doenças, que o impedem todo esforço prolongado. Longe de ser o protetor de Tsvetaeva, ou seu mecenas, ou, pelo menos, um intermediário útil entre o mundo da criação no qual ela se move e o dos negócios, onde encontram sustento para a família, Efron vive às custas de sua mulher. Tsvetaeva não pode se impedir de constatá-lo: suas preocupações cotidianas provêm em grande parte da "ausência a meu lado de alguém que se ocupe de meus negócios".[39] Pois sua renda, é preciso dizê-lo, não é elevada. Em Praga, ela obtém uma bolsa de estudos atribuída pelo governo tcheco aos artistas russos emigrantes, e consegue mantê-la durante os primeiros anos de sua estada na França. As revistas russas emigrantes — cujos próprios recursos são muito limitados — lhe pagam por suas contribuições, mas muito modestamente.

A solução que encontra, como vimos, consiste em não esperar uma recompensa nesta vida, o que lhe permite suportar com valentia as privações. Sua vida interior se alimenta de outras fontes, que poderíamos enumerar assim: envolvimentos amorosos, criações poéticas, vida de família.

Idílios cerebrais

A paixão invade Tsvetaeva como uma onda. "Eu reconheço o amor com uma tristeza incurável, com um 'Ah!' que corta a sua respiração." É pouco dizer que ela precisa disso: "Amar, palavra fraca: viver." No entanto, ela é bem consciente do fato de que seus envolvimentos, mesmo sendo-lhe indispensáveis, não dizem respeito ao amor propriamente dito. "Isso é Amor, enquanto aquilo é Romantismo!",[40] escreve, opondo seus sentimentos por Serguei àqueles que ela experimenta por um poeta de passagem. Os envolvimentos são aventuras que se desenrolam segundo um protocolo bem estabelecido cujo curso ela conhece de cor. Eles começam pela escolha de um ponto de fixação: um homem, às vezes uma mulher, em geral mais jovem que ela, se possível doente, de preferência judeu e vítima de perseguições (um elemento de proteção maternal está frequentemente presente nos sentimentos de Tsvetaeva). Segundo traço característico: esse jovem escreve versos ou ama a poesia e, portanto, admira ou poderia admirar seus poemas. Essa configuração basta: Tsvetaeva não procura saber mais sobre ele, evitando mesmo deliberadamente levar o conhecimento mais adiante. De modo geral, um breve encontro ou, melhor ainda, uma carta de admirador resolvem o caso. Nada sabendo da pessoa real, ela pode adorná-la com todas as qualidades desejadas. Sua imaginação produz um ser magnífico e ela começa a bombardeá-lo com poemas inspirados pelo amor que lhe é devotado.

O mal-entendido, portanto, está presente desde o princípio, e não tarda a perturbar o idílio. O infeliz eleito não experimenta nenhum dos sentimentos que lhe foram atribuídos, ficando lisonjeado, mas também surpreso, em provocar essa explosão verbal; assim, ele mantém alguma distância, o que se torna a razão de uma segunda onda de escritos, dessa vez formado por censuras contra o ser que cometeu o erro de permanecer tão prosaico e de não ter partilhado a paixão celeste que Tsvetaeva lhe propunha. Então, muito rapidamente, se inicia a terceira etapa: as ilusões de Tsvetaeva se desvanecem, ela não tem mais nenhum interesse pela pessoa que havia provocado o envolvimento e acaba por arrasá-la com sua superioridade. Como ela o resume, é sempre "o mesmo entusiasmo — piedade — desejo de encher de presentes (de amor) — o mesmo — um pouco mais tarde: embaraço — arrefecimento — desprezo".[41]

Mal tinha chegado a Berlim, antes mesmo que Serguei tivesse deixado Praga para encontrá-la, Tsvetaeva vive um primeiro envolvimento com o editor russo Vichniak. Ela percebeu tão pouco a pessoa real que essa "aventura cerebral" tem um epílogo cômico: quatro anos após a "ruptura" (de uma relação que jamais começou!), ela cruza com ele na noite parisiense e não o reconhece absolutamente. Após as apresentações, e para se justificar, ela protesta: Mas você raspou o seu bigode! E você tirou os seus óculos! Vichniak, por sua vez, fica indignado: ele jamais usou nem bigode nem óculos...

Um ano mais tarde, um jovem crítico, Alexandre Bakhrakh, lhe envia um artigo dedicado a seus poemas: um novo envolvimento se inicia. Tsvetaeva escreve a ele, de início sobre a poesia, em seguida sobre o amor; ela jamais o encontrou. Durante todo um verão, ela continua a alimentar o romance epistolar no qual Bakhrakh, atordoado, tem apenas um papel passivo. Então, de repente, descobre para si um novo amor e a tempestade se detém: Tsvetaeva anuncia a Bakhrakh que não o ama mais. Reencontrando-o muitos anos mais tarde, ela o trata como um menino insignificante. Seus envolvimentos posteriores seguem caminhos paralelos. Anatoli Steiger, objeto de um romance tardio, analisa muito bem o processo em resposta às cartas de censura que recebe no fim: "Você é tão forte e tão rica que as pessoas que encontra você as recria por conta própria; quando o verdadeiro ser autêntico dessas pessoas sobre à superfície, você se espanta com a nulidade daqueles que acabavam de ganhar o reflexo da sua luz, porque esse reflexo não está mais sobre eles."[42]

A identidade do outro não tem nenhum papel nos envolvimentos de Tsvetaeva. Refletindo sobre a relação amorosa, ela escreve em 1933: "Você, sou eu + a possibilidade de amar a mim mesma. Você, única possibilidade de amar a mim mesma. A exteriorização de minha alma." O outro é apenas um mediador entre ela e si mesma, apenas um instrumento do amor de si. "Eu preciso de minha própria alma a partir da respiração do outro, me beber", também escreve. Tsvetaeva não precisa dos outros; busca um ser que lhe dê a impressão de ter necessidade dela, confirmando-a assim em sua existência. Ela não busca tanto ser amada quanto ter um ponto de fixação para seu próprio desejo de amar, que serve nela de desencadeador do processo de criação. Com lucidez, ela se explica a esse respeito a uma amiga: "Tudo me é indiferente: um homem, uma mulher, uma criança, um velho — desde que eu ame! Que seja *eu* que ame. Antes, só vivia disso. Escutar música, ler (ou escrever) versos ou, simplesmente, ver uma nuvem que passa no céu — e imediatamente há um rosto, uma voz, um nome a quem *endereçar* sua melancolia."[43] Estar apaixonada é, para Tsvetaeva, o equivalente a uma droga que lhe permite atingir imediatamente o êxtase, banhar-se no absoluto — a identidade daquele que provoca esse estado tem pouca importância. Ela precisa de um ouvinte, não de um ser inteiro.

As exceções a esse esquema da decepção amorosa são mais aparentes do que reais. Uma é a relação que Tsvetaeva vive em 1923 com o melhor amigo de seu marido, Constantin Rodzevitch — a exceção consistindo aqui no fato de que a aventura não é puramente cerebral. Tsvetaeva experimenta dessa vez uma paixão terrestre que lhe faz considerar, durante algumas semanas, a dissolução de seu casamento. "Você realizou em mim um milagre, pela primeira vez eu senti a unidade do céu e da Terra",[44] ela lhe escreve. Tsvetaeva não se decide pela ruptura por medo de magoar Serguei e ao mesmo tempo porque, uma vez mais, há um erro sobre a pessoa: Rodzevitch não vive o amor de sua vida — a ligação com Tsvetaeva é para ele uma aventura entre outras na existência desse jovem pretensioso e ingênuo (é apenas perto do fim de sua vida que ele compreende: esse pequeno flerte de 1923 é a razão pela qual seu nome entra na História...).

Com a passagem dos anos, Tsvetaeva perde a esperança de poder viver novos envolvimentos: "Eu amo cada vez menos", escreve. Ela não procura se embelezar, não se maquia e se abstém de tingir os cabelos, que começam a ficar grisalhos. Na hora do balanço final, é amarga: o amor só lhe trouxe sofrimento. "É o meu caminho, desde a infância,

Amar: sofrer." "Para mim, o amor é uma grande infelicidade."
A razão disso parece ser que, no amor, Tsvetaeva prefere o
fracasso ao sucesso, pois ela é marcada por isso que chama
de "uma paixão pelo amor infeliz, não partilhado, impossível". Além disso, há o fato de ela escolher a plenitude do
desejo em detrimento de sua satisfação, preferindo a plenitude do sofrimento à paz da felicidade. Tudo se passa como se
tivesse necessidade de sofrer em seus envolvimentos para
nutrir sua força poética. O lado positivo foi que tudo isso
funcionou como um potente motor de sua criação. "Em
amor, só soube de uma coisa: sofrer como uma besta — e
cantar", constata. Ela também dizia a Rilke: "Quem poderia
falar de seus sofrimentos sem com isso se entusiasmar, isto é,
feliz?"[45] De fato, não apenas o canto redime os sofrimentos,
dir-se-ia que os exige, pois apenas estes provocam o estado
de incandescência necessário à criação.

Dois encontros nas alturas

Duas dentre as relações de Tsvetaeva com os homens
devem ser colocadas à parte: é que os personagens em questão não são totalmente como os outros. Em 1935 ela escreve a um amigo: "Dentre meus iguais em força eu só encon-
trei Rilke e Pasternak."[46] Esses dois encontros não se situam
somente no plano afetivo, pois não são dois envolvimentos
como os outros, já que se trata de dois poetas de exceção. Ao
mesmo tempo, Tsvetaeva não quer que a troca se dê apenas

no nível dos espíritos: arte e vida devem formar uma continuidade.

A relação com Rilke será breve, só ocupando quatro meses do verão de 1926. O poeta Boris Pasternak é o agente do romance deles. No mês de março de 1926, em Moscou, onde mora, Pasternak atravessa um período de profunda insatisfação — consigo mesmo e com sua existência. É nesse momento que lhe chegam, ao mesmo tempo, duas mensagens. Uma delas é uma obra de Tsvetaeva, *O poema da montanha*, enviado pela própria poeta alguns meses antes. A outra é uma carta de seu pai, o pintor Leonid Pasternak, que vive então na Alemanha. O pai o coloca a par de uma carta recebida do poeta Rainer Maria Rilke, na qual este último exprime sua admiração pelos versos de Pasternak que Rilke havia lido recentemente na tradução francesa. A coincidência emociona Pasternak, que responde imediatamente aos dois. Ele escreve a Rilke para lhe agradecer e ao mesmo tempo para lhe falar de Tsvetaeva, poeta de imenso talento a quem ele deveria enviar seus livros. Rilke trabalha rápido, Tsvetaeva lhe responde (em alemão!); muitas cartas e livros serão enviados de uma parte e de outra. A troca se interrompe no fim do mês de agosto, com o estado de saúde de Rilke não cessando de se agravar; ele morre no dia 29 de dezembro do mesmo ano. Esse desaparecimento transtorna tanto Tsvetaeva quanto Pasternak.

A correspondência entre Tsvetaeva e Rilke atravessa três breves fases. Durante a primeira, uma dezena de dias em maio de 1926, é a tomada de contato, a exaltação — e já surge a constatação de uma discordância. Ao descobrir o envio de Rilke, Tsvetaeva se vê inundada de alegria: ela recebe uma carta daquele que crê ser "a poesia personificada"! E imediatamente se coloca a questão da relação entre o homem e o poeta, a vida e a criação: deve-se separá-las ou unificá-las? Conhecendo sua própria tendência à continuidade, Tsvetaeva avança com prudência: não quer assustar seu correspondente. De início, ela o deixa à vontade: "Não se trata do homem Rilke (o homem: isto a que estamos coagidos!), mas do espírito Rilke, que é ainda maior que o poeta." A pergunta que ela lhe endereça é certamente forte, mas permanece imprecisa: "O que eu espero de você, Rainer? Nada. Tudo."[47]

Recebendo essa carta de cores fortes, Rilke, por sua vez, se violenta e renuncia a colocar como prévia a necessária separação entre vida e criação. Ou, antes disso, ele a coloca, mas apenas por motivos contingentes, dando a entender que, antes, os dois Rilkes viviam em harmonia perfeita (sabemos que não é nada disso), perturbados no presente apenas pela doença ("este corpo com o qual sempre tinha sido possível até aqui um entendimento tão puro"). Quando chega a carta, Tsvetaeva, que já havia escrito uma segunda vez antes de recebê-la, reencontra suas verdadeiras convicções. Ao separar o homem do poeta e valorizar o segundo às expensas do primeiro, ela se via culpada do erro que estigmatizava nos outros: o esteticismo. Se o fizera, era apenas por resignação: por medo de que uma pergunta mais forte o repelisse, ele que é amado por tantos outros. Agora que ele se manifestou, ela pode dizê-lo: "O homem Rilke, que é ainda maior que o poeta [...] — porque ele traz o poeta [...] —, eu o amo

TSVETAEVA

sem poder dissociá-lo do poeta."[48] Aquele a quem ela *quer* não é apenas o autor de poesias, mas um homem que vive, respira, mora em algum lugar — e se deixa amar. Daí também o pedido, muito terrestre, de uma foto de Rilke!

Uma vez que Tsvetaeva volta à sua posição habitual, Rilke se vê obrigado a fazer o mesmo. Em sua nova resposta, não se trata mais de harmonia entre o homem e o criador, mas, antes, da necessidade de sacrificar o primeiro pelo segundo, o que significa lhe impor a solidão e, portanto, oferecer aos outros apenas o resultado do trabalho poético. Se tentou, em algum momento de sua vida, estabelecer uma vida familiar, com mulher e filho, era, diz ele, "um pouco contra a minha vontade"; ele rapidamente deixou os outros para reencontrar sua "solidão natural". Essa escolha se reforçou desde que habita a morada isolada de Muzot: "Vivo constantemente só (com a exceção de raras visitas de amigos), sozinho como eu sempre vivi, e mesmo mais: numa intensificação muitas vezes angustiante do que significa ser só, numa solidão levada ao limite último e extremo." Não é que ele ame a solidão, mas o sacrifício da vida comum, nós o sabemos agora, é vivido por ele como a condição necessária à criação. Como prova, a irrupção das *Elegias* e dos *Sonetos*, cujo advento se deu ao fim de um longo período de isolamento. "Deixar entrar 'o outro', viver com ele e para ele, leva imediatamente [...] a conflitos e tarefas que eu podia apenas temer num período em que eu tinha realizado uma coisa demasiada e infinitamente *total*..."[49] Ele está, porém, pronto para assumir os inconvenientes de sua escolha, que, no entanto, não são negligenciáveis: seus sofrimentos físicos (devido à leucemia que o ronda), Rilke os atribui ao desregramento de seus nervos, portanto, indiretamente, a essa própria escolha de vida. E conclui alertando Tsvetaeva: que ela não se ofenda se ele não responder sempre às suas cartas; quanto a se encontrarem, isso está fora de questão.

Tsvetaeva recebe essa resposta como uma ducha fria. Para evitar sentir-se diretamente visada, ela encontra uma explicação generalizante para a reação de seu correspondente: Rilke, explica a Pasternak, é interiormente um velho homem acabado que não precisa de nada nem de ninguém, ele permanece só, "sem amor, cheio de si"; a vida está atrás dele. Essa reação (do tipo "as uvas estão verdes demais") se atenua, todavia, durante uma segunda fase da troca epistolar. Após um silêncio de três semanas, Tsvetaeva escreve de novo a Rilke, contando-lhe que seu rancor passou. O que queria dele? "Nada." Mas acrescenta imediatamente: "Na verdade: aproximar-me de você. Talvez, simplesmente, ir até você." A resposta a essa carta ultrapassa sua expectativa: Rilke lhe envia um poema que ele lhe dedicou, *Elegia a Marina*, acompanhado de um pacote de fotos onde se vê a casa onde mora. Para ele, esse gesto não é o sinal de uma mudança: o homem e o poeta se movem sobre planos que não se comunicam entre si. Tsvetaeva responde num estado de espírito completamente diferente: ela lhe pede para lhe reservar um domínio exclusivo e exprime sem reservas seus sentimentos por ele: "Rainer, eu te amo e eu quero ir até você."[50] Como resposta, Rilke lhe envia um novo livro, seus poemas em francês reunidos em *Vergers*, com uma dedicatória em versos: ele mantém a relação entre poetas, mas permanece mudo sobre a relação entre o homem e a mulher.

Rilke confirma essa posição na carta que abre a terceira e última fase dessa correspondência, três semanas mais tarde. Nessa carta, ele faz mais uma vez alusão à sua doença, mas tão discretamente que Tsvetaeva não chega a se aperceber. Ela continua a não ver nenhuma divisão entre o espiritual e o físico, e emenda, numa nova carta extática: "Eu quero dormir com você — adormecer e dormir. [...] Rainer, a noite cai, eu amo você." Ela toma o cuidado de explicar a natureza do seu amor: não o dos puros espíritos, tal como o de Dante por Beatriz; também não é um simples encontro físico: "Quando eu penso em você e em mim, eu penso numa janela, não numa cama." Esse amor reúne corpo e espírito, como na história de Paolo e Francesca, os personagens do *Inferno*; Rilke e ela habitam agora um mundo superior onde ela poderá, diz, "beijar seu coração". "Até o fundo da alma (da garganta) — tal seria meu beijo."[51] Mas para isso é preciso promover o encontro; Tsvetaeva está, portanto, pronta para partir.

Vem então a última resposta de Rilke, colocando um ponto final nas demandas de Tsvetaeva. Ele não crê que a fusão com outra pessoa esteja inscrita em seu destino; no entanto, isso não o faz valorizar menos sua correspondência. As últimas palavras que ele lhe dedica soam como uma bênção: proteja o que nos une, "confie-o ao poder da alegria que você traz". É que Rilke pressente com cada vez mais força seu próprio fim ("não há mais nenhuma esperança de superar essa provação"). Tsvetaeva não receberá resposta a sua carta seguinte; alguns meses mais tarde, ela se contentará em lhe enviar um cartão-postal com esta pergunta: "Querido Rainer, você ainda me ama?" Bem no fim de dezembro, diante da notícia de sua morte, ela reage com uma nova carta endereçada ao defunto: ela se recusa a mudar sua relação com ele. "Querido, se você está morto, não há morte, e a vida — não é uma vida." Ao mesmo tempo, ela afirma não mais a unidade do corpo e do espírito, da vida e da arte, mas a ruptura entre céu e Terra; o que ela celebra não é a aceitação da finitude do mundo humano, mas a recusa de viver em qualquer outro lugar que não no infinito. A união deles se tornou um amor místico que nada mais pode atingir. "Jamais acreditamos num encontro aqui; não mais que no aqui, não é? Você me precedeu para colocar um pouco de ordem — não no quarto, nem na casa — na paisagem, para que eu seja bem-vinda."[52] Tsvetaeva recusa, portanto, o dualismo romântico, do qual Rilke é um adepto; ela própria encontra, no entanto, um último refúgio contra os golpes do destino no dualismo metafísico que está na base de sua visão de mundo.

A morte de Rilke lhe permite guardar sua imagem intacta, apesar da discordância que constatou entre ambos. Pasternak não tem essa chance: a relação entre eles percorre o ciclo completo que vai do encantamento à decepção. Os dois poetas russos se cruzaram muitas vezes desde 1918 e permanecerão em relação até a morte de Tsvetaeva, em 1941, mas as trocas intensas entre eles se situam entre 1922, logo após a partida de Tsvetaeva para o estrangeiro, e 1935, quando Pasternak a encontra em Paris pela primeira vez desde sua partida. A separação alimenta e protege a relação entre eles, a presença, a mata. Durante esse período central, Pasternak e Tsvetaeva se escrevem em torno de 250 cartas, das quais 200 foram preservadas inteiramente ou em fragmentos (elas foram publicadas em Moscou em 2004).

Essa relação a distância conhece, por sua vez, três grandes fases. Durante a primeira, cada um faz a descoberta da obra poética do outro, o declara o melhor poeta russo vivo e se dá conta de que ele, ou ela, encontrou uma alma gêmea, um irmão de espírito. Pasternak lê *Verstes* em Moscou, a coletânea de Tsvetaeva; ela, em Praga, mergulha em *Minha irmã, a vida*, de Pasternak. Este último lhe escreve longas cartas de admiração, Tsvetaeva dedica à sua poesia um ensaio ditirâmbico. A relação permanece essencialmente literária; durante esses mesmos anos, Pasternak encontra e se casa com sua primeira mulher, Genia, e vê nascer seu primeiro filho. Por seu lado, Tsvetaeva vive fascinações intensas, com Vichniak, Bakhrakh e, sobretudo, Rodzevitch.

A tensão aumenta a partir de 1925 e permanece elevada até 1928 (140 das 200 cartas datam dessa época). Tendo ficado mais disponíveis no plano afetivo, tanto um como o outro misturam seus sentimentos com a admiração literária que têm entre si. Em 1925, Pasternak começa a escrever um longo poema, *Spektorski*, cujo personagem principal é inspirado por Tsvetaeva. Por sua vez, ela dá à luz um menino que gostaria de chamar de Boris, em homenagem a seu amigo. Em 1926, tendo lido novos textos de Tsvetaeva, Pasternak lhe escreve muitas cartas superlativas, nas quais diz ao mesmo tempo de seu encantamento diante de seus versos e de seu amor pela sua autora; pouco depois ele anuncia sua intenção de ir à França para estar junto dela. É nesse momento que, para lhe exprimir sua admiração, ele a põe em contato com Rilke. Tsvetaeva refreia seu impulso e desaconselha a sua ida. A relação com Rilke a ocupa mais, e abandona um pouco seu amigo russo. Mas a morte do poeta alemão torna a aproximá-los. Eles elaboram muitos projetos de encontro, nenhum dos quais se realiza.

Um novo afastamento se segue. Em 1930, Pasternak encontra aquela que se torna sua segunda mulher, Zinaida, e vive um grande amor. Além disso, ele entra em contato com o marido de Tsvetaeva, Efron. A correspondência entre os dois poetas se rarefaz, mas a estima mútua não se interrompe.

No que lhe diz respeito, Tsvetaeva não aspira de verdade a um encontro e tem muita dificuldade em imaginar uma vida em comum. Em junho de 1926, escreve ela a Pasternak: "Boris, eu jamais estive tão assustada com o nosso encontro: eu não vejo lugar para a sua realização." E, em outubro de 1927: "Querido Boris, eu não quero nem almoçar, nem jantar com você, nem ter convidados, nem negócios, nada do que seja dia. [...] Eu quero com você a hora eterna/uma hora que duraria eternamente. Lugar de ação: o sonho, tempo da ação — esses mesmos três minutos, os heróis — meu amor e seu amor." O encontro no espaço real só poderia ter trazido arrependimentos e remorsos, como ela escreve a uma amiga em comum: os deuses não devem misturar os simples mortais em seus negócios. "A Catástrofe de um encontro era incessantemente rejeitada, como uma tempestade à espreita em algum lugar atrás das montanhas. [...] Nosso encontro real teria sido antes de tudo uma grande infelicidade (eu, minha família — ele, sua família, minha *piedade*, sua *consciência*)." Tsvetaeva não pode imaginar a felicidade num amor vivido em presença. Outra carta a Pasternak torna isso preciso: "Com você, pela primeira vez na vida, eu teria um idílio. O idílio — o vazio extremo do recipiente. Um idílio cheio até a borda é uma tragédia."[53]

No entanto, essa renúncia ao sonho de uma vida em comum não significa de modo algum que não se tem necessidade do outro. Durante todo esse período, Pasternak permanece seu interlocutor imaginário ideal. É a Pasternak que Tsvetaeva se dirige constantemente em seus cadernos, pois está convencida de que ele pode compreendê-la: ele é igual a ela em força. Esse contato é indispensável a Tsvetaeva. "Você, Boris, eu preciso de você como do abismo, do infinito, para ter onde lançar e não ouvir o fundo", escreve-lhe em maio de 1927. Ela imaginava Rilke nesse papel, mas, após a sua morte, não tem mais escolha. "Não se pode viver no mundo sem alguém maior do que nós; Rilke era maior, eu gostaria que você o fosse." Pasternak até convém melhor a essa tarefa, pois ela o sente mais próximo: ele tem a sua idade e é russo como ela. É necessário a Tsvetaeva que seu ideal tenha um pouco de encarnação. "Você é, em certo sentido, uma questão de honra para mim. A última honra, uma aposta em minha última possibilidade de amar um *ser humano*." De modo que, quando se menciona diante dela o nome de Pasternak, e mesmo que ela não o tenha visto há muitos anos, sua reação imediata é: "É minha pessoa mais próxima."[54]

Compreende-se agora por que um encontro com um ser em carne e osso é tão temível: Tsvetaeva precisa de uma imagem, não de um indivíduo. E o inevitável se produz. Em 1935, as autoridades soviéticas inspiram a realização em Paris de um Congresso Internacional para a Defesa da Cultura, que deveria promover o combate antifascista. Pasternak, deprimido, tinha descartado o convite, mas foi constrangido a ir a Paris. No fim do mês de junho, após treze anos de correspondência, os dois poetas se encontram num quarto de hotel. Apenas alguns dias mais tarde Tsvetaeva deixa Paris, desiludida: ela viveu um "não encontro". São os outros membros da família, Efron, Serguei e Alia, que acompanharão Pasternak durante o resto de sua estada. Depois desse encontro fracassado, Tsvetaeva ainda envia a Pasternak três cartas nas quais faz o balanço das divergências entre eles, e conclui: "Nossa narrativa está terminada."[55]

A decepção de Tsvetaeva é tripla. Primeiramente, se dá conta rápido de que a relação sentimental entre ambos está morta; não é uma verdadeira surpresa, mas seu gosto é amargo. Pasternak só pensa em sua esposa deixada em Moscou e quer ir às lojas parisienses para lhe encontrar presentes. Tsvetaeva se recusa a lhe ajudar nessa tarefa. Essa mulher cometeu o erro de ter entrado na vida de Pasternak depois dela — algo que jamais deveria ter acontecido. Ela explica à sua confidente: "Sei que se eu tivesse estado em Moscou — ou ele no estrangeiro —, se ele tivesse me encontrado, nem que fosse por uma vez, não teria e não poderia ter havido qualquer Zinaida Nikolaevna."[56] Tsvetaeva recusa-se a entrar em competição com outras mulheres, pois ela não habita a mesma dimensão do universo — as outras são Eva, ela é Psiquê.

A segunda decepção, muito mais traumatizante, se situa no plano político. Pasternak desaprova numerosos fatos e características da sociedade soviética, mas isso não o impede de acreditar na Revolução, no papel histórico do Partido Comunista e em Stalin. De hábito, Tsvetaeva declara não se interessar pela vida política, preferindo eludir toda confrontação sobre esse tema. No entanto, essa reserva nem sempre é possível. Em 1926, Tsvetaeva acolhe com frieza a obra que Pasternak acaba de dedicar à Revolução Russa de 1905, crendo detectar em seus textos uma adesão excessiva à causa soviética. Ela chega a imaginar (o que não é verdade) que ele entrou para o partido, o que lhe faz pensar em ruptura: "Você entende o meu horror? É a única coisa que nos teria separado para sempre (o breve sempre da vida)." Tendo compreendido seu erro, fica tranquila, mas não pode se impedir de constatar que Pasternak adere a isso que provoca nela desconfiança e repugnância: a marcha triunfal da História, a violência revolucionária, a III Internacional... A esse respeito, Pasternak poderia se tornar próximo do marido de Tsvetaeva, o supersovietófilo Efron. "Em muitas coisas (todas as questões públicas, por exemplo) vocês se entendem melhor do que você e eu", segundo afirma em seu prognóstico. O que ela vê com correção: ao voltar de Paris, Pasternak confirma que se sente agora perfeitamente à vontade com o marido e a filha da poeta, que partilham sua simpatia pelo projeto soviético. "Não apenas eu me tornei amigo de Serioja, eu voltei aqui, por assim dizer, com a sua Alia na boca.

Seriamente, se eles não tivessem estado lá, eu simplesmente teria me *afundado* em Paris."[57]

Muito mais do que com essas discordâncias políticas gerais, Tsvetaeva fica arrasada ao descobrir durante o breve não encontro parisiense entre eles as consequências que Pasternak tira disso no que concerne à criação literária. Para eliminar a contradição da qual seu ser é vítima, entre sua inclinação pessoal tanto para a solidão como para o lirismo e as exigências da sociedade soviética, ele declara diante de Tsvetaeva que o gosto individual para a poesia dá provas de vício e de doença, e que como consequência ele decidiu renunciar a isso e se dedicar ao elogio dos colcozes (as cooperativas agrícolas). Tsvetaeva redarguiu: é um direito do homem — e com mais forte razão ainda do poeta — *afastar-se*. Ora, na Rússia, a vida com o povo e para o povo — tal como definido pelo partido — tornou-se uma obrigação. O indivíduo não tem mais aí nenhum lugar, enquanto que para ela o indivíduo é tudo. "Eu estou no direito, vivendo apenas agora, apenas uma vez, de não saber o que é um colcoz, da mesma forma que os colcozes não sabem — o que eu sou — eu. Igualdade — eis aí a igualdade."[58] Tsvetaeva sabe que não poderá jamais se juntar ao coro para cantar louvores; a única lei à qual submete sua obra é a da verdade, uma vez que escolheu tornar-se uma Estenógrafa do Ser. Alguns meses mais tarde, numa carta escrita por ela após uma intervenção pública de Pasternak, Tsvetaeva sublinha ainda mais o afastamento crescente entre eles: ele escolheu obedecer ao apelo das massas em vez de escutar o único juiz válido, sua consciência.

TSVETAEVA

O terceiro e último golpe que a imagem de Pasternak sofreu enquanto interlocutor ideal provém de um incidente de sua viagem. Pasternak foi a Paris atravessando a Alemanha, mas não julgou necessário visitar seus pais emigrantes, que viviam em Munique; aliás, ele não os verá de novo, jamais. Essa omissão incomoda Tsvetaeva. Ela vê nesse fato o sinal de que Pasternak, nesse aspecto semelhante a Rilke, mas também a tantos outros criadores de primeiro plano, prefere as obras aos seres. "Mesmo que me matem, eu jamais compreenderei como se pode passar de trem ao lado de sua mãe — ao lado de uma espera de doze anos. (...) Depois do que fez com seu pai e com sua mãe, você não pode nunca mais fazer algo *comigo*. Este é o último golpe devastador que recebo de você."[59] Esses homens, sugere ela, só se ligam ao humano pelo sexo, para todo o resto adotam uma atitude de estetas, que preferem a poesia à vida.

Após seu retorno à União Soviética, Tsvetaeva se beneficia ainda da benevolência de Pasternak, que lhe consegue trabalho, mas a antiga intimidade não existe mais. A relação sonhada por Tsvetaeva não podia resistir ao assalto do real; nenhum ser humano poderia preencher suas expectativas. Ao ler hoje a correspondência dos dois poetas, ficamos chocados com um duplo contraste. Nela, um poeta de grande talento aborda uma mulher de gênio; ao mesmo tempo, essa mulher está tão obcecada pelo absoluto que acaba por recusar a vida cujo princípio defendia diante dele. Pasternak, com todos os seus erros e imperfeições, permanece mais próximo do humano. Sua evolução posterior é reveladora do papel que tem para ele o encontro com Tsvetaeva: ele rompe progressivamente com a ideologia oficial e, logo após a guerra, se empenha na escrita de seu grande romance *O doutor Jivago*, que escreve sem levar absolutamente em consideração as exigências da massa nem as do partido. Ao mesmo tempo, a forma romanesca lhe permite dirigir-se aos seus contemporâneos mais diretamente do que o fazia sua poesia. Quando se pergunta que eventos puderam provocar sua mutação, ele lembra em particular o destino de Tsvetaeva, com seu fim trágico. "Isso fazia de mim uma espécie de vingador, convocado a defender a sua honra";[60] o romance é também o produto dessa vingança. A lição de Tsvetaeva foi aprendida.

O balanço dos dois "encontros nas alturas" permanece, no entanto, decepcionante, e é difícil ver como podia ser diferente. Os seres humanos em carne e osso não poderiam satisfazer as exigências do absoluto. Tsvetaeva deve escolher entre as decepções do real e a evanescência do ideal. Mas como fazer, se a própria vida só conhece o finito e o relativo?

O poder do poeta

A criação poética traz sempre a Tsvetaeva um sentimento de alegria, momentos de satisfação profunda. E, apesar de todos os obstáculos que encontra, ela produz durante seus anos de emigrante um conjunto impressionante de textos: novos poemas, novas peças de teatro e, sobretudo, obras de um gênero inteiramente novo (não apenas em seu próprio percurso): sua prosa de memorialista, suas narrativas de um passado transfigurado.

Tsvetaeva escreve, mas, para existir enquanto escritora, tem necessidade de ser publicada e lida. Ora, o país no qual nasceu e no qual se fala sua língua materna não quer mais ouvir falar dela: como todos os emigrantes, ela se tornou uma não pessoa; e o é ainda mais do que os outros, pois tem a reputação de ter simpatia pela família do czar (ela quer lhe dedicar um longo poema). Os escritores soviéticos estimados pelo poder — e, aliás, também por ela — a tratavam com desprezo: para Maiakovski ela é feminina demais; para Gorki, seus escritos beiram a histeria e a pornografia. Além disso, seu estilo "modernista" não se enquadra mais no que está se tornando a linha oficial da arte soviética. Portanto, publicar na Rússia é para ela impossível.

Uma segunda via se entreabre diante dos emigrantes: integrar-se à cultura de seu país de acolhimento. Uma grande variedade de casos pode ser observada aqui, em função do *meio* do qual os artistas se servem. Pintores, músicos e bailarinos não têm que mudar de meio de expressão; é totalmente diferente o que acontece com os poetas e escritores, que têm que adquirir uma nova língua. O que explica, evidentemente, a relativa facilidade que tiveram em se integrar nas diversas culturas europeias criadores como Rachmaninov, Stravinski e Prokofiev, como Kandisky e Chagall, Gontcharova, Larionov e Sonia Delaunay, ou ainda Nijinsky e, mais tarde, Balanchine. Os escritores que, no momento da emigração, já estavam muito envolvidos em sua obra permanecem, na sua maior parte, confinados em sua língua natal — e, por essa razão, são ignorados do público do país que lhes acolhe. Se o nome de Ivan Bunin é conhecido na França é porque o

Prêmio Nobel o distinguiu em 1933; mas quem, na França, ouviu falar de Alexei Remizov ou de Vladislav Khodassevitch, mesmo que eles sejam escritores de grande talento? Dentre seus contemporâneos, apenas ensaístas como Berdiaev e Chestov chegam a tomar parte na vida intelectual do país em que eles residem.

O caso de Tsvetaeva é um pouco particular: ela domina o alemão e o francês desde sua primeira infância, sendo, portanto, capaz de escrever nessas duas línguas. Quando Rilke lhe escreve uma carta, ela não tem nenhuma dificuldade em lhe responder na própria língua — num estilo em nada inferior ao seu. Sua chegada à França, em 1925, reaviva seu francês, e, pouco depois, ela se sente em condições de se expressar sem qualquer embaraço ou de traduzir seus próprios escritos — tanto em prosa quanto em verso; as anotações em francês se multiplicam em seus cadernos. Ela transpõe então para o francês seu poema *O garoto* (que Natalia Gontcharova ilustra) ou sua correspondência ligeiramente revista com Vichniak (*Nove cartas com uma décima retida e uma décima primeira recebida*); ela redige em francês narrativas como *Meu pai e seu museu*, *O milagre de cavalos*, ou ainda o ensaio dedicado a Natalie Barney, *Carta à amazona*.

Muitas vezes, Tsvetaeva tenta publicar esses textos na França. Ela os envia a revistas como *Commerce*, a *NRF* ou *Mesures*, só encontrando silêncio e indiferença. Ela também escreve a diferentes autores da cena literária parisiense, como os escritores Anna de Noailles (da qual traduziu para o russo um romance em 1916) e André Gide, o poeta Charles Vildrac ou o tradutor Jean Chuzeville, o crítico

Charles Du Bos ou o filósofo Brice Parain. Os contatos que ela estabelece duram um pouco mais ou menos, mas o resultado é sempre o mesmo: não dão em nada. Ninguém se interessa por sua obra, ninguém se dá conta da sua contribuição para a criação literária.

Muitas circunstâncias permitem explicar essa indiferença, até mesmo essa rejeição. Uma é o sentimento de autossuficiência generalizado na vida literária parisiense, ainda mais forte no entreguerras do que na sequência: Paris se crê o centro do mundo cultural e não julga indispensável se interessar pelas contribuições que poderiam oferecer os oriundos de outros países (as tentativas de Rilke para escrever em francês também não suscitam um grande entusiasmo). A isso se acrescenta a condescendência habitual em relação aos escritos de mulheres, sobretudo quando estas, como é o caso de Tsvetaeva, não são nem nobres, nem ricas, nem particularmente belas. Vem em seguida uma desconfiança particular, para com os autores russos emigrados, da parte de uma inteligência francesa mais sovietófila (é o caso, por exemplo, de Brice Parain, que é um dos diretores da *NRF*). Enfim, é preciso admitir que a estética literária de Tsvetaeva não corresponde àquela que está em voga na França: ela não se assemelha nem àquela dos epígonos de Mallarmé nem à dos ardentes surrealistas. Algo de que ela está muito consciente; ela relata essas reações: "É novo demais, inabitual, fora de toda tradição, não é sequer surrealismo", ao que ela acrescenta como comentário: "Deus me livre disso!" Seu princípio criador é efetivamente diferente: "O importante para o poeta não é descobrir o elo mais distante, mas o mais verdadeiro." Rejeição compreensível, portanto — o fato é que toda a cena literária francesa ignora a presença em seu meio de um autor de gênio. Ela mesma conclui: "Eu poderia ter sido o primeiro poeta da França — eles têm apenas Valéry, que é um mendigo, mas... tudo isso será revelado depois da minha morte."[61]

A Rússia e a França estando-lhe, portanto, fora de alcance, resta a Tsvetaeva apenas uma saída estreita: a das publicações em russo na emigração. Mas, de início, penando para sobreviver, ela tem outras prioridades além da prática poética. Além disso, a obra de Tsvetaeva apresenta uma dupla dificuldade: inaceitável na Rússia por motivos de conteúdo político, corre o risco de chocar os leitores emigrantes com suas audácias formais; estes desconfiam de toda revolução, mesmo que poética. Lá, seus poemas não podem ser publicados; no estrangeiro, eles são aceitos, mas ninguém precisa deles. "Assim, cá estou, sem leitor, e na Rússia, sem livros." A oposição se encontra, de certa maneira, no interior da própria imprensa emigrante, onde as publicações de esquerda — as dos socialistas-revolucionários — aceitariam o estilo moderno de seus poemas, mas ficam chocados com seus temas czaristas; a imprensa de direita a rejeita por motivos rigorosamente inversos.

A dificuldade para Tsvetaeva em ser aceita e reconhecida não é fortuita: é a de um criador que só escuta a voz da sua própria consciência ou apenas de seu "demônio", que não leva em conta de modo algum a demanda dos leitores e pressões do meio literário, que se recusa a qualquer compromisso. O absoluto perseguido através da poesia ela o pratica também em suas relações com os leitores: são eles que devem segui-la, não o inverso. Desafio arriscado, em qualquer tempo e em qualquer lugar. Ela não pode culpar as circunstâncias: "Paris não tem nada a ver com isso, a emigração não tem nada a ver com isso — em Moscou e durante a Revolução era a mesma coisa. Ninguém precisa de *mim*; ninguém precisa do meu *fogo*, que não é feito para o banho-maria."[62] Tsvetaeva sabe cantar, mas não sabe participar da vida literária.

Seres absolutos

Os amores naufragam; o trabalho não permite se fazer ouvir. Resta uma terceira via, a seu ver superior às duas primeiras, a que consiste em valorizar acima de tudo o apego a alguns indivíduos em particular. Os seres que Tsvetaeva privilegia assim não são quaisquer uns: nem suas relações sociais, no entanto indispensáveis, nem mesmo os objetos de seus envolvimentos podem pretender ter esse papel.

As pessoas que ela estima mais que tudo são aquelas marcadas pela natureza com um caráter excepcional e que não têm a ver, portanto, com uma escolha afinal de contas arbitrária: seus filhos e o pai de seus filhos, Serguei — cujo lugar no seu universo está mais próximo dos filhos que dos amantes. Ele não é, a seu ver, um indivíduo dentre outros, charmoso e passível de falha; ele está *marcado*, de uma vez por todas, e ocupa um lugar ao qual nenhum outro pode aspirar. A ligação com ele não é um simples casamento, tem a ver com o milagre e toca o sagrado. No momento mais forte de sua paixão pela poeta Sonia Parnok, em 1915, Tsvetaeva faz saber à irmã de seu marido: "Serioja, eu o amo por toda a vida, ele tem comigo um parentesco de sangue, nunca, por nada ao mundo, jamais o deixarei." Ela escreve a ele em 1921, dez anos após o encontro de ambos e quatro anos após a separação provocada pela Revolução: "Serioja, se eu morrer amanhã ou viver até os 70 anos — é indiferente — eu sei, como outrora já o sabia desde o primeiro minuto. — Para sempre. — Mais ninguém."[63] Seus encontros com outros homens se situam num nível completamente diferente; o encontro com Serioja tem a ver doravante não mais com o amor, mas com a obrigação irrevogável. Do mesmo modo, em relação a Alia, a filha adorada: Tsvetaeva não se contenta em amá-la, ela *crê* nela. O apego que tem por esses seres refere-se ao absoluto, que impõe sua lei a todas as suas pulsões.

Entretanto, uma vez reunido o casal, a vida se torna difícil, e não apenas porque Serguei é incapaz de contribuir para o bem-estar da família. Para uma mulher como Tsvetaeva, que despreza a existência cotidiana, isso é um inconveniente, certamente, mas secundário. Ele também não é de grande auxílio para a casa, mas também quanto a isso ela não protesta, muito pelo contrário. "Um homem não pode fazer um trabalho de mulher, é muito feio (para a mulher)."[64] O que é muito mais grave é a evolução interior de Serguei. O jovem sensível e frágil de antes da Revolução, o combatente voluntário contra os bolcheviques sofre, uma vez na condição de emigrante, de uma crise de identidade. Ele não consegue se integrar à vida social; ele está sempre doente e é pouco dotado para a vida material; ao mesmo tempo, não pode se contentar em ser o marido de uma poeta de renome, mas que cai de amores constantemente por algum poeta estreante. Efron tem necessidade de construir para si uma identidade, e o faz inventando para si uma nova posição em relação à Rússia Soviética. Num primeiro momento, ele se distancia dos Brancos mais antissoviéticos e cultiva uma "terceira via" — pró-russa, mas não pró-soviética. Para isso, ele se aproxima do movimento eurasiano, grupo de pensadores e de escritores que insistem no ingrediente não europeu da identidade russa. Depois ele vai aos poucos deslizando na direção das posições soviéticas para, no fim, retomar o passaporte de seu antigo país: o Branco se tornou Vermelho. Ele só pensa em voltar à Rússia; esperando que isso lhe seja permitido, ele organiza em Paris uma oficina soviética, a União para o Repatriamento. O que não diz à sua mulher é que, desde 1931, ele foi recrutado como agente secreto da polícia política soviética.

Para Tsvetaeva, que vive acima da clivagem política entre Vermelhos e Brancos, o mais grave não é a mudança de orientação nas convicções de seu marido: para ela, sinceridade e fidelidade contam mais que o conteúdo dos ideais políticos; ora, ela não tem dúvida da retidão de Serguei. O que a perturba profundamente, em contrapartida, é o lugar mesmo que os engajamentos políticos — julgados fúteis por ela — ocupam na vida dele. Ela tem cada vez mais dificuldade de se comunicar com uma pessoa cuja razão de viver se situa exclusivamente no meio dessa realidade material da qual ela tenta se livrar fazendo disso um princípio supremo. Eis aí uma incompatibilidade metafísica. "Principal diferença: seu lado social e sociável e meu lado (lobo) solitário. Ele não pode viver sem jornais, e eu, eu não posso viver numa casa e num mundo onde o ator principal é o jornal. Estou totalmente fora dos acontecimentos, ele está aí totalmente mergulhado neles."[65]

Mesmo que Tsvetaeva continue a respeitar certos traços de Efron — seu desprendimento, sua honestidade —, ela não se entende mais com ele em nenhum aspecto: nem sobre o mundo exterior e os regimes políticos, nem sobre a educação dos filhos, nem sobre a organização do cotidiano. Ela se dá conta agora de que se comprometeu por toda a vida cedo demais, rápido demais — com a idade de 18 anos; e, uma vez que decidiu que esse comprometimento era irreversível, deve aceitar essa existência de discussões perpétuas, nas quais um faz o outro sofrer. Tsvetaeva permanece com Serguei por piedade — o que seria dele sem ela? —, e ele, com ela, provavelmente pela mesma razão. Eles estão ligados também pela própria duração da união, pelas lembranças da miséria partilhada por ambos, mas isso não basta para dar sentido à vida que eles têm em comum. Tsvetaeva expressa às vezes pesar em não ter partido — mas não consegue se decidir a fazê-lo.

Sua filha Alia, que ela teve com a idade de 20 anos, fez imediatamente parte do absoluto: Alia é "a metade de minha vida", um "milagre". Durante os primeiros anos de sua infância, Tsvetaeva enche passionalmente cadernos com as palavras de Alia, observações sobre ela. Nos terríveis anos seguintes à Revolução, todas duas vivem num singular estado de simbiose, Tsvetaeva a leva consigo por toda parte, e a filhinha de sete ou oito anos de idade fala como ela e escreve versos que são difíceis de distinguir dos de sua mãe. Então vem a emigração, na qual Alia a acompanha, e, em 1925, o nascimento de Mour. Tsvetaeva escreve no dia seguinte: "Se me acontecesse de morrer agora, [...] mais do que por qualquer coisa eu sofreria pelas crianças, portanto — no humano — sou mãe antes de tudo."[66]

No entanto, o tempo passa e as crianças mudam. Alia cresce, Tsvetaeva tem a tendência a lhe pedir ajuda na casa, pois não tem dinheiro para contratar uma empregada, e Serguei está sempre ausente ou ocupado em ler o jornal. Alia, portanto, praticamente não vai à escola e ajuda sua mãe a cuidar da casa, assim como de seu irmãozinho. Quando Alia atinge os 20 anos, a situação se torna insustentável. Ela censura sua mãe por condená-la eternamente a lavar a louça e a limpar a casa; as querelas tornam-se permanentes e ela acaba por tentar cometer o suicídio. Além disso, compartilha da saudade de seu pai pela União Soviética e trata com condescendência a tepidez política da mãe. A ruptura será brutal e definitiva: Alia deixa sua casa em 1935 e, dois anos depois, volta sozinha para Moscou.

Tsvetaeva fica em Paris com Mour (e Serguei). O amor que tem por seu filho não tem nada a ver com aquele que experimenta durante seus envolvimentos, lá onde o outro lhe serve de mediação para se aproximar de si mesma ou encontrar inspiração poética. De Mour, ela diz: "Vou amá-lo como quer que ele seja: não por sua beleza, não por seu talento, não por sua semelhança — porque ele *existe*."

A mãe, diz ela igualmente, faz mais do que amar seu filho, "ela — é ele". Mas, ao crescer, Mour também faz escolhas: ele opta, como sua irmã, pelo novo mundo soviético, tanto mais desejável por ser distante (isso não pode ser pior, pensa, que a miséria vivida no subúrbio parisiense), e, como seu pai, é apaixonado pelos jornais. Além disso, semelhante a tantos garotos, ama os jogos e os carros, a publicidade e as variedades. Tudo isso tem o dom de exasperar Tsvetaeva. "Ele tem duas paixões: *o estudo* e *a diversão*: minhas duas anti-paixões." "Os jornais sempre me repugnaram; Mour os *devora*." Tsvetaeva continua intensamente apegada a ele, mas sabe que essas condições de vida não durarão e que Mour irá partir por sua vez. Ora, ela não sente ter a alma de uma avó. E conclui: "Mour, uma vez grande (Alia já é crescida) — não me servirá mais para *essa* utilidade. Em 10 anos estarei absolutamente sozinha, no limiar da velhice. E terei tido — do início ao fim — uma vida de cachorro."[67] Tsvetaeva escreve essa frase em 1931.

Nessa espera, a vida de família, que deveria ser um porto seguro, um lugar de certezas se tornou um pequeno inferno. No entanto, Tsvetaeva não renega suas convicções: na ordem do humano, ela é acima de tudo mãe, e a maternidade permanece sua experiência mais marcante. "A única coisa que sobrevive ao amor é a Criança."[68] Simplesmente, é preciso se resignar com a ideia de que o amor que se tem pelos filhos, ao fim de algum tempo, deixa de ser recíproco, e que não se dá para receber. "É preciso dar tudo aos filhos sem esperar nada em troca — nem mesmo de que eles percebam nossa presença. Porque isso é necessário. Porque, de outra

maneira, é impossível — *para você.*" Ela adora evocar a balada francesa na qual a amante do rapaz lhe pede em troca do
amor o coração de sua mãe. Este o arranca, mas, ao correr
para a sua amada, tropeça e o coração cai. E ele lhe fala:

> *E eis que o coração lhe diz:*
> *Você se machucou, meu querido?*[69]

Eis no que dá a tentativa de Tsvetaeva de viver no exílio:
o amor dos homens se tornou impossível, a publicação é res-
trita a um grupo reduzido, a vida familiar está reduzida a seu
mínimo aceitável.

O retorno à URSS perturba pela última vez a relação de
Tsvetaeva com seus parentes mais próximos. Alia e Serguei
são presos apenas alguns meses depois que a família se
reúne. Tsvetaeva esquece suas reservas e se junta ao exército
de mães, esposas e irmãs que fazem fila nas portas das prisões para obter notícias de seus parentes ou para tentar fazer
chegar a eles embrulhos e dinheiro. Durante algum tempo
ela fica sem qualquer notícia, em seguida lhe são dadas
magras informações; uma visita está fora de cogitação. O pai
e a filha não estão na mesma prisão; as esperas são intermi-
náveis. Tsvetaeva escreve também uma longa carta a Béria,
ministro do Interior, na qual clama pela inocência de seu
marido: há 10 anos ele se dedica ao culto da União Soviética! Essa carta é um documento impressionante: mesmo
escrevendo ao chefe supremo da polícia com o fim de ajudar
seu marido prisioneiro, Tsvetaeva não consegue deixar de
manter seu estilo literário. Ao mesmo tempo, não simula

nada, não dissimula nada; sem recitar qualquer profissão de fé comunista, ela se esforça em escolher em sua biografia os fatos que lhe parecem propícios a dar uma boa impressão de si. Quanto a Serguei, "é um homem de uma pureza muito grande, que tem um espírito de sacrifício muito grande e sentido de responsabilidade".[70] A candura de Tsvetaeva tem algo de patético.

Alguns meses mais tarde, Tsvetaeva tenta preparar uma coletânea de poesias destinada a sair na Rússia. Na abertura dessa coletânea, ela põe um poema de 1920 dedicado a Efron, de modo que o livro por inteiro se apresenta como uma homenagem ao marido. Algumas estrofes permanecem inalteradas, mas a segunda é inteiramente reescrita; Tsvetaeva tenta condensar em quatro linhas o que sente por Efron: 30 anos de vida em comum, separações e reencontros, brigas e reconciliações. O caderno de rascunho contém 40 versões dessa estrofe. O antepenúltimo verso em particular cria problemas para Tsvetaeva: ela quer designar em poucas palavras um sentimento superlativo. Dentre as versões descartadas figuram: "Que não existe um segundo como você em todo o mundo", "Que você é Alá e eu sou seu Maomé", "Que sem você eu morro! Eu morro! Eu morro!" Eis a versão finalmente mantida:

> [...] e para que todos o lembrem:
> Você é amado! Amado! Amado! Amado! —
> Eu assinalava com o arco-íris.[71]

Tsvetaeva não é do gênero que esconde suas devoções, sobretudo quando o objeto delas está sob ameaça. Ela reata também com Alia: quando a filha parte para o campo de concentração, ela passa a lhe escrever regularmente e a lhe enviar embrulhos.

Tsvetaeva vive ainda envolvimentos passageiros, mas sem acreditar neles de verdade. Os antigos amigos desapareceram ou se mudaram; ela não encontra em si mesma a energia e o desejo necessários para fazer novos amigos. Ela escreve à sua filha, agora no campo de concentração: "Pensei recentemente que o apego é uma questão de duração: para se apegar, é preciso viver junto; ora, para isso eu não tenho mais tempo, nem vontade, nem força."[72] A vida interior continua, mas ela não encontra mais nenhum apoio no exterior. A coletânea de poemas que Tsvetaeva tinha preparado na esperança de vê-los publicados é descartada: eles são censurados por exprimirem um espírito hostil ao mundo soviético. Ela não escreve novas obras.

Vinte anos antes, Tsvetaeva se interrogava para saber se, um dia, poderia não ter mais vontade de escrever. A resposta era: sim. As consequências se encadeiam: "Já que pude deixar de escrever poemas, eu poderia um belo dia deixar de amar. Então eu morrerei... Eu vou acabar, certamente, me suicidando." Ora, nos últimos anos de sua vida na França, após a ruptura com Pasternak, após a partida de Serguei, algo se rompeu nela, e pela primeira vez ela não escreve mais. "Há para isso toda uma série de razões, a principal: para quê?" De volta à Rússia, reencontra esse sentimento ainda exacerbado: "Escrevi o que eu tinha a escrever.

É claro, eu ainda poderia, mas passo perfeitamente *sem*."[73] Como Wilde no fim de sua vida, ela perde o gosto pela criação. Se não há mais seres para amar nem leitores possíveis, para quem escrever, por que viver?

O que conta para ela, ainda mais do que as obras e os amores, são, como vimos, os seres aos quais está ligada pelo sangue. Ora, esses seres próximos, diferentes de todos os outros, não estão mais aí — não apenas porque, como em toda vida, ela pode se afastar deles, discutir com eles, perdê-los provisoriamente de vista, mas porque, dessa vez, eles foram devorados ou massacrados por esse monstro impessoal, o Estado comunista. Depois que Alia e Serguei foram presos, Tsvetaeva perdeu uma grande parte de sua razão para viver: ela não está certa de revê-los algum dia. Um ano após a prisão deles, ela escreve em seu caderno: "Ninguém vê — ninguém sabe — que há (cerca de) um ano procuro com os olhos — um gancho, mas não há nenhum, porque há eletricidade por toda parte. Nem um único 'lustre'... Há *um ano* tomo medidas — da morte. Tudo é feio — e terrível. Devorar — nojento, hostilidade — a saltar, *imemorial* repulsa *pela água*. [...] Não quero — *morrer*, eu quero — *não ser*." Mas ela se desdiz de imediato: "Bobagens. No momento estão precisando de mim..."[74]

"Estão precisando" quer dizer Mour. No entanto, como toda criança, ele cresce, e tem, portanto, cada vez menos necessidade dela. Tsvetaeva o pressente e isso lhe dá arrepios. No barco que os leva de volta para a Rússia, ela o vê sempre em companhia dos outros passageiros, desenvolto com eles, não se preocupando com sua mãe; ela se diz: é meu futuro. Cada ano que passa, essa inquietude aumenta; em janeiro de 1941, ela anota em seu caderno: "O que me resta afora o medo que sinto por *Mour* (saúde, futuro, os 16 anos que se aproximam, com passaporte e responsabilidade?)."[75] Mas, sobretudo, com sua independência, a necessidade que tem não de sua mãe, mas da liberdade em relação a sua mãe?

O golpe de misericórdia é dado por outro ditador totalitário, Hitler, que invade a União Soviética em 22 de junho de 1941. Tsvetaeva é obrigada a deixar Moscou com seu filho; o vilarejo tártaro de Elabuga, onde tenta se instalar, não lhe oferece nenhuma perspectiva, nem de trabalho nem de trocas humanas. A partir daí, sua decisão de morrer está tomada. Em suas três cartas de adeus não se trata nem de escrita nem de amor, mas o pensamento em torno de Mour é onipresente. Uma das cartas é endereçada a um escritor que conhece e a quem pede que se ocupe do seu filho como se fosse dele. A segunda, destinada às testemunhas de seu falecimento, lhes pede em súplica para que acompanhem seu filho até a casa desse escritor, e então acrescenta: "Eu quero que Mour viva e estude. *Comigo ele estava perdido*", como se ela fosse doravante um obstáculo e não mais um auxílio ao seu desenvolvimento — ele, esse ser a quem ela ama por ele, não por ela. Enfim, a terceira carta se endereça ao próprio Mour. Tsvetaeva repete o amor que sente pelos membros da família, Serguei, Alia — aos quais ela amou até o último minuto — e ele próprio ("amo você loucamente"); aí tenta explicar: "Isso teria ido de mal a pior." Mour deve deixá-la; ela só pode lhe mostrar mais o seu amor sacrificando-se. É tudo isso que ela chama de estar "num impasse".[76]

O flautista

Em 1926, ano do nascimento de seu filho, Tsvetaeva havia escrito um longo poema, uma "sátira lírica", *O encantador de ratos*, interpretação pessoal da célebre história do flautista de Hamelin. Fiel às versões anteriores bem conhecidas, o poema encadeava os principais episódios: invasão da cidade por ratos, sua eliminação graças ao flautista, a recusa de lhe conceder a recompensa (a mão da filha do burgomestre), a vingança do flautista, que leva consigo todas as crianças de Hamelin. Mas Tsvetaeva dá à lenda uma interpretação satírica e alegórica que faz de seu poema um espécie de predecessor de *A fazenda dos animais*, de Orwell. Os habitantes da cidade, conduzidos pelo burgomestre e seus conselheiros, encarnam o triunfo do *byt*, a existência cotidiana execrada por Tsvetaeva: são filisteus saciados que se chafurdam em sua mediocridade. Os ratos são invasores dinâmicos, revolucionários, resumindo (o que é sugerido, mas não escrito por Tsvetaeva), os bolcheviques. Porém, uma vez que tomam o poder na cidade de Hamelin, os ratos, por sua vez, se aburguesam: eles se tornam tão saciados e corrompidos quanto os habitantes precedentes, deixando-se atrair apenas pelos prazeres ligados à sua situação. O flautista, e ainda mais sua própria flauta, que no poema se vê possuidora de bastante autonomia, encarnam os valores opostos à existência cotidiana: o ser, e o que faz viver, a música, a poesia.

Esse esquema romântico da superioridade da arte sobre a vida é, porém, perturbado pela ambiguidade do último gesto do flautista: claro que libertar a cidade de seus ratos é uma ação louvável, mas o que dizer do sequestro das crianças? Os adultos talvez tenham recebido a punição que mereciam, mas por que as crianças devem pagar pelos malfeitos deles e serem condenadas a desaparecer nas águas do lago, enquanto eles acreditavam estar no paraíso? Ou deve-se pensar que o sonho e o mundo maravilhoso ao qual acedem as crianças talvez sejam preferíveis a uma existência forçosamente decepcionante? A potência da arte e da poesia é imensa, parece sugerir Tsvetaeva, mas ela nem sempre é benévola: de sua ação pode sair tanto o bem quanto o mal.

Tsvetaeva escreveu esse longo poema sem suspeitar, certamente, que seu próprio destino ilustraria uma nova versão da história e que ela própria seria uma das personagens principais. O flautista de Hamelin é a força que tira as crianças de seus pais. Esse flautista assume na existência de Tsvetaeva três disfarces. O primeiro é o da própria Vida: as crianças crescem e o amor entre pais e filhos deixa de ser recíproco. Os pais podiam ter ou não crianças; as crianças não podem não ter pais, portanto, não lhes devem nada. Os filhos necessitam dos pais enquanto são pequenos; quando crescidos, eles precisam que os pais se afastem para deixá-los viver por si sós. Enquanto é criança, Alia vive apenas para sua mãe; uma vez adulta, faz de tudo para se afastar dela. Mour seguiu o mesmo caminho.

O segundo disfarce do flautista se chama a Utopia, que se propaga pela Europa nos anos que se seguem à Primeira Guerra Mundial. Não são a poesia e a arte que seduzem as crianças dos povos europeus, são as promessas de estabelecer um paraíso terrestre, formuladas por dois ditadores bigodudos, Stalin e Hitler. Milhões de jovens se deixarão enfeitiçar pela música desses novos encantadores de ratos: na Alemanha, pelos apelos do chefe nazista, no restante da Europa pelas promessas comunistas. Hitler e Stalin se tornaram artistas munidos de um poder com o qual poetas e músicos não podiam nem mesmo sonhar, pois esses encantadores construíram suas obras não mais com palavras e sons, mas com a ajuda de indivíduos e sociedades: são os criadores de "homens novos" e de "novos povos". Tsvetaeva vive essa tragédia em sua carne: são seus próprios filhos que se deixam arrastar pelos cantos sedutores da propaganda soviética. Como ocorre na história, porém, as promessas se revelam ilusórias: as crianças pensam estar indo para o paraíso, mas na verdade estão sendo engolidas pelas águas do lago.

A derradeira encarnação do flautista será a História. Os filhos de Tsvetaeva se tornam estranhos a ela; pelo menos vivem em liberdade. Esse último consolo lhe será roubado. Serguei, a quem ela ama como uma criança crescida, desaparece na carceragem soviética. Alia é tragada por um campo de concentração situado para além do círculo polar, de onde tem poucas chances de retornar. Resta Mour — mas a guerra começa e vai durar, enquanto a criança cresce e terá de ir combater, e quais são suas chances de sobreviver? Tsvetaeva tem razão de temer: Mour morre no *front*, em julho de

1944, com a idade de 19 anos. E não foi sozinho: 25 milhões de soviéticos morreram nessa guerra.

A história de Tsvetaeva apresenta uma inovação ainda maior relativa à do encantador de ratos: as crianças não se contentam em se encaminhar para sua própria ruína, eles levam consigo suas mães. Na França, sua vida era dura; na URSS, se torna impossível. Ora, Tsvetaeva retornou à Rússia por causa de seus filhos. Inicialmente, Alia, inabalável e entusiasta, abraçando a nova fé, se alista nos batalhões do encantador de ratos e retorna ao paraíso de seus sonhos, a União Soviética. Em seguida, Serguei, cujos atos de agente secreto exigem que fuja da França. Por fim Mour, que ficou sozinho com sua mãe, certo de ter uma visão de mundo mais realista do que a da artista, sempre com a cabeça nas nuvens: ele também trepida de impaciência para ir à terra prometida e, do alto de seus 14 anos, impõe o retorno final. É Alia que inicia o movimento, e é ela também que o encerra. De volta do Gulag depois de 16 anos, dedica o restante de sua vida à edição dos poemas de sua mãe, e portanto à sua ressurreição como autora: porém, ela exerce com isso sua última violência, já que faz questão de apresentar sua mãe como uma poeta de acordo com as normas soviéticas, das quais apenas um mal-entendido lamentável a teria afastado.

Morte e ressurreição

Os seres humanos sempre foram levados a introduzir o sagrado em sua vida profana, a postular a existência de uma entidade que os transcende. Na ocasião e no local em que vive Tsvetaeva, as maneiras de se aproximar do absoluto são transformadas e multiplicadas. Depois de ter por muito tempo procurado o céu, os homens quiseram fazer com que o ideal descesse para a Terra: se é necessário se sacrificar, que não seja mais por Deus ou o rei de direito divino, mas pelos corpos coletivos, porém puramente humanos, que são a pátria ou o povo, a classe ou a raça. Grande número desses contemporâneos encontrou esse ideal transcendente na Revolução, crendo que seria possível transformar a ordem social para proporcionar a felicidade à humanidade. Conhecemos o resultado: os desastres provocados, na Europa e no mundo, pelo nacionalismo e o totalitarismo.

Desde sua adolescência, Tsvetaeva esteve fascinada pela existência do absoluto e escolheu permanecer perto dele; para tanto, não compartilha de nenhuma das ilusões de seus contemporâneos. Outra via se abre então diante dela. Alguns seres de exceção — eleitos que receberam o dom do verbo — encontraram o absoluto na criação poética. Tsvetaeva admira Rilke e Pasternak, ela própria participa desse movimento, mas sabe que, em sua escala de valores, os seres se situam acima das obras. Ao refletir sobre isso, conclui que não se pode chegar perto do absoluto dessa maneira: "O poeta sofre um fiasco inapelavelmente a cada vez que tenta outra via de realização. Familiar, familiarizado (por si mesmo) com o absoluto, o poeta exige desse caminho o que esse caminho não pode dar."[77] Se fosse razoável, Tsvetaeva devia se ater ao conforto da solução estética. Porém, ela não pode se impedir, mais uma vez, de formular essa exigência para seus próximos; e é neles que pensa no limiar de sua morte. Tsvetaeva se recusa a opor sua arte e sua vida, a aplicar critérios diferentes para as obras e os seres. Diferentemente de Wilde, ela não pode sacrificar a escrita por uma relação amorosa; diversamente de Rilke, ela não pode cessar de amar. Ela aspira à mesma intensidade em ambos os casos. Se há hierarquia, ela favorece os seres; simplesmente, a medida do absoluto que procura em tudo lhe é dada pela poesia. A vida se torna mais bela uma vez transfigurada pela arte, mas Tsvetaeva daria todos os livros do mundo para poder, como diz, "viver no fogo".

Nisso, ela se junta às exigências do humanismo contemporâneo, que nos fazem preferir os seres às obras e os indivíduos às abstrações, o que proíbe, portanto, matar os homens em nome da salvação da humanidade. Tsvetaeva adere pessoalmente a esse ideal. Mas seu sagrado manteve um traço do precedente. Ao abolir essas fronteiras entre arte e existência, ela mantém outra barreira intransponível, aquela entre viver em êxtase em contato com anjos e assumir os deveres cotidianos de mãe e esposa imersa na matéria: preparar a comida, lavar, limpar. Os momentos em que ela pode sentir a "unidade entre céu e terra", como no início da relação com Rodzevitch, são excepcionais. Mesmo sabendo que os seres humanos assim alçados ao status de absoluto são falíveis, e que foi apenas seu próprio gesto que os distinguiu de todos os outros, ela fez deles mestres tão impiedosos quanto os deuses antigos. "Cada um é absoluto e exige o absoluto."[78] Capaz de transformar o relativo em absoluto — assim oferecendo a todos um exemplo a ser seguido —, ela se esquece tão logo dessa origem do sagrado e se submete docilmente a ele, como se lhe tivesse sido imposto de fora. Ela não consegue assumir o paradoxo da existência humana separada de Deus, que necessita de transcendência, enquanto o mundo só lhe oferece satisfações relativas e parciais; que quer atingir o infinito, enquanto os seres humanos e as relações que se estabelecem entre si são tragicamente limitadas e perecíveis. Ou então ela se vê obrigada a substituir os seres que a cercam por puras ficções, para que eles possam servir de ponto de partida para alçar seu voo; ou ainda, ela sacraliza suas relações com as pessoas mais próximas, seu marido ou seus filhos, a ponto de recusar-se a levar em conta as transformações por que eles passam. Ela faz como se os indivíduos em torno dela pudessem ser encarnações puras do absoluto; ao se dar conta de que não o são, ela se vê acuada ao desespero.

Diante da tragédia de Tsvetaeva, deveríamos concluir que o absoluto não tenha lugar em meio às relações humanas? Não, sem dúvida, não, mas que não seja separado do relativo por um abismo, já que ele provém desse relativo e que apenas uma decisão voluntária o extraiu dele. "Deve-se dar às crianças tudo sem esperar nada em troca", dizia Tsvetaeva: o amor absoluto que lhes dedicamos não será negado por momentos de separação e desacordo; esses momentos são mesmo inevitáveis, uma vez que as crianças deixam de ser crianças. O juramento de lealdade feito por Tsvetaeva com a idade de 18 anos só é absoluto porque ela assim o decidiu — "o que quer que aconteça", ela escreve em sua carta a Beria.[79] Mas e se a pessoa não for mais a mesma? O agente da NKVD

Serguei Efron de 1937 deve provocar as mesmas reações que o adolescente frágil de 1911? Não se trata apenas de Tsvetaeva exigir o absoluto das relações humanas, ela isola essa construção ideal dos seres reais, assim como fazia no decorrer de seus envolvimentos com outros homens e mulheres. Não é o desejo de céu que coloca um problema, é a ausência de caminho entre o céu e a terra.

Não se pode escolher os pais nem o contexto em que se vem ao mundo: Tsvetaeva deve a uns e a outro sua paixão pelo ideal. Não se consegue facilmente desviar o caminho da história: é essa história que dá a Tsvetaeva a revolução, a destruição, a fome, a emigração, a indiferença de seus compatriotas emigrantes e dos homens de letras franceses pela sua obra. Mas se pode ser responsável pela forma assumida por nossas relações com os outros. Ora, Tsvetaeva tem dificuldades em aceitar a imperfeição inscrita na condição humana e a combate — sem sucesso — seja inventando seres imaginários em lugar dos seres reais, seja devotando a algumas pessoas um culto que se aproxima do sacrifício. Os outros não podem ajudá-la, pois ela os condenou à impotência. É como se ela estivesse aprisionada nessa alternativa draconiana: ou o êxtase ou a morte (dois absolutos, é verdade). O que ela não poderá conhecer são as passagens entre o cotidiano e o sublime; é por isso que, quando seus próximos lhes são levados, ela se vê num impasse.

Impasse existencial não significa fracasso poético. O absoluto vive numa obra escrita e assegura hoje a imortalidade a sua autora — o que, de resto, Tsvetaeva sabia com certeza. É permitido pensar que, como Wilde e Rilke, a parte de maior êxito de sua obra seja aquela que, desde o princípio, não era destinada a fazer parte dela: suas cartas. Ela própria dizia, numa carta a Pasternak: "Meu meio de comunicação preferido vem do além: o sonho, ver em sonho. Em segundo vem a correspondência. A carta, como meio de comunicação 'do além', é menos perfeita do que o sonho, mas suas leis são as mesmas."[80] Mensagens de amor, de confiança ou desconfiança, suas cartas são com frequência tão trabalhadas quanto seus poemas, mas contêm mais, graças à presença de um interlocutor, uma imagem ainda mais viva de seu autor; é aí que o "viver-escrever" ou "escrever — é viver" se realiza mais plenamente. É aí também que Tsvetaeva consegue, como se fosse de forma inconsciente, não a comunicação "para o além", mas a interpenetração entre sublime e cotidiano, ser e existir, céu e terra.

A morte de Tsvetaeva elevou-a acima da Terra — e ela continua ali. Em 1913, pensando em sua morte, ela escreveu num poema:

> [...] *Não sou eu que será colocada sob a terra,*
> *Não, não sou eu.*[81]

Ela tinha toda a razão: apenas seus despojos mortais repousam no cemitério de Elabuga; o poeta não conhece a morte. Ou ainda: a morte não o impede de continuar a doar; simplesmente, ele não pode mais receber. Jesus também não crê em sua morte definitiva: "Pois no lugar em que dois ou três se reúnam em meu nome, estou no meio deles." Tsvetaeva consagra a esse tema seu último e derradeiro poema;[82] a mensagem do poeta vem aqui em lugar da do profeta. Esse poema tem uma história: em março de 1941, Tsvetaeva encontra um jovem poeta, Arseni Tarkovski; ela se interessa por ele, um movimento de sedução se esboça. Tarkovski escreveu um poema cujo primeiro verso diz: "A mesa, coloquei-a para seis." Esses seis são o próprio poeta e seus próximos, parentes, irmãos, mulher. Mas é aqui que inicia a iluminação de Tsvetaeva. No lugar em que seis se reúnem — não em seu nome, mas no de sua humanidade comum —, a poesia também estará presente; ora, ela é uma encarnação dessa humanidade. "Como você não compreende", interpela seu colega,

Que seis...
São sete — pois estou presente no mundo!

É nisso que o destino de Tsvetaeva é diferente daquele dos outros humanos; e, porém, esse destino indica um caminho que todos podem seguir. Sua imensa pretensão é ao mesmo tempo um gesto de humildade.

E — nada de tumba! Nem de ruptura!
Erguidos — os destinos, a festa — recomeçada.
Assim como a morte no almoço de núpcias
Eu a vida assisto a esse jantar.

E estamos todos convidados.

VIVER COM O ABSOLUTO

Evoquei nestas páginas o destino de três indivíduos que queriam viver com um absoluto escolhido por eles próprios, em vez de se contentarem com aquele proposto pela tradição ou pela sociedade contemporânea. Wilde, Rilke e Tsvetaeva deram a esse projeto geral interpretações diferentes; no entanto, seus percursos se unem em suas consequências, percebidas por seus próprios protagonistas como trágica: a decadência física e psíquica de Wilde, a longa e dolorosa depressão de Rilke, o impasse político e pessoal que conduziu Tsvetaeva ao suicídio. Não foi somente Wilde, mas todos três que conheceram uma sorte semelhante à do fauno Mársias. Como esse personagem mítico, eles acreditaram chegar ao absoluto pela força de sua arte; como ele, eles quiseram desafiar os deuses e organizar eles próprios sua existência, conformando-a a seu próprio ideal. Assim como Mársias, eles foram derrotados pelos deuses, indiferentes, que governavam a vida dos homens, e seu canto se interrompeu.

Se hoje nos interrogamos sobre as razões desses infortúnios, não é evidentemente para endereçar a esses três grandes artistas uma espécie de reprovação ou de conselho póstumo sobre de que maneira eles deveriam ter conduzido sua existência. Tanto uma vida, antes de ser vivida, é indeterminada, sejam quais forem os encargos da herança, da cultura e da sociedade na qual se nasce, quanto, uma vez começada, essa vida tende a se tornar cada vez mais necessária, dando a impressão, quando terminada, de que seu desenrolar era inelutável. É difícil imaginar Wilde aceitando esconder sua homossexualidade e levando uma dupla vida burguesa, Rilke superando sua melancolia e se ocupando gentilmente da educação de sua filha, Tsvetaeva triunfante, amada e festejada em Paris como em Moscou. Se eles o fizessem, teriam se tornado outros, e não haveriam escrito os textos pelos quais os amamos e nos inclinamos sobre a sua existência. Mas essas vidas, com seus projetos, voos e reveses, se tornaram elas mesmas partes do mundo carregadas de sentido. Nós, cujas existências não são ainda terminadas nem, portanto, determinadas, temos algo a aprender com essas vidas.

O caráter trágico destes destinos merece ser examinado atentamente. Provavelmente ninguém ou quase ninguém, hoje, nem entre os criadores, nem entre seus leitores, arriscaria da mesma maneira sua existência inteira em nome de um projeto; no entanto, a intensidade do envolvimento destes autores, que lembra aquela dos antigos mártires da fé, não pode nos deixar indiferentes. Wilde, Rilke e Tsvetaeva podem ajudar cada um de nós em sua aspiração à plenitude e em sua relação com o absoluto, com a condição de que identifiquemos também os obstáculos semeados pelo caminho e

VIVER COM O ABSOLUTO

que aprendamos a amarga lição por eles deixada. Suas errâncias não significam que toda aspiração ao absoluto esteja destinada ao revés, longe disso.

É necessário primeiro considerar o contexto histórico e geográfico em que viveram esses artistas. Esse contexto exerce uma ação relativamente fraca sobre o destino de Rilke, que escolheu manter-se retraído em relação aos acontecimentos de seu século. Só imperfeitamente ele afeta o poeta, durante a Primeira Guerra Mundial, que torna impossíveis seus deslocamentos constantes de um país a outro e provoca mesmo por um tempo sua mobilização no exército austro-húngaro, mas, no restante do tempo, graças particularmente aos favores de que gozava junto a alguns ricos mecenas, sua existência não dependeu das circunstâncias exteriores. O mesmo não vale para Wilde e Tsvetaeva. Se tivesse vivido na França, Wilde não poderia ter sido perseguido e preso por suas tendências homossexuais. Quanto a Tsvetaeva, seu destino trágico é inconcebível sem a Revolução bolchevique: é ela que instaura em seu país um regime no qual Tsvetaeva não pode encontrar nem independência econômica nem benevolência pública, é a Revolução que a constrange a emigrar e a condena à miséria; é ela, enfim, que leva seu marido à perdição e provoca o desastre final — auxiliada nisso, é verdade, pela invasão alemã da URSS. As circunstâncias, portanto, contam e muito nestas duas últimas situações, mas mesmo nesses casos, elas não são decisivas. Seja qual for a pressão dos acontecimentos, escolhas diferentes permanecem possíveis. Nem todos os homossexuais sofreram as mesmas perseguições na Inglaterra vitoriana; nem todos os destinos de emigrantes russos são tão catastróficos quanto o de Tsvetaeva.

A tradição dualista

Não se pode deixar de pensar que uma razão não menos importante do que as dificuldades que nossos três aventureiros conheceram reside, não nas circunstâncias históricas nem nas determinações biológicas ou sociais a que eles foram submetidos, tampouco em seu projeto de vida global, mas em certas escolhas particulares que eles mesmos efetuaram, baseados em suas representações do mundo humano e de sua própria pessoa. Todos três sofrem por não poderem estabelecer uma continuidade entre entidades que, no entanto, não existem isoladamente: si mesmo e outrem, para Wilde, criação e existência, para Rilke, ser e existir, sublime e cotidiano, para Tsvetaeva. Essa ruptura não os impede de produzir textos de uma qualidade excepcional, graças aos quais nós, seus leitores de hoje, somos capazes de nos aproximar de um estado de plenitude e entrar em contato, mesmo que fugidio, com o absoluto. Apesar disso, essa descontinuidade leva suas existências ao impasse. Dito de outra forma, esses indivíduos são vítimas de concepções românticas de que eles, uns mais, outros menos, partilham; daí decorrem as escolhas particulares que eles operam.

Wilde, Rilke e Tsvetaeva escolheram livremente seu projeto de vida; isso não quer dizer que eles o tenham inventado do nada, nem que essa escolha seja arbitrária. Pelo contrário,

VIVER COM O ABSOLUTO

ela se inscreve numa longa tradição, que tampouco se cons-
tituiu ao acaso. É a própria condição humana que possui em
seu íntimo uma dificuldade que os homens tentam superar.
Os meios de fazê-lo não existem em número ilimitado; por
isso, encontramos reações aparentadas em momentos distantes na história e em partes do globo que não se comuni-
caram entre si. A dificuldade está em que os seres humanos
ao mesmo tempo dispõem de uma existência finita e são
dotados de uma consciência aberta ao infinito. Eles podem
tudo englobar, analisar o Universo inteiro e a eternidade, e ao
mesmo tempo sabem que são somente uma partícula minús-
cula e dispersa de poeira deste Universo, ocupando aí somente uma ínfima fração do seu desenrolar temporal. Eles não
podem deixar de constatar o contraste entre a felicidade ima-
ginada por seu espírito e a mediocridade de um grande número de suas experiências. Em reação a essa descontinuidade
própria à espécie humana, uma das escolhas possíveis consiste em afirmar que dois mundos inteiramente separados co-
existem, um finito e ruim, aqui embaixo, o outro perfeito e
infinito, em outro lugar, no alto, no céu. A passagem de um
ao outro é proibida aos mortais comuns, mas alguns raros
eleitos, com a condição de que adotem a atitude apropriada,
podem consegui-lo.

Essa maneira de superar a tensão inerente à condição
humana recebe um primeiro formidável impulso com o
advento das religiões monoteístas. Com efeito, estas não se
contentam em diminuir o número de divindades, mas transformam a própria natureza da relação entre o divino e o terrestre. O infinito e o ilimitado, que as visões do mundo pagãs

situavam na origem do Universo e que identificavam com um caos que os homens eram incumbidos de domar e ordenar, conferindo-lhe forma, se tornam, na perspectiva monoteísta, o emblema de um ideal inacessível. Como observa François Flahault, "as antigas cosmogonias consideravam o infinito como uma deformidade — pior, como uma indiferenciação destruidora, uma impossibilidade de ser. O monoteísmo operou uma inversão de valor: o infinito se tornava a perfeição do Ser".[1] Nas tradições pagãs, o caos se encontra na origem; a intervenção dos deuses permite que nele se introduzam, progressivamente, limitações, regras, proibições: uma ordem. Para as religiões monoteístas, uma ruptura se instala entre o deus infinito e o mundo finito, entre a perfeição absoluta lá em cima e a mediocridade aqui embaixo. Deus não é mais o agente de uma civilização progressiva, ele se tornou o nome de um ideal inacessível ao nível do qual o mundo não poderá jamais se elevar.

Nos primeiros séculos de nossa era, em reação à influência crescente do cristianismo, desenvolvem-se novas doutrinas religiosas que reforçam e determinam a natureza desta ruptura. Com efeito, o cristianismo afirma que Cristo é deus e homem ao mesmo tempo, e constitui, portanto, um elo entre céu e terra; por contraste, as novas doutrinas negam a natureza divina deste profeta e consolidam a separação entre céu e terra. O termo genérico que empregamos hoje para designá-los é o de *gnosticismo*, que se refere mais especificamente a um movimento surgido no século II; sua variante mais bem acabada e mais influente é o *maniqueísmo*, o qual se difunde no século III. O sentido atual destes dois termos é

VIVER COM O ABSOLUTO

complementar: "maniqueísmo" designa, antes de qualquer coisa, uma descrição do mundo, o diagnóstico formulado sobre nosso estado; a "gnose" é, antes, o remédio proposto para curar esse estado, a via que permite superar nossa insuficiência.

Gnósticos e maniqueístas afirmam, então, a dupla natureza do Universo, mundo terrestre desolador e reino celestial. Aqui embaixo, uma vida tão imperfeita que não pode ser obra de Deus, uma vida sujeita aos constrangimentos materiais, mergulhada nas trevas, limitada pelas rédeas curtas da mortalidade, condenada ao comércio sexual e à geração, à servidão do corpo e do tempo. É um mundo tão fundamentalmente mau que os homens vivem sua presença aqui como uma punição e uma injustiça. O desgosto e o desdém que experimentam pelo mundo sensível se prolonga em desejo de evasão para o Além, onde se dá a perfeição suprema, onde reina a boa luz, o puro espírito. Se o reino de lá de cima procede de Deus, o mundo daqui debaixo deve ser obra de um príncipe das Trevas, aquele que se chamará também de diabo; o homem não se encontra aqui senão por acidente. Diante de uma oposição tão nítida, como não tentar sair de um desses lugares para se concentrar no outro?

Tal travessia não é, todavia, aceita por todos. Essa doutrina implica uma divisão em dois não só do Universo, mas também da humanidade. De um lado, a grande maioria, os homens comuns, os que permanecerão por todo o sempre cegos à verdadeira luz. Do outro, alguns poucos, os eleitos capazes de se elevarem acima do rebanho e de ultrapassarem a insuportável mistura de matéria e de espírito em direção à pureza espiritual. Sua salvação, que demanda a prática da gnose, ou conhecimento sobrenatural, restabelecerá uma ruptura completa entre substâncias perversamente misturadas na vida terrestre.

Gnósticos e maniqueístas se opõem aos cristãos, mas, ao mesmo tempo, tomam-lhes emprestado seu vocabulário. Crer em Jesus, ensinava São Paulo, consiste em rejeitar o "velho homem" que jaz em cada um e se deixa levar inteiramente por seus desejos imediatos, e tornar-se um "homem novo, que foi criado segundo Deus em uma justiça e uma piedade verdadeiras".[2] Retomada pela gnose, essa oposição se prolonga em dois mundos que não se comunicam entre si, em duas raças de homens, os eleitos e os condenados, em dois princípios em cada um de nós, divino e animal, espírito e corpo. Por sua vez, o cristianismo, que combaterá e eliminará o que julga serem heresias, gnósticas ou maniqueístas, se deixará influenciar de dentro por elas; alguns de seus porta-vozes retomarão, por sua conta, mesmo que com outro vocabulário, as teorias dualistas de seus adversários. Estes últimos atingirão a cultura europeia por múltiplos canais e particularmente por meio de seitas como a dos bogomilos e a dos cátaros, que contribuirão para forjar a concepção do amor cortês, a qual, por sua vez, marcará profundamente todas as representações do que Denis de Rougemont chamou "o amor no Ocidente", concepção da qual se viu que Rilke era um adepto tardio.

Armadilhas do esteticismo

O primeiro perigo que espreita a relação com o absoluto é, portanto, o maniqueísmo, sob todas as suas formas. Esse não é, no entanto, o único; poderíamos chamar *esteticismo* a segunda ameaça que pesa sobre os aventureiros intrépidos. Chama-se assim a doutrina que professa que as exigências da beleza devem ditar inteiramente nossas regras de vida; vimos que Wilde queria por vezes retomá-la por sua própria conta, mas Rilke e Tsvetaeva também não lhe são inteiramente estranhos. Por que falha essa doutrina? Porque se recusa a admitir que a existência humana é múltipla: a beleza participa do absoluto, mas este não se esgota nela, e pode-se viver a plenitude do instante sem reduzi-la a uma experiência estética. Não se deve, à maneira de Wilde, conceber o desabrochar do indivíduo suprimindo de antemão sua necessidade de reconhecimento e de amor. "Não podemos ser um sem o outro", observa Feuerbach em sua interrogação sobre o absoluto terrestre; "só a comunidade exprime a humanidade".[3] Não se deve tampouco mutilar a pessoa postulando que sua atração pela verdade e pelo bem não poderia lhe ser própria, mas que lhe é sempre imposta de fora. O próprio Wilde era um observador mais justo quando descrevia a estética como bem mais um enriquecimento da ética do que como sua substituta; nem por isso a beleza não se torna menos desejável. Quando as considerações estéticas começam a eliminar a lei, ou o bem, ou o amor, entra-se no esteticismo dogmático.

Em 1848, num dos primeiros manifestos do esteticismo, Ernest Renan formulava assim sua crença: "'Seja belo, e faça então em cada instante o que inspirar o seu coração', eis toda a moral. Todas as outras regras são incorretas e mentirosas em sua forma absoluta."[4] A ausência de qualquer rigor suplementar deixa supor que Renan tem em vista uma beleza livre de outras considerações: a estética não deixou aqui espaço algum para a ética. A esse esteticismo redutor e que poderíamos chamar de anti-humanista, na medida em que mutila o ser humano, se opõe a fórmula de Santo Agostinho, de quinze séculos antes, e que Renan provavelmente tem em mente quando enuncia sua própria máxima: "Ama, e faça o que quiser."[5] Sem dúvida, reduzir assim, a uma só, todas as exigências que podemos fazer às condutas humanas é ainda excessivo; no entanto, os efeitos desta injunção se arriscam a ser muito menos graves do que os do preceito de Renan.

George Orwell, o autor de *1984*, faz parte dos autores que, no meio do século XX, refletiram sobre o esteticismo anti-humanista. Ele se interroga primeiro sobre o preço que aceitaríamos pagar para ver nascer uma obra-prima. "Se Shakespeare voltasse amanhã à Terra e se fosse descoberto que sua diversão favorita era violar meninas em vagões de ferrovia, não se deveria dizer-lhe que continuasse agindo assim, sob pretexto de que ele poderia escrever um outro *Rei Lear*." Nós não reagiríamos assim, porque haveria aí a confusão de duas perspectivas, estética e ética (e até mesmo legal). Cada ato deve ser julgado em si mesmo, um não redime o outro. Não é verdade, como afirmava Baudelaire,

Que a beleza do corpo é sempre um dom sublime
Que perdoa a sorrir qualquer infâmia ou crime.[6]

VIVER COM O ABSOLUTO

A beleza caracteriza uma faceta (de resto provisória) do objeto ou do ser, não sua totalidade. "A primeira coisa que exigimos de um muro é que ele se sustente, escreve ainda Orwell. Se ele se sustenta, é um bom muro, e a questão do objetivo ao qual ele serve pode ser distinta desta. O melhor muro do mundo merece, no entanto, ser demolido se ele circunda um campo de concentração."[7] A função do muro é aqui uma outra parte essencial que não deixa esquecer sua aparência, mesmo sendo especialmente bela.

Durante os bombardeios de Berlim ao longo da Segunda Guerra Mundial, Albert Speer, arquiteto favorito de Hitler que se tornou seu ministro dos Armamentos, se deixa levar pelo prazer de apreciar a beleza do espetáculo, mesmo que essas bombas ponham em perigo o próprio Estado a que serve: "Era necessário constantemente se recordar da face atroz da realidade para não se deixar fascinar por aquela visão."[8] No momento da explosão do reator de Chernobil, os cientistas que moravam nas proximidades, apesar de bem situados para saber dos danos da radiação, não podiam deixar de se aproximar para observar: esse fogo é por demais cativante. Hesitamos a aprovar tal fascinação pelo belo: sabemos que ela dissimula, também neste último caso, "a face atroz da realidade". E são ainda mais fortes os motivos para termos dificuldade de admirar a pessoa que cultiva esse gozo estético sem se preocupar com os sofrimentos que ele imprime aos outros ao seu redor como preço de seu prazer. É por isso que condenamos Nero, que, segundo a anedota clássica, pôs fogo em Roma para admirar a beleza dos incêndios:

seu êxtase estético é pago com o sofrimento dos habitantes de Roma, mas a dor destes pesa mais do que a beleza daquele.

A aterrissagem do absoluto

As três vidas que acabei de contar ilustram, entre outras, as armadilhas às quais conduzem maniqueísmo e esteticismo. Essas doutrinas adquirem seus traços característicos no interior de um contexto histórico particular, o da Europa moderna. Se desejarmos compreendê-las melhor, devemos nos familiarizar também com as principais etapas desta história que me contentarei em esboçar em termos gerais.

Uma imensa mutação caracteriza a história da modernidade: é a passagem de um mundo estruturado pela religião a outro, organizado inteiramente em torno dos seres humanos e dos valores terrestres. Suas origens longínquas parecem residir talvez no ensinamento da doutrina cristã segundo a qual o reino de Cristo não está neste mundo, o que deixa espaço para um poder terrestre autônomo. Com o cristianismo se tornando uma religião de Estado, o princípio em questão é posto de lado; mas, mil anos mais tarde, no fim da Idade Média, os imperadores tentam se liberar da tutela dos papas e encontram aliados preciosos naqueles que aspiram reencontrar a pureza da doutrina cristã. No momento das guerras religiosas do século XVI, cresce a necessidade de dispor de um poder independente da escolha doutrinal: o rei é soberano. A realeza já encarna, à sua maneira, um absoluto terrestre, uma vez que, como instituição, ela se perpetua no tempo — ao mesmo tempo que é representada por seres humanos mortais. Por sua vez, o conhecimento do mundo se emancipa da tutela religiosa, a vida moral e particular passa a ser ordenada segundo seus próprios valores, a arte ensina a fazer o elogio do homem, e não mais exclusivamente de Deus.

Nesse processo de emancipação que dura por séculos e que os historiadores descreveram em detalhes, uma data na Europa marca uma ruptura mais nítida do que as outras: 1789. A Revolução Francesa, com efeito, não é dirigida somente contra o absolutismo da monarquia e os privilégios dos nobres. Trata-se de transferir o poder para as mãos do povo, certamente, mas também de modificar seu fundamento último, ou seja, justamente o absoluto: ele não deve mais permanecer como domínio reservado da religião. Colocar os Direitos Humanos no lugar da Bíblia não é só substituir um texto por outro, é também declarar ostensivamente a todos que o absoluto terrestre substituiu o absoluto celeste. É impressionante ver, neste verão de 1789, os membros da Assembleia Constituinte, no calor do momento, dedicarem seu tempo a estabelecer o último fundamento de sua conduta sob a forma de uma Declaração dos Direitos do Homem e do Cidadão (em 26 de agosto de 1789). Nessa declaração não se encontra qualquer referência a Deus ou à Igreja. O preâmbulo afirma a necessidade de recorrer aos "direitos naturais, inalienáveis e sagrados do homem", o sagrado tendo se tornado então puramente humano. Na medida em que buscam fundamentar suas exigências, os autores da declaração invocam a "utilidade comum" ou a "necessidade pública"; as condutas humanas são submetidas apenas às leis humanas, ora "a lei é a expressão da vontade geral".[9]

Por sua vez, essa "vontade geral" remete a uma entidade abstrata e coletiva, a Nação. Esta última recebe o bastão da monarquia, com a qual compartilha características: é uma entidade ao mesmo tempo puramente terrestre e, no entanto, transcende todos os indivíduos, tanto ao longo da História, já que existe há gerações, quanto no presente; a deserção de nenhum indivíduo pode atingi-la. Em *O que é o terceiro Estado?*,* brochura publicada no começo de 1789, o abade Emmanuel Joseph Sieyès havia preparado o terreno declarando que "a nação existe antes de tudo, ela é a origem de tudo. Sua vontade é sempre legal, ela é a própria lei".[10] A Declaração dos Direitos do Homem pode, então, emendar: "O princípio de toda soberania reside essencialmente na Nação." Esta se torna a encarnação principal do absoluto terrestre, seguida talvez pelo Povo, seu substituto mais concreto, ou ainda pelo Estado, sua tradução em termos institucionais. O sagrado se vê transferido de Deus para o Homem.

Pode-se dizer, no entanto, que a tentativa revolucionária de recuperar o absoluto sobre a terra e de sacralizar entidades coletivas puramente humanas não acarreta problemas? Os observadores, franceses ou estrangeiros, começam a suspeitar que sim, em particular a partir de 1792, quando se instala o Terror. A luta pela liberdade conduziu à supressão dessa liberdade: não é essa a prova de que o projeto estava,

---

* *Qu'est-ce que le tiers état?*, publicado em português sob o título *A Constituinte burguesa*. Rio de Janeiro: Lumen Juris, 1997. (N.T.)

VIVER COM O ABSOLUTO

desde a partida, mal colocado? Dois grandes tipos de reação vêm então à cena. O primeiro consiste em recusar o próprio objetivo da transformação, convocando a restauração da ordem anterior — e mesmo, segundo seus defensores mais radicais, à instauração de uma ordem teocrática (o que nem a monarquia francesa fora), na qual os valores religiosos determinariam diretamente as decisões políticas. O segundo tipo de reação é aquela dos liberais, cuja doutrina se completa e ganha em especificidade nesta época, com o contato dos acontecimentos revolucionários. Essa reação consiste, para começar, em aceitar a parte crítica do movimento de 1789, renunciando à ordem sagrada fundada na religião, mas, levando-se em conta a deriva que levou ao Terror, não se exige mais a sacralização da nação, do povo ou do Estado. Nem por isso os liberais se refugiam numa postura puramente negativa, tampouco renunciam a toda transcendência; eles querem simplesmente que essa transcendência dependa da liberdade do indivíduo.

Com isso, é introduzida uma distinção fadada a representar um papel capital na história do absoluto terrestre: aquela entre suas formas coletivas e suas formas individuais. De um lado, a salvação será atingida mediante uma transformação do Estado, e posteriormente através de uma regeneração da raça ou de uma libertação da classe operária oprimida. De outro lado, se abandonará o processo de melhoria da sociedade para se consagrar ao aperfeiçoamento do indivíduo e ao culto de um ideal pessoal.

Encontra-se uma das primeiras formulações desta plataforma liberal nos escritos de um de seus mais brilhantes porta-vozes na França, Benjamin Constant. Em seu manuscrito de 1806, intitulado *Princípios de política*, ele se interroga sobre o lugar da religião numa democracia moderna. Ela não deve mais, decerto, servir de fundamento a instituições políticas. Ela não deve tampouco ser substituída por uma religião civil, ainda mais opressora. Mas seria um erro ainda maior deduzir daí o desaparecimento do próprio sentimento religioso ou de subestimar sua importância. Para melhor compreender esse sentimento, Constant o situa no interior de um conjunto de atitudes humanas que não se podem explicar pela busca de um interesse imediato e graças aos quais o indivíduo se sente movido por uma força que lhe é superior, por uma atração em direção ao absoluto. Entre essas atitudes, ao lado dos sentimentos religiosos no sentido estrito, aparecem: o recolhimento diante da natureza; a admiração pelos atos virtuosos, de coragem ou generosidade, mesmo quando realizados num âmbito puramente profano; o amor pelo próximo; enfim, a admiração pela beleza, como, em particular, pela beleza que se pode descobrir numa obra de arte. "Há na contemplação do belo, em qualquer de suas configurações, alguma coisa que nos destaca de nós próprios, fazendo-nos sentir que a perfeição vale mais do que nós."[11] A experiência religiosa perdeu sua função social e se tornou uma experiência pessoal entre muitas outras, todas permitindo ao indivíduo entrar em contato com o absoluto; ela não serve mais para reunir e a fundamentar a ordem social, mas se acha inclusa e ordenada por ela. Constant amplia seus argumentos sobre esse assunto em seu grande trabalho *Da religião*, publicado a partir de 1824.

Uma educação estética

Constant não é o primeiro a atribuir tal lugar ao belo. Já não havia Platão afirmado "A vida para o homem vale ser vivida quando ele contempla o belo em si mesmo", ou ainda: "Tudo que é bom é, sem sombra de dúvida, belo"?[12] De resto, para sustentar sua tese sobre a admiração do belo, Constant se refere a um "homem de gênio" que lhe dera tal ideia. Trata-se de Goethe, a quem encontrara alguns anos antes, por ocasião de uma viagem à Alemanha em companhia de Germaine de Staël, e durante a qual eles havia encontrado assiduamente Goethe, Schiller e outros tantos a quem se convencionou chamar de "românticos alemães", tais como Schelling ou August Wilhelm Schlegel. A valorização da experiência estética é uma ideia compartilhada por todos os membros deste pequeno grupo. Neste sentido, o texto inicial é *Cartas sobre a educação estética do homem*, de Friedrich Schiller, redigido a partir de 1794 e publicado no ano seguinte.

Os escritos de Schiller se inscrevem no âmbito da reação liberal à Revolução Francesa; seu autor é amigo de Wilhelm von Humboldt, que publicou em 1792 um *Ensaio sobre os limites da ação do Estado*, inspirado no desenlace dos acontecimentos revolucionários na França — um dos textos fundadores do liberalismo moderno. Schiller partilha das reticências de seu amigo, temeroso com a sacralização do Estado; ao mesmo tempo, ele de maneira alguma aspira a uma restauração da ordem religiosa e até mesmo saúda a tentativa corajosa de os franceses criarem um Estado fundado mais sobre a razão do que sobre a fé. No entanto, a execução de Luís XVI, em janeiro de 1793, o leva a qualificar seus carrascos de "açougueiros abomináveis"; seis meses mais tarde, seu julgamento sobre os contornos tomados pela Revolução não dá margem a ambiguidades: ela mergulhou a França, a Europa e o século inteiro "na barbárie e na escravidão".[13] Mas Schiller não se atém somente a esse diagnóstico, ele propõe também um remédio. Se a Revolução perdeu o rumo, é porque os homens que a levaram a cabo e que com ela deveriam se beneficiar não possuíam as qualidades necessárias — eles não estavam maduros para a liberdade. Para Schiller, o absoluto não deve se encarnar nas instituições, mas permanecer atrelado à experiência dos indivíduos. É preciso, portanto, primeiramente proceder à educação desses homens, transformando-os em seres morais; essa educação será estética, tal é a tese do livro de Schiller.

O que significa aqui a exigência de "tornar o homem estético"? Schiller entende com isso que cada um deve transformar sua vida submetendo-a às exigências do belo. A beleza, acreditando em suas palavras, revela nossa humanidade, ela é "nosso segundo criador". A razão disso é que sua criação não está submetida a qualquer objetivo exterior, mas encontra seu fim em si mesma. Desse ponto de vista, ela está associada com o que Schiller denomina "instinto de jogo" e torna-se assim uma encarnação da liberdade humana. "É pela beleza que nos encaminhamos para a liberdade." É por isso que a educação estética tem um efeito imediato sobre o ser moral: essas duas perspectivas, moral e estética, se reencontram na transformação do indivíduo, com a autonomia do belo sendo ao mesmo tempo uma virtude ética. Ela tem, todavia, uma vantagem sobre a moral antiga, já que dispensa toda ordem imposta de fora e se apoia apenas no ser individual em si mesmo. Ora, a encarnação humana da beleza é a arte; daí resulta que é pela prática das artes que os homens poderão ser educados. "O instrumento buscado são as belas-artes."

Seria o caso de dizer que Schiller quer promover uma arte didática? De forma alguma. A arte educará a humanidade dando-lhe somente o exemplo de uma atividade livre que encontra sua finalidade em si mesma, em vez de se submeter a outra coisa senão a ela mesma. Ao mesmo tempo, a arte é o encontro do sensível e do inteligível, do material e do espiritual: assim, ela se torna "uma representação do infinito". Como Deus, a beleza designa o absoluto; no contato com as belas-artes, o homem poderá se aperfeiçoar. Mesmo mencionando "a mais difícil ainda arte de viver",[14] Schiller não considera uma educação que dispensaria práticas propriamente artísticas.

Sendo assim, não se trata de separar a arte do resto da atividade humana: o projeto de Schiller associa estreitamente o artístico e o político. O belo conduzirá ao verdadeiro e ao bem, e o contato habitual com a arte terá ensinado aos homens a liberdade como igualdade, porque todos são iguais diante da beleza, e podem participar dela nas mesmas condições. "Somente as relações fundadas sobre a beleza unem a sociedade, porque elas se relacionam àquilo que é comum a todos." A beleza não conhece privilégios sociais e nem de classe. "No Estado estético, todo mundo, mesmo o trabalhador que é um mero instrumento, é um cidadão livre cujos direitos são iguais aos do mais alto nobre."[15] Educados assim, os homens não correm o risco de cair vítimas dos entraves dos revolucionários franceses que, acreditando trabalhar pela liberdade, conduziram ao Terror. A arte, encarnação da beleza, ela própria sinônimo de autonomia, assume progressivamente a função que se reservava ao advento da fé: a de produzir seres renovados. São Paulo falava do homem velho e do homem novo; essa mesma potência transformadora se vê agora atribuída à educação estética.

O programa de Schiller encontra um eco imediato junto a seus leitores, porque permite a eles reconciliar sua adesão aos objetivos da Revolução — recuperar o absoluto sobre a Terra e torná-lo acessível aos homens — e sua condenação ao Terror (que sacralizou instâncias coletivas e impessoais); esse programa indica ao mesmo tempo a via a ser seguida para evitar cair nos mesmos impasses: a educação estética dos homens por meio da arte. Esta se vê provida de um papel eminente que só pode lisonjear os artistas. Assim, todo o romantismo alemão se engajará na execução do programa traçado por Schiller.

Segundo a nova doutrina, a arte ocupa um lugar ao menos igual ao da religião que, como vimos, era a única via real de acesso ao absoluto. Novalis escreveu em *Pólen* (1798): "Poeta e sacerdote eram um só, no começo, e só depois se diferenciaram. Mas o verdadeiro poeta permaneceu sempre sacerdote, assim como o verdadeiro sacerdote manteve-se poeta. E o porvir não vai nos trazer de volta o antigo estado das coisas?" Mais comumente, no entanto, o poeta goza de um privilégio em relação ao sacerdote. Um texto programá-

VIVER COM O ABSOLUTO

tico célebre, inspirado por Hölderlin, redigido em 1796 por Schelling, depois transcrito e sem dúvida emendado por Hegel, descreve o projeto artístico como uma "nova religião" que "será a última e a maior obra de arte da humanidade". Em seu romance *Hypérion* (1797), Hölderlin reafirma a mesma hierarquia: "A arte é o primeiro filho da beleza divina. [...] O segundo filho dessa beleza é a religião": a religião vem em segundo plano, o que não é surpreendente na medida em que, aqui, é reduzida a uma simples manifestação da beleza. Em suas *Fantasias sobre a arte por um religioso amigo da arte* (1797), Wackenroder considera dois meios humanos "de atingir e compreender todas as coisas do céu em sua plena potência", duas linguagens maravilhosas das quais nenhuma reconduz ao ritual religioso, ao estudo da Escritura ou à prece: são a contemplação da natureza e a prática artística. Esta última permite ao homem se tornar semelhante a Deus, criando um mundo harmonioso. Como consequência, "a arte nos concede a mais alta perfeição humana".[16] O projeto de Wackenroder ainda depende do ideal cristão, mas o caminho que leva a esse ideal não é mais o recomendado pela Igreja, é a contemplação do belo.

Sentimos que esse grupo tão jovem (em 1797, Hölderlin tem 27 anos, Novalis, 25, Wackenroder, 24, Schelling, 22!) se embriaga com suas próprias fórmulas sem buscar confirmações para elas no vivido; em seus escritos, a experiência artística é vizinha do êxtase místico. Com efeito, o Belo assumiu o lugar de Deus; como diz um de seus epígonos mais tardios: "O Belo, em sua essência absoluta, é Deus." Essa categoria se vê então alçada ao topo da hierarquia de valores.

"O ato supremo da razão, aquele pelo qual abarca todas as ideias, é um ato *estético*", proclama o *Programa* inspirado em Hölderlin, que confirma, em seu romance, a identidade entre o belo e o divino: "Se o homem é deus, ele só pode ser belo."[17] Pela via da beleza, estamos certos de aceder ao absoluto.

Por que o belo goza de tal privilégio? Pelas razões já indicadas por Schiller. A definição que lhe dá Schelling é "o infinito representado de modo finito": o belo designa nosso contato com o infinito. Ao mesmo tempo, a beleza e a sua produção na arte encarnam a atividade livre, não submetida a um objetivo particular, o que caracteriza também a relação com o divino. "É a essa independência com relação aos fins exteriores que a arte deve seu caráter sagrado e sua pureza", escreve ainda Schelling. Com efeito, a beleza se manifesta de maneira exemplar na arte. É por essa razão que a poesia se vê mantida em seu papel de educadora da humanidade. Wackenroder proclama: "A arte nos concede a mais alta perfeição humana." Para Schelling, "o gênio só é possível na arte" e "a arte constitui a única revelação eterna que existe": aqui não é mais uma questão de religião — a arte permanece a via nobre em direção ao infinito. Novalis, por sua vez, escreve em 1798: "A poesia é o real verdadeiramente absoluto. Este é o núcleo de minha filosofia."[18]

Esse papel reservado à arte e à poesia, encarnações exemplares do belo, não significa de maneira alguma que damos as costas às outras atividades humanas: para Schiller, educação estética e projeto político andam juntos. Bastará que os homens descubram a beleza e, diz Hölderlin: "Reinarão

VIVER COM O ABSOLUTO

então a liberdade e a igualdade universal dos espíritos."[19] Travessia individual e travessia coletiva não se contradizem, simplesmente é difícil seguir as duas ao mesmo tempo. Hypérion, no romance de Hölderlin, alterna-se entre elas: ora se envolve no combate político, ora escapa deste pelo amor de uma mulher, Diotima, mas, através das duas experiências, ele persegue um absoluto que não é mais de natureza religiosa. O homem não dá as costas à vida material de seus semelhantes, mas ele a orienta segundo o chamado do belo.

A relação com a religião tradicional é, então, dupla: ao mesmo tempo de ruptura (já que se prefere a obra de arte à prece e o poeta ao profeta) e de continuidade: a atividade artística em si mesma é descrita segundo o modelo das práticas religiosas. É Deus, dizia Santo Agostinho, quem não tem qualquer fim exterior, mas é Ele próprio o fim último, diferentemente de qualquer outro ser ou qualquer outra ação que o homem encontre; é o belo e a obra de arte que são livres de toda submissão a um fim qualquer, retomam as doutrinas românticas. É o deus do monoteísmo que é considerado infinito; é a arte que, doravante, permitirá alcançar esse infinito. Deus se mantém imutável em Seu pedestal, quaisquer que sejam as ignomínias dos homens que O invocam; da mesma maneira, os românticos não se inquietam com o pequeno efeito que têm suas teorias sobre a conduta de seus contemporâneos. Para aqueles dentre eles que permanecem fiéis às doutrinas dualistas, a ruptura entre o céu e a terra não é verdadeiramente eliminada, mas somente deslocada: tudo acontece aqui embaixo e, no entanto, uma distância intransponível separa os artistas geniais, "alguns raros eleitos entre os homens", como dizia Wackenroder,[20] das massas que eles supostamente deviam iluminar. A arte não é um grau mais elevado do artesanato, ela é, de certa maneira, sua negação, já que um encarna a dependência e o outro, a liberdade. A arte substituiu a religião, mas é concebida à sua imagem.

A recíproca é igualmente verdadeira: nestes anos se esboça, no interior do cristianismo, um movimento que tende a conceber a religião como uma obra de arte. O imensamente popular *Gênio do cristianismo*, de Chateaubriand (1802), é testemunha disso: para seu autor, Deus é "a beleza por excelência" e a religião cristã merece ser seguida por ser "a mais poética, a mais humana, a mais favorável à liberdade, às artes e às letras".[21] Assim, em seu livro, Chateaubriand se consagra a provar que os ritos cristãos são belos, que as maravilhas da natureza atestam a existência de Deus, que as obras de arte inspiradas por esta religião são as melhores do mundo. Dito de outra forma, sua apologia ao cristianismo se situa no interior do contexto individualista e estético instalado por aqueles que se emanciparam da religião: ele louva o sagrado por motivos profanos.

Gênios e filisteus

Enquanto, no movimento de secularização posto em evidência e aumentado pela Revolução Francesa, se tentará substituir o absoluto celestial por um absoluto terrestre, uma

VIVER COM O ABSOLUTO

parte dos recém-chegados se esforçará em vão para não recorrer a Deus e à religião. Assim, as estruturas do pensamento dualista serão mantidas, e também a influência, subterrânea, mas potente, da visão de mundo gnóstica e maniqueísta. Nesses novos pensadores, encontraremos a oposição radical entre mundo real e mundo ideal, um detestado, o outro adorado; a divisão da humanidade em dois grupos desiguais, massas cegas e elites clarividentes; e a possibilidade para estas últimas de aceder ao firmamento graças a um saber que lhes é reservado. Esta doutrina recebe então, no momento da "aterrissagem do absoluto", sua segunda forte impulsão.

Dessas posições românticas, encontramos uma síntese especialmente nítida (e, talvez por isso mesmo, extraordinariamente influente) na obra de Schopenhauer. O capítulo dedicado ao "Gênio" no segundo volume de *O mundo como vontade e representação* (1844) formula um elogio da representação intelectual em detrimento do que seu autor chama a "vontade", instância que rege a vida comum. Esses dois caminhos se encarnam de maneira exemplar em duas séries de personagens: de um lado, os filósofos e artistas, mestres do intelecto, do outro, os homens práticos, absorvidos por seus prazeres terrestres, submetidos à moral comum, artesãos, comerciantes ou cientistas: todos escravos da "vontade". De um lado, os que aspiram a "conceber a essência das coisas e do mundo, ou seja, as verdades mais elevadas, e a lhes reproduzir de alguma maneira", do outro, os que submetem suas ações a fins pessoais e práticos. Ou, dito de maneira mais brutal: de um lado os gênios, do outro, os filisteus.

O que é o "gênio"? É o homem que busca o conhecimento e a representação por eles mesmos, sem os pôr a serviço de necessidades grosseiras; o homem vulgar, ao contrário, os subordina inteiramente aos seus interesses, ditados pela "vontade". Nesse sentido, o homem comum é normal; já quanto ao gênio, este se aproxima do monstro, do louco ou do criminoso, contrários à natureza e escapando a toda norma. "Para tal homem, prossegue Schopenhauer, escultura, poesia, pensamento é um fim; para os outros é só um meio."[22] O que distingue Schopenhauer de seus predecessores é menos a natureza da oposição (espírito/matéria, geral/particular, inútil/útil, teoria/prática...) do que o abismo que separa os dois termos e a tomada de posição exclusiva em favor de um deles: aqui, grandeza, heroísmo, beleza; lá, pequenez, pusilanimidade, feiura.

Entretanto, toda moeda tem seu outro lado: o gênio deve pagar sua eleição levando uma vida terrestre repleta de sofrimentos — vida essa para a qual é tão maldotado. "Quanto mais viva é a luz com a qual o intelecto é iluminado", enuncia Schopenhauer como um postulado, "mais esse intelecto percebe a miséria de sua condição". Miséria essa que é a consequência natural do ato pelo qual o gênio "sacrifica seu bem-estar pessoal por um fim objetivo". Esse homem hábil para interpretar os destinos da humanidade não sabe penetrar nas intenções do próximo, nem usá-las em sua própria vantagem. De tanto se concentrar no essencial, ele ignora os mil detalhes da vida cotidiana. Ser de exceção, o "gênio é essencialmente solitário": ele não sabe lidar com seus vizinhos, com os homens comuns. "As alegrias destes

VIVER COM O ABSOLUTO

não são as alegrias daquele, como as alegrias daquele não são as destes. Estes são somente seres morais, limitados às relações pessoais; o gênio é ao mesmo tempo a inteligência pura, e pertence como tal a toda humanidade." Por isso, os gênios são encontrados exclusivamente entre os homens que sabem se subtrair às relações com os outros; as mulheres não possuem "qualquer gênio, porque elas permanecem sempre subjetivas". A solução ideal seria que elas se contentassem com assegurar a vida material dos gênios de que são companheiras, porque "a sorte mais feliz que pode advir ao gênio é a de ser dispensado de todas as ocupações práticas que não são seu elemento, e de ter todo o tempo livre para trabalhar e produzir".[23] O gênio não sabe ser feliz à maneira dos outros homens; neste mundo sem Deus, ele parece um eremita, quando não um mártir. Em última instância, a busca de sofrimentos aqui na Terra se torna um meio certo para se aproximar da condição do gênio. Podemos nos perguntar se talvez Rilke não tenha levado muito a sério os preceitos maniqueístas, popularizados por Schopenhauer.

Pode-se dizer, como o filósofo alemão, que o sofrimento do criador é a condição *necessária* à criação, e que o artista deve imolar sua existência no altar da arte? A dolorosa sorte de Rilke e de Tsvetaeva, como de alguns outros, mostra, com certeza, que tal experiência não impede necessariamente a realização da obra; entretanto, isso não implica necessariamente que se possa deduzir daí uma causalidade mecânica. O destino de Wilde, por exemplo, demonstra o contrário, já que, nele, a felicidade na escrita caminha lado a lado com o sucesso na vida e é a prisão que torna sua criação impossível.

Não teríamos dificuldades em encontrar outros casos em que uma produção artística notável não exigiu de maneira alguma a submissão de todos os outros aspectos da existência. Que sofrimento e criação não sejam incompatíveis não significa de forma alguma que a primeira seja a condição necessária à segunda: as construções intelectuais de Schopenhauer são insustentáveis.

A concepção dualista do mundo pode se insinuar nas duas formas do absoluto terrestre, a coletiva e a individual. Os pensadores românticos retomaram por sua conta a representação maniqueísta do mundo: aqui, artistas e poetas formam a elite da humanidade, e a arte faz o papel reservado à gnose nas antigas doutrinas religiosas. É também o caso dos utopistas, que sonham com a salvação coletiva da humanidade ou do povo. Maniqueísmo político e maniqueísmo estético podem se opor em tal ou qual circunstância, mas não deixam de compartilhar uma visão parecida do mundo. Os promotores de doutrinas totalitárias em vão julgaram com desdém os pensadores românticos, por estes darem as costas a toda forma de engajamento político, pois ambos participam do mesmo movimento histórico. Karl Popper, sensível à similitude entre extremismo político e estético, concluía assim sua análise das origens do totalitarismo: "Esse sonho cativante de um mundo maravilhoso é só uma visão romântica."[24]

Sabemos muito bem que danos provocou a exigência de uma ruptura radical, de uma revolução total, assim como também a demanda por uma imersão exclusiva no absoluto, enquanto o ideal com o qual se sonhava era de natureza política: as utopias que propunham substituir o presente medío-cre por um porvir radiante se tornaram os totalitarismos do século XX — um remédio bem pior do que o mal que eles pretendiam curar. Hoje, abandonamos os mercadores de sonhos políticos, os utópicos que prometiam o advento pró-ximo da felicidade para todos, porque aprendemos que essas promessas escondiam as sinistras maquinações de Lenin e Stalin, de Mussolini e Hitler. Pode ser que ainda acreditemos que as imagens românticas de uma perfeição artística sejam a antítese daquelas maquinações. Mas, na realidade, isso não acontece: as utopias românticas e os estados totalitários não só estiveram em interação ou em rivalidade, ambos provêm de uma mesma concepção do mundo — a que opõe radical-mente o baixo e o alto, o presente e o porvir, o mal e o bem, e que quer eliminar definitivamente o primeiro termo. Ora, se o ideal deixa de ser um horizonte e se transforma em regra de vida cotidiana, o resultado é desastroso: é o reino do terror. A história nos ensina que o sonho romântico, duplo invertido de utopia política, ainda que infinitamente menos criminoso que essa utopia, não nos traz decepção menor.

Arte e revolução

Na noite de 27 de maio de 1849, uma carruagem chega às portas da cidade alemã de Lindau, situada às margens do Lago Constance. Um policial confere os passaportes dos via-jantes, que querem atravessar o lago para ir à Suíça. Um desses viajantes está particularmente inquieto, porque o passaporte que entrega ao controlador não é realmente seu e, de resto, está com o prazo de validade expirado; ele o tomara emprestado com um amigo para tentar fugir do país. Esse viajante é o compositor alemão Richard Wagner, então com 36 anos. O policial nada percebe, e Wagner entra no barco e logo se vê na Suíça, onde começa um longo exílio. Ele está feliz: escapou da prisão.

Na Alemanha, Wagner é perseguido por sua participação no movimento revolucionário que agita a Europa depois de 1848. Em maio do mesmo ano, os representantes de todos os Estados alemães se reúnem em Frankfurt para celebrar a criação de uma Alemanha unificada e dar a esse Estado futuro uma Constituição. A essa reunião não se seguem quaisquer efeitos institucionais, mas ela contribui para agitar os ânimos. Em abril de 1849, a assembleia de Frankfurt oferece a coroa do Império Germânico ao rei da Prússia. O rei rejeita a proposta: ele não deseja receber sua coroa da mão de seus súditos. O povo manifesta seu descontentamento, e, em 3 de maio de 1849, as ruas de Dresden, capital da região de Saxe, onde habita e trabalha Wagner, se agitam com barricadas. O compositor se junta aos insurgentes e a batalha se desencadeia com violência. No dia 7, Wagner decide levar sua esposa, seu cachorro e seu periquito para um local seguro, e os conduz a uma cidade vizinha. Quando, no dia 8, ele retorna a Dresden, a batalha está acabada, os líderes estão na prisão, e ele próprio, por sua vez, tem pouco tempo para fugir. Depois deste dia, e até sua chegada à Suíça, ele é forçado a se esconder. No mês que precede à insurreição,

VIVER COM O ABSOLUTO

Wagner pouco dissimula suas simpatias. Cartas, discursos em público e artigos para jornais afirmam a necessidade de mudar a sociedade, pela força, se necessário. O homem apaixonado pela música e pelo teatro, admirador de E.T.A. Hoffmann e dos outros autores românticos, descobre um novo mentor na pessoa de Bakunin, anarquista e revolucionário profissional russo, também refugiado em Dresden, e adota os ensinamentos dos ateus Proudhon e Feuerbach. Ele acredita na fraternidade universal, no poder do povo e no desabrochar do indivíduo; ele também reivindica que se coloque a sociedade a serviço dos homens.

No dia seguinte à sua fuga para a Suíça, Wagner começa a escrever alguns textos nos quais expõe suas convicções sobre a arte e a relação que esta mantém com a sociedade: são *A arte e a Revolução* e *A obra de arte do futuro*, datados ambos de 1849. Wagner aspira ao absoluto, mas não o encontra nas religiões em vigor; é a arte que lhe aparece como sua melhor encarnação: ela é "a viva religião representada".[25] A partir daí, sugere ele, uma dupla relação se estabelece entre atividade artística e vida social. De um lado, para que a arte se desenvolva, a sociedade deve lhe oferecer as condições mais favoráveis possíveis. Porém, o mundo no qual vive Wagner, a saber, os Estados germânicos de então, está longe de reunir essas condições; é preciso transformá-lo, apoiando, portanto, a revolução. Wagner não se interessa pela política senão na medida em que esta contribui para o desenvolvimento pleno da arte. A revolução social não é, para ele, um fim em si mesmo, mas um meio de facilitar a revolução artística, o alicerce que permitirá construir o novo edifício.

Por que atribuir a honra do acesso ao absoluto aos artistas? É aqui que intervém a segunda relação entre arte e sociedade: "a finalidade suprema do homem é a finalidade artística" e "a arte é a atividade mais elevada do homem", aquela que coroa sua existência sobre a Terra. "A verdadeira arte é a mais elevada liberdade." Wagner partilha do sonho dos saint-simonistas, segundo o qual, num futuro próximo, as máquinas poderão se encarregar dos trabalhos penosos dos homens. Desincumbidos de suas labutas extenuantes, todos voltarão sua atenção para a criação artística, com liberdade e alegria. A arte não se opõe à vida, como quer outra versão da doutrina romântica, ela é sua coroação. A "humanidade artística" é sinônimo da "livre dignidade humana". O trabalho se torna arte, o proletário se faz artista, o escravo da indústria se transforma em produtor da beleza. A sociedade futura não está mais a serviço da arte, como Wagner exige de imediato, já que toda vida se terá tornado artística: a arte, aqui, se torna o modelo ideal da sociedade. Não haverá mais artistas a celebrar, porque cada um terá se tornado artista. Mais exatamente, é a comunidade em seu conjunto, decidindo livremente sobre sua existência, que adotará a atitude do criador. "Mas quem será o artista do futuro? O poeta? O ator? O músico? O escultor? — Digamo-lo numa única palavra: o *povo*."[26] É porque somente um esforço *comum* poderá realizar esse projeto que Wagner opta pelo contrário do egoísmo, o *comunismo* — cujo *Manifesto* Marx e Engels haviam publicado um ano antes, em 1848. Pela última vez, salvação coletiva e salvação individual caminhariam de mãos dadas.

VIVER COM O ABSOLUTO   283

A arte é então, ao mesmo tempo, uma parte e o modelo da sociedade. A sociedade, por sua vez, deve, ao mesmo tempo, servir e absorver a arte para se transformar desde seu interior; é isso que permite a Wagner não renunciar a nenhuma das formas do absoluto terrestre. O absoluto do indivíduo e o do coletivo serão complementares, o que Wagner exprime propondo reconciliar a contribuição do cristianismo e o do paganismo, Jerusalém e Atenas, Jesus Cristo e Apolo. Jesus, um personagem puramente humano para Wagner, que ele queria pôr em cena numa ópera intitulada *Jesus de Nazaré*, encarna a aspiração à justiça social; Apolo, a perfeição da forma artística. *A arte e a Revolução* termina com essa imagem: "Assim, *Jesus* terá mostrado que nós homens somos todos iguais e irmãos; *Apolo* terá posto sobre essa associação fraterna o selo da força e da beleza, terá conduzido o homem, que duvidava de seu valor, à consciência de sua mais elevada potência divina."[27] Até que a obra de arte seja produzida pelo povo inteiro, a ação coletiva e a ação individual, a transformação social e a criação do gênio artístico são ambas necessárias ao aperfeiçoamento da humanidade.

Gozo artístico

Nada predestinava Baudelaire a se tornar um dos mais calorosos partidários parisienses de Wagner. Ele não é especialmente um melômano, e nem tem mesmo qualquer cultura musical. É verdade que viveu com intensidade os dias revolucionários de 1848, mas sua experiência é diferente da de Wagner: retrospectivamente, ele explica sua recente embriaguez pelo "prazer natural da demolição", não pela esperança utópica de regenerar a sociedade. De resto, quando escreve sobre Wagner, Baudelaire menciona o projeto que o músico tinha de agenciar arte e sociedade no interior da mesma revolução como uma fraqueza perdoável: "Possuído pelo desejo supremo de ver o ideal artístico dominar definitivamente a rotina, ele pôde (é uma ilusão essencialmente humana) esperar que as revoluções de ordem política favorecessem a causa de uma revolução na arte."[28] Baudelaire não alimenta qualquer ilusão deste tipo; a salvação do gênero humano não é seu problema. Diferentemente dos primeiros românticos, ele não vê mais na arte e no belo um instrumento a serviço do aperfeiçoamento da humanidade. Ele inaugura, assim, o esteticismo moderno.

Se Baudelaire se interessa por Wagner, é como um artista exemplar. Em 8 de fevereiro de 1860, em Paris, ele assiste ao concerto conduzido pelo compositor alemão do qual, até então, só conhece a reputação. Ele sai perturbado; "vivi aqui", escreve a um amigo, "um dos maiores prazeres da minha vida, há 15 anos eu não sentia tal arrebatamento". No dia seguinte, ele envia uma carta a Wagner, para externar sua admiração e tentar explicá-lo para si mesmo; um ano mais tarde, dedica um estudo ao compositor. O que Baudelaire vê de extraordinário em Wagner é a realização de seu próprio ideal. Esse criador lhe permitiu entrar em contato com o absoluto, com algo além da experiência comum. Wagner descobriu "uma vida mais ampla do que a nossa", "algo de arrebatante e de arrebatador, algo que aspira a subir mais

VIVER COM O ABSOLUTO

alto, algo excessivo, superlativo". "É", escreve a Wagner, "o grito supremo da alma elevada a seu paroxismo". Em seu artigo, ele retoma: a música de Wagner induz "um êxtase feito de volúpia e de conhecimento", "a contemplação de algo infinitamente grande e infinitamente belo".[29] Ela nos faz entrar em contato com o sobre-humano; ora, é isso que podemos demandar da arte: ausente na vida, o absoluto tem aí seu lugar.

É pouco dizer que o êxtase e o paroxismo, que o infinitamente grande e o infinitamente belo não povoaram por muito tempo a vida de Baudelaire. Lendo sua correspondência, tem-se antes a impressão de estar diante de um dos homens mais infelizes da Terra. Desde o segundo casamento de sua mãe, e mais ainda, depois de 1844, quando o poeta é posto sob a tutela de um conselho judiciário destinado a impedi-lo de dilapidar sua herança, Baudelaire repete infatigavelmente essa mensagem, sua litania: "Infeliz, humilhado, triste como sou." "Miséria, e sempre miséria." "Sou tão abominavelmente infeliz." "Sou horrivelmente infeliz." "Estou perdido, absolutamente perdido." "Se viver, viverei sempre condenado." Depois de uma tentativa de suicídio em 1845, o pensamento de pôr fim à sua vida não o abandona mais. "Há tantos, tantos anos, vivo continuamente à beira do suicídio." "Vejo sempre diante de mim o suicídio como única e, sobretudo, a mais simples solução de todas as horríveis complicações com as quais sou condenado a viver depois de tantos e tantos anos."[30]

Forçado a viver numa miséria material e afetiva, Baudelaire não pode amar a si mesmo. "Estou sempre descontente comigo mesmo." "Sou uma miserável criatura feita de preguiça e violência." Mas sua rejeição do mundo é ainda maior do que sua rejeição de si mesmo. Ele experimenta "um ódio selvagem contra todos os homens", e seu livro, *Flores do mal*, permanecerá "como testemunho de meu desgosto e de meu ódio por todas as coisas". "*Tenho horror à vida*", insiste numa outra carta, "evitarei toda face humana". Em vão sua misantropia é ultrapassada em intensidade por sua misoginia, pois a primeira continua sendo tão ou mais radical do que a segunda: "Queria pôr toda a raça humana contra mim."[31] Ano após ano, corroído pela sífilis e devastado pela droga, carta após carta, em meio a pedidos de dinheiro e de instruções a seus editores, Baudelaire repete esse refrão: a vida é horrível, e o mundo, abominável.

Ele não poderia continuar a viver se não encontrasse um caminho alternativo — o da poesia, caminho que o conduz em direção à beleza e ao absoluto. Mesmo quando já não espera nada do mundo, Baudelaire diz não ter "outro prazer que não a literatura": esta representa então uma exceção e uma consolação. De resto, é isso que lhe pesa mais particularmente: o abismo separando suas aspirações estéticas de sua existência fatigante, "o contraste opressivo, repugnante, entre minha honra espiritual e essa vida precária e miserável". Só um absoluto subsiste no mundo: a beleza. Atingi-la e reforçá-la constitui, por sua vez, o único meio de redimir um cotidiano desolador; fazendo isto, o poeta melhora o mundo ao mesmo tempo que dá sentido à sua própria vida. Porque o belo inclui o verdadeiro: a imaginação, faculdade específica do poeta, "é a mais *científica* das faculdades".

VIVER COM O ABSOLUTO

O belo implica o bem e o justo: "Todo poema, todo objeto de arte *benfeito* sugere natural e forçosamente uma moral."[32] O belo, alçado ao topo dos ideais humanos, é glorificado pelo *Hino à beleza*:

> *Que venhas lá do céu ou do inferno, que importa,*
> *Ó Beleza! monstro ingênuo gigantesco e horrendo!*
> *Se teu olhar, teu riso, teus pés me abrem a porta*
> *De um Infinito que amo e que jamais desvendo?*
>
> *De Satã ou de Deus, que importa? Anjo ou Sereia,*
> *Que importa, se és tu quem fazes — fada de olhos suaves,*
> *Ó rainha de luz, perfume e ritmo cheia! —*
> *Mais humano o universo e as horas menos graves?**

Não se trata, no entanto, de uma verdade e de uma moral acessíveis a todos: Baudelaire não deixa de fazer, ao mesmo tempo, o "elogio da maquiagem" e de afirmar: "Há a moral positiva e prática à qual todos devem obedecer. Mas há a moral das artes. Esta é completamente diferente daquela e, desde o começo do mundo, as Artes o provaram."[33]

---

* Baudelaire, *op. cit.*, p. 121, trad. Ivan Junqueira [Que tu viennes du ciel ou de l'enfer, qu'importe, / Ô beauté! monstre énorme, effrayant, ingénu! / Si ton œil, ton souris, ton pied m'ouvrent la porte / D'un Infini que j'aime et n'ai jamais connu? // De Satan ou de Dieu, qu'importe? Ange ou Sirène, / Qu'importe, si tu rends, — fée aux yeux de velours, / Rythme, parfum, lueur, ô mon unique reine! — / L'univers moins hideux et les instants moins lourds?]. (N.T.)

Pode-se compreender então por que Baudelaire julga que "não há nada mais precioso no mundo do que o *espírito poético*, e o *cavalheirismo nos sentimentos*". Reciprocamente, a pior ameaça que vislumbra para si mesmo seria a de perder, "nesta horrível existência, cheia de transtornos, a admirável faculdade poética".[34] Viver como poeta lhe permite preservar o essencial: o acesso ao absoluto, ao infinito, ao eterno. Mas essa é uma travessia puramente individual: Baudelaire não tem nenhuma veleidade de salvar o gênero humano (ilusão que ele deixa a Victor Hugo), nem mesmo de salvar seu povo, como Wagner. Ele é, sob esse aspecto, emblemático da nova geração, aquela que vem a partir de 1848: enquanto seus predecessores reagiam às decepções de 1789 (ou de 1793) pela proposta de educar esteticamente a população, os decepcionados de 1848 preferem se desviar da revolução política (aceitando o risco de deixarem-na para os revolucionários profissionais) e só se ocupar de sua salvação pessoal praticando um novo culto, o da beleza.

Não são somente os poetas que querem que o belo substitua ou mesmo subjugue o bem. Vimos que o mesmo valia para Ernest Renan, cuja "sabedoria" e "clarividência crítica" Baudelaire em certa época louvou (Renan nasceu em 1823, dois anos depois de Baudelaire). Renan é erudito e filósofo; no entanto, ele escreve em 1854: "Concebo, do mesmo modo, que no futuro a palavra moral se torne imprópria e seja substituída por outra. Para meu uso particular, a substituo, de preferência, pelo nome de estética. Diante de uma ação, prefiro perguntar-me se ela é bela ou feia a pensar se é boa ou má." A vantagem desta substituição não está no abandono de toda perspectiva moral, mas no fato que o critério de julgamento é estritamente individual. Fazer o bem é se comportar como artista, já que essa ação será julgada com a ajuda de uma medida que reside na alma do indivíduo, diversamente dos princípios morais, comuns a toda sociedade. "Para mim, declaro que, quando faço o bem, [...] faço um ato tão independente e tão espontâneo quanto o do artista que tira do fundo de sua alma a beleza, para realizá-la do lado de fora [...]. O homem virtuoso é um artista que realiza o belo na vida humana como o escultor a realiza no mármore, como o músico nos sons."[35] Se o critério individual do belo (a conformidade entre as partes de um ser e de uma vida) é posto na mesma situação que o critério comum do bem, a estética substitui a ética. Participando do ímpeto dos que desejam emancipar a estética de toda tutela moral, religiosa ou política, a partir do movimento da arte pela arte, o esteticismo levou a uma nova união desses domínios, mas desta vez sob a dominação do belo.

Duas vias em direção à beleza

Uma vez posta essa hierarquia de valores, que coloca o belo no ponto mais alto da escala, Baudelaire enxerga duas maneiras de viver de acordo com essa divisão. A primeira consiste em tornar sua vida tão bela quanto possível. Para ilustrar essa via, o poeta utilizará um personagem social ao qual dará uma nova significação: é o *dândi*. A palavra designa, no começo do século XIX, um homem que sacrifica tudo em nome de sua elegância indumentária e se vangloria de ter maneiras refinadas. Em um primeiro momento, Baudelaire emprega o termo de maneira próxima à do senso comum; o dândi é, segundo ele, a "suprema encarnação da ideia do belo transportada para a vida material, ditando a forma e regrando as maneiras".[36] O poema (e também poema em prosa) *Convite à viagem* evoca, entre outros, essa beleza material, essa acumulação de belos objetos no meio dos quais vive o dândi-esteta.

> *Os móveis polidos*
> *Pelos tempos idos*
> *Decorariam o ambiente;*
> *As mais raras flores*
> *Misturando odores*
> *A um âmbar fluido e envolvente,*
> *Tetos inauditos,*
> *Cristais infinitos,*
> *Toda uma pompa oriental,*
> *Tudo aí à alma*
> *Falaria em calma*
> *Seu doce idioma natal.*
> *Lá, tudo é paz e rigor,*
> *Luxo, beleza e langor.**

---

* Baudelaire, *op. cit.*, p. 121, trad. Ivan Junqueira [*L'Invitation au voyage*: Des meubles luisants / Polis par les ans, / Décoreraient notre chambre; / Les plus rares fleurs, / Mêlant leurs odeurs / Aux vagues senteurs de l'ambre, / Les riches plafonds, / Les miroirs profonds, / La splendeur orientale, / Tout y parlerait / À l'âme en secret / Sa douce langue natale. / Là, tout n'est qu'ordre et beauté, / Luxe, calme et volupté]. (N.T.)

VIVER COM O ABSOLUTO

Chega um tempo, entretanto, no qual esse gozo dos sentidos não parece mais bastar. Baudelaire evoca com ar de reprovação essa interpretação do dandismo aplicada à sua própria vida: "Apaixonei-me unicamente pelo prazer, pela perpétua excitação; as viagens, belos móveis, pinturas, mulheres etc." Para romper com essa concepção é preciso transpor a atitude do dândi à totalidade de sua existência, tanto moral como material. A elegância na toalete não é então mais do que "o símbolo da superioridade aristocrática do seu espírito", e a definição do dândi se amplia: "Estes seres não têm outra maneira de ser além da de cultivar a ideia do belo em suas pessoas, satisfazer suas paixões, sentir e pensar." Ser um dândi não consiste mais de forma alguma em se contentar com prazeres fáceis e se comprazer com atmosferas luxuosas, mas em submeter a sua vida às exigências talvez severas impostas pelo ideal de beleza. Nesse sentido, diz Baudelaire, "o dandismo se avizinha do espiritualismo e do estoicismo". No dândi, a qualidade da experiência predomina sobre qualquer outra preocupação: "Que importa a eternidade de danação a quem encontrou num segundo o infinito do gozo?"[37]

Baudelaire acha essa maneira de viver admirável, sem ser capaz de adotá-la para si próprio, talvez apenas porque lhe faltam continuamente recursos; ora, ainda que a opulência seja somente o símbolo da beleza, sua presença continua desejável: "O dinheiro é indispensável às pessoas que fazem de si mesmas um culto de suas paixões."[38]

Resta ainda um segundo caminho àquele que deseja conduzir sua vida sob o signo do belo: não mais tornar sua vida bela, mas consagrá-la inteiramente à criação de obras belas, ou seja, tornar-se artista. Pode-se entender esse termo no sentido mais geral de quem não se contenta em aceitar o mundo como ele é, mas busca transformá-lo por meio da arte. Para Baudelaire, o homem "natural" é hediondo; a perfeição só pode advir da arte. "Tudo que é belo e nobre é resultado da razão e do cálculo. O crime, cujo gosto o animal humano recolheu no ventre da mãe, é originalmente natural. A virtude, ao contrário, é artificial, sobrenatural [...]. O mal se faz sem esforço, *naturalmente*, por fatalidade; o bem é sempre produto de uma arte." É por isso que Baudelaire pode cantar o "elogio da maquiagem" e julgar seu ideal como "superior aos outros assim como a Arte é superior à Natureza, pois esta última é reformada pelo sonho, é corrigida por ele, embelezada, refundada".[39]

Entretanto, podemos ainda entender arte aqui no sentido estreito, como poesia, pintura, música, uma vez que estas são conduzidas à sua perfeição pelo "amor exclusivo do Belo", e que a arte é uma "procura extrema". Nessa perspectiva, Baudelaire diz renunciar sem qualquer arrependimento aos prazeres fáceis, e só "adorar a perfeição" entrevista em seu trabalho poético mediante "o qual o devaneio se torna um objeto de arte".[40] O poeta aumenta duplamente a beleza do mundo: criando belas obras e, assim, fazendo nascer no mundo o que antes não havia, e ainda transfigurando esse mesmo mundo nas representações que dele produz. O poeta pode ser situado, por esse aspecto, no mesmo plano do sol, do qual Baudelaire diz:

VIVER COM O ABSOLUTO

Quando às cidades ele vai tal como um poeta,
Eis que redime até a coisa mais abjeta, *

Ou comparado a um alquimista, como no Epílogo que Baudelaire projeta para as *Flores do mal*:

Ó vós, sede testemunhas de que cumpri meu dever
Como um perfeito alquimista e como uma boa alma.
Pois de cada coisa extraí a quintessência,
Tu me deste tua lama e eu fiz dela ouro.[41]

Um poema em prosa, *À uma hora da madrugada* (1862) evoca por sua vez essa segunda forma de vida, devotada à criação do belo, e além disso a situa no cotidiano de um poeta em muito semelhante ao próprio Baudelaire. O poema começa com a descrição de seu dia — opressivo sob todos os aspectos. Inicialmente, os encontros com outros homens não trouxeram ao poeta nenhuma alegria; ele se lembra disso com desgosto e se censura por "ter distribuído apertos de mãos [...] sem ter tido a precaução de comprar luvas". Seu sentimento se resume em duas exclamações: "Horrível vida! horrível cidade!" Encontrar-se sozinho, porém, tampouco apazigua seus ânimos, apenas lhe dá a alternância da dor. "A tirania da face humana desapareceu e só sofrerei por mim mesmo." Com efeito, ele mesmo não vale muito mais que os

---

* Baudelaire, *op. cit.*, p. 170, trad. Ivan Junqueira [Quand, ainsi qu'un poète, il descend dans les villes, / Il ennoblit le sort des choses les plus viles,]. (N.T.)

outros: "Descontente com todos, descontente comigo." Não estamos aqui longe de Pascal quando este dizia: o mundo é vão, o eu, odiável.

Assim como Pascal, Baudelaire se volta então para Deus. Mas não se trata do mesmo Deus, e ele não lhe dirige a mesma queixa. Deus é tomado em Baudelaire como um auxiliar, quando não como um instrumento. Eis a prece que lhe faz o poeta: "Senhor meu Deus! Concede-me a graça de produzir alguns belos versos que provem para mim mesmo que não sou o último dos homens, que não sou inferior àqueles que desprezo!" A capacidade de produzir a beleza redime uma existência medíocre. Deus não é mais um objetivo final, um bem por e em si mesmo; Ele aparece apenas como intermediário que conduz a outro fim, a uma atividade distinta de sua adoração, a saber, a escrita de poesia, a criação de beleza. O poema tomou o lugar da prece, ele nos liga ao belo como a prece nos liga a Deus, e agora é o próprio indivíduo que detém a sanção derradeira, confirmando o acesso ao absoluto. A criação da beleza, ou até somente sua percepção — assim a escuta musical ou a contemplação de um quadro, artes que Baudelaire não sabe praticar —, permitem compensar todas as infelicidades da existência. Ele também diz ainda, em sua carta a Wagner: "Desde o dia em que ouvi sua música, digo a mim mesmo sem parar, sobretudo nas horas infelizes: *Se, ao menos, pudesse ouvir essa noite um pouco de Wagner!*"[42]

Sendo assim, Baudelaire interpreta as relações entre vida e absoluto segundo duas variantes: uma na qual a vida deve ser o cultivo da beleza, e outra na qual a vida tem de ser

VIVER COM O ABSOLUTO

sacrificada em nome da produção de beleza. Nos dois casos, todavia, a procura do belo se *opõe* à existência comum e permanece uma experiência individual, sem consequências para o destino da comunidade: Baudelaire não é um partidário de Bakunin.

Podemos constatar agora que a resposta romântica à pergunta "O que é uma vida boa?" não consiste somente em privilegiar uma travessia individual em direção ao absoluto, mas se trata também de tomar como fundamento uma antropologia individualista na qual o ser humano é percebido e descrito como autossuficiente e fundar-se também sobre a exigência de uma ruptura incontornável entre, de um lado, a arte e a beleza, e, do outro, todas as outras formas de plenitude. Ora, o balanço essencial dessa escolha é sem apelo: o que ele traz não é felicidade, mas aflição e desolação. Hölderlin não aceita se dobrar às pressões do mundo que o cerca, perdendo a capacidade de distinguir entre realidade e ilusão, com isso afundando na loucura. Baudelaire despreza seu tempo e seus contemporâneos: é essa a causa ou o efeito da punição que sofre, sob a forma da doença e da miséria? Wilde acreditava poder desafiar a sociedade contemporânea, que o condena a trabalhos forçados na prisão, de onde sai destruído. Rilke renuncia ao mundo para poder devotar sua existência à arte e à poesia, passando sua vida a lutar contra a esterilidade na escrita e a depressão nervosa. Tsvetaeva queria viver no céu e não na Terra, mas a brutalidade da existência acaba por sufocá-la. O mundo se vinga cruelmente dos que o desprezam. O culto exclusivo do absoluto é mortífero, e por uma razão evidente: a morte é que é infinita e absoluta — não a vida. Não é por acaso que Zweig admira tanto o suicídio de Kleist e interpreta o desaparecimento de Rilke como uma morte voluntária (Zweig erra factualmente, mas tem razão simbolicamente); não é por acaso que o próprio Zweig se suicida e que Tsvetaeva, por sua vez, se entrega à morte. Sem deixar de admirar e de amar esses seres humanos que encarnaram tal maneira de viver, somos levados a nos compadecer deles.

Flaubert e Sand

No mesmo momento em que se afirma a doutrina romântica, vozes discordantes se fazem ouvir. Já em 1843, em seu *A alternativa*, Kierkegaard formulava a crítica dessa doutrina. Algumas décadas mais tarde, a exatidão desta é de novo posta em debate, agora nesse conjunto excepcional que é a correspondência entre Gustave Flaubert e George Sand. Flaubert é um partidário incondicional dos dogmas românticos; todavia, isto não o impede em nada de reconhecer a qualidade daqueles que não pensam como ele — o mesmo vale para Sand, que, por sua vez, apesar de não aderir aos princípios de Flaubert, não pode deixar de amar o homem e de admirar o artista. O resultado é uma bela amizade que se desenvolve entre 1866 (Sand nasceu em 1804, Flaubert em 1821) e a morte de Sand em 1876, assim como uma esplêndida correspondência.

Em suas cartas a Sand, Flaubert se atém ao credo que ele assim formulava, numa mensagem endereçada em 1857 a

VIVER COM O ABSOLUTO

outra correspondente: "A vida é uma coisa tão horrorosa que o único meio de suportá-la é a evitando. E nós a evitamos vivendo na Arte, na procura incessante do Verdadeiro advindo do Belo." Ele odeia a vida e o mundo, e declara: "Não se está bem senão no Absoluto."[43] No entanto, o que ele admira em Sand é exatamente o contrário de sua própria atitude, não a ruptura, mas a continuidade. "Desde o primeiro salto, em todas as coisas, você sobe ao céu, e de lá desce sobre a Terra. [...] Vem daí sua generosidade para com a vida, sua serenidade e, para dizer a palavra certa, sua grandeza."[44]

Sand partilha de certos elementos da visão de mundo flaubertiana. Em particular, assim como Flaubert, ela julga a aspiração ao absoluto indispensável. "Ah! Se não se tivesse o pequeno santuário, o pequenino pagode interior, onde, sem nada dizer a ninguém, nos refugiamos para contemplar e imaginar o belo e o verdadeiro, seria necessário dizer: para quê?" Mas, diferentemente de Flaubert, Sand não pensa que haja uma ruptura entre arte e vida, absoluto e relativo. Mesmo que os dois termos sejam claramente distintos, uma continuidade se estabelece entre eles: um não é a negação do outro, mas sua condensação, sua purificação, seu melhor formato. A isso se segue que a arte, que tem por objetivo revelar a verdade da condição humana, deve, por sua vez, superar a separação maniqueísta do bem e do mal, e mostrar, ao contrário, os deslizamentos constantes de um a outro. "A arte não é somente a crítica ou a sátira. Crítica e sátira não pintam senão uma das faces do real. Quero ver o homem como ele é. Ele não é bom ou mau. É bom e mau. E é algo mais ainda: a nuança, a nuança que é para mim o objetivo da arte." Sand retorna ao tema alguns meses mais tarde, numa de suas últimas cartas: "A arte deve ser a procura da verdade, e a verdade não é a pintura do mal. Ela deve ser a pintura do mal e do bem. Um pintor que só vê o primeiro é tão falso quanto o que só vê o segundo."[45]

Dessa descoberta da continuidade entre o superior e o inferior resulta uma atitude bem diferente daquela de Flaubert. Este classifica, faz seu relatório com falso entusiasmo e, sobretudo, dicotomiza: ele sufoca ao ver a estupidez aumentar em volta dele. Sand não ignora a estupidez, mas prefere pensá-la em continuidade com o resto do mundo. "Pobre e querida estupidez, que não odeio, e que observo com olhos maternais." Consequentemente, em vez de dedicar sua vida a denunciar essa estupidez, ela é capaz de admirar o mundo em toda sua diversidade. Na opinião de Sand, Flaubert esquece "que há algo acima da arte, ou seja, a sabedoria, da qual a arte, em seu apogeu, não é mais do que a expressão. A sabedoria compreende tudo, o belo, o verdadeiro, o bem e, por consequência, o entusiasmo. Ela nos ensina a ver, fora de nós, algo mais elevado do que o que há em nós mesmos, e ensina ainda a assimilar esse algo, pouco a pouco, mediante a contemplação e a admiração."[46] A diferença entre o elevado e inferior, a beleza e a mediocridade não é apagada, mas subsiste ainda uma possibilidade de passar de um a outro, de conceber um "pouco a pouco" que Flaubert ignora. Este não se convencerá pelas reprimendas de sua amiga; sem dúvida ele não poderia se convencer sem se tornar outro, ou seja, sem deixar de ser o autor dos livros que admiramos. Sand, inclusive, considera as obras de seu

VIVER COM O ABSOLUTO   299

amigo mais perfeitas do que as suas próprias, mas não acredita que essa perfeição formal *exija* a misantropia de seu autor. De resto, a atitude de Flaubert, ilustrada por suas cartas e não mais encerrada nas suas máximas, mostra que ele sabe encontrar e saborear a plenitude em sua própria existência, e não somente na arte: no fundo de si mesmo, ele sabe que prefere os seres às frases.

Flaubert compreende a arte melhor do que Sand, mas ela avalia o mundo melhor do que ele. Sua aceitação da totalidade da vida não significa de modo algum uma atitude passiva diante de suas imperfeições: desse ponto de vista, a serenidade torna Sand muito mais intervencionista do que o faz a indignação perpétua de Flaubert. Para este, a tarefa de vencer a estupidez é irrealizável, e ele acaba por se resignar com isso. Para Sand, ao contrário, a continuidade entre o bem e o mal a incita a agir no sentido do aperfeiçoamento. Pela mesma razão, Sand não partilha das ressalvas de Flaubert contra a democracia. Ela sabe bem que a estupidez transborda nas massas, mas, já que não há ruptura entre estupidez e inteligência, ela crê que seja possível ajudar a diminuir uma e a aumentar a outra. Descobrir a beleza do mundo em cada um de seus instantes não quer dizer recusar-se a agir sobre esse mundo para torná-lo mais belo ainda.

Oscar Wilde, bom conhecedor da literatura francesa de seu tempo, foi, por sua vez, atraído por Flaubert e por Sand. Ele sabe que o primeiro encarna admiravelmente uma das vias que também havia identificado, a do artista cuja existência é inteiramente devotada à criação de obras. Flaubert é um "artista soberano" que soube se distanciar do mundo e de suas solicitações, e que, graças a essa escolha, conseguiu "realizar a perfeição daquilo que havia dentro de si, obtendo com isso um proveito pessoal incomparável e permitindo ainda ao Universo inteiro que obtivesse o mesmo proveito, de forma incomparável e duradoura". A admiração de Wilde por Sand pode parecer mais surpreendente. Ele a qualifica, no entanto, como grande homem, dotado de um espírito forte e ardente, como o de um gênio literário. O que lhe atrai mais particularmente, no entanto — e nós reconhecemos aqui o caminho no qual ele mesmo se engajou —, é sua "maravilhosa personalidade", "o espírito que perpassa sua obra como um todo". Esse espírito, diz Wilde, é "o verdadeiro fermento da vida moderna. Ele nos remodela o mundo, e torna novo nosso tempo."[47] Somados, Flaubert e Sand representam o duplo ideal de Wilde.

"A beleza salvará o mundo"

Fiódor Dostoievski pode não conhecer a correspondência entre os dois escritores franceses, mas sua obra lhes é familiar. Ele não tem grande simpatia pela posição de Flaubert, cujo *Madame Bovary* sempre lhe foi dado como exemplo de obra-prima. Quanto a George Sand, ela foi um dos ídolos do jovem Dostoievski, do tempo em que ele compartilhava da fé dos socialistas. Ele evoluiu bastante em seguida, porém, por ocasião da morte de Sand, Dostoievski dedica a ela algumas páginas de seu *Diário de um escritor*, que são, antes de tudo, um elogio vibrante. Ele se lembra ini-

VIVER COM O ABSOLUTO

cialmente de todas as felicidades e de todas as alegrias que ela lhe deu em virtude de sua adesão a um ideal, e também pela grande pureza moral de suas heroínas, o que pressupõe na autora "uma compreensão e um reconhecimento da beleza superior na misericórdia, na paciência e na justiça". Mas mesmo o Dostoievski de 1876 se sente próximo de Sand e lê em sua obra ideais próximos aos seus. "George Sand era talvez uma daquelas que mais perfeitamente professaram a fé em Cristo sem o saber. Ela fundava seu socialismo, suas convicções, suas esperanças e seu ideal no sentido moral que se encontra no homem, na sede espiritual da humanidade, nas aspirações dessa humanidade pela perfeição e pela pureza, e não sobre a necessidade, também própria às formigas. Sand acreditou de forma incondicional na pessoa humana (mesmo em sua imoralidade), exaltando e implementando a representação que fazia do humano, em cada um de seus livros, e com isso reencontrava, em pensamento e sentimento, uma das ideias fundamentais do cristianismo, a saber, o reconhecimento da pessoa humana e de sua liberdade (por conseguinte, de sua responsabilidade)."[48]

As opiniões de Dostoievski têm para nós um interesse particular pelo fato de ser ele o autor da fórmula: "A beleza salvará o mundo"; mais exatamente, essa frase aparece em duas oportunidades em seu romance *O idiota* (1868), sendo atribuída por dois personagens ao herói do romance, o príncipe Míchkin; essa frase seria supostamente um condensado de sua filosofia. Mas qual é exatamente o seu sentido?

A "beleza" em que pensa o príncipe ao formular sua máxima não é a da beleza física, a de uma mulher, por exemplo, apesar de Míchkin ser muito sensível a ela. É necessário, para saber o que quer dizer essa palavra, lembrar aqui em que consiste o projeto ao qual Dostoievski se empenhou ao empreender a escrita de *O idiota*. Ele a expõe assim a seu amigo Maikov: "Essa ideia é *representar um homem inteiramente belo*." No dia seguinte, ele repete a sua sobrinha Sofia: "O pensamento principal do romance é representar um homem positivamente belo." Dostoievski acrescenta essa equivalência fundadora: "O belo é o ideal; ora, o ideal, o nosso ou o da Europa civilizada, está ainda longe de ser elaborado. Só existe no mundo um ser absolutamente belo, Cristo, de maneira que a aparição desse ser imensamente, infinitamente belo é certamente um infinito milagre." O príncipe Míchkin, que crê que a beleza salvará o mundo, é em si mesma uma variante, contemporânea e puramente humana, do personagem de Jesus. Os esboços do romance dizem abertamente, em várias oportunidades: "O príncipe — o Cristo."[49]

É necessário dizer que naquela época Dostoievski usava com frequência "beleza" e "Cristo" como termos intercambiáveis. No momento em que começa a conceber *O idiota*, ele fala, numa carta a Maikov, da "suprema beleza divina" de Cristo, a qual atacam os ateus. Alguns anos mais tarde, no *Diário de um escritor*, de 1873, ele evoca esses mesmos ateus para confrontá-los à beleza de Cristo. "Não era menos verdade a figura luminosa do Homem-Deus, sua inacessível grandeza moral, sua maravilhosa e milagrosamente bela." Mesmo um ateu pode ser sensível a essa beleza, tal como Renan, "que proclamou em seu livro inteiramente ímpio, *A vida de Jesus*, que Cristo é a partir de então o ideal da beleza humana".[50]

VIVER COM O ABSOLUTO 303

Em que a atitude de Míchkin é uma transposição daquela de Cristo no mundo contemporâneo? O primeiro traço marcante do príncipe diz respeito a sua relação consigo mesmo: poder-se-ia dizer que ele não conhece o amor-próprio. Essa característica não é, entretanto, independente de sua relação com os outros, pois isso quer dizer que ele não tem a mínima preocupação com a imagem que fazem dele e, portanto, não a interioriza, por sua vez, assim como não tenta se conformar ao que poderia intuir de suas expectativas.

Essa benevolência geral, no entanto, não é o único sentimento que ele manifesta. As exceções à regra se produzem quando a pessoa diante dele sofre intensamente. Então, o príncipe não se contenta em evitar toda hostilidade, ele tem uma atitude mais ativa, o amor da compaixão; e quanto maior for o sofrimento da pessoa a quem encontra, mais a ama. Nisso, ele age de acordo com o ensinamento de Cristo: o "próximo" é aquele que irá ajudar o sofredor. Assim que percebe o sofrimento de outrem, o príncipe transforma sua benevolência em amor; esse amor não é, porém, a paixão dos sentidos, não é nem *eros*, nem *philia*, nem *ágape*, ou amor-caridade. A existência de Míchkin é baseada nessa profunda convicção: "A compaixão é a lei principal, talvez a lei única da existência de toda a humanidade." É por isso que, admite, sinceridade e franqueza não bastam como regra de comportamento: elas dizem respeito apenas ao eu, não a outrem; o que exprime essa outra fórmula: "A verdade sozinha é injusta."[51]

Míchkin sabe muito bem que a perfeição não pertence à condição humana. Os homens aspiram à vida eterna, porém são mortais. Mas a consciência da finitude humana não o mergulha no desespero, pois ela não nega a presença do infinito. Vê-se um exemplo dessa reação na evocação que ele faz do célebre quadro de Holbein *O Cristo Morto*, exposto em Basileia. Sabe-se que o próprio Dostoievski ficou profundamente impressionado com essa representação de Jesus retirado da cruz e mostrado como estritamente humano e simplesmente morto: é o cadáver de um homem, sem mais. Mas esse quadro, cuja força e verdade são reconhecidas por ele, não o faz perder a fé. Em resposta às dúvidas de Rogójin, outro personagem impressionado por esse quadro, o príncipe se contenta em contar quatro pequenas anedotas, todas referidas à fé, mas que não ilustram, entretanto, comportamentos recomendáveis (exceto o da camponesa que se alegra com o sorriso de seu filho): essas fraquezas, não mais do que a morte bem real de Jesus, não significam que se deva deixar de amar o mundo. "A essência do sentimento religioso não entra em nenhuma reflexão, não depende de nenhum falso passo, ou de nenhum crime, ou de nenhum ateísmo."[52] A visão de mundo de Míchkin nada tem de ingênua, não imagina os homens melhores do que de fato são; a beleza não é uma propriedade intrínseca nem dos objetos nem dos seres, eles a recebem graças à atitude adotada a seu respeito. O próprio Dostoievski pôde se reconhecer na fé de Holbein tal como se manifesta em seu quadro: não fechando os olhos diante do mal e da morte, não acalentando ilusões, aderindo sempre, porém, à mensagem de Cristo.

VIVER COM O ABSOLUTO

Essa é, em profundidade, a moral cristã professada por Dostoievski: ela se resume ao preceito: amar a seu próximo com um amor não possessivo. "A compaixão é todo o cristianismo", escreve nos rascunhos de O *idiota*. Nisso, ele se mantém fiel aos preceitos dos Apóstolos: a Paulo, que faz do amor caridoso o fundamento da religião ("Toda lei é preenchida por essa palavra: ama a teu próximo como a ti mesmo"); a João, para quem amar a Deus não é senão amar os homens: "Deus é amor", "Se amarmos uns aos outros, Deus estará em nós."[53] Tal também é, portanto, o sentido da beleza que — talvez — salvará o mundo.

Dostoievski tem toda a consciência de que o uso que faz da palavra "beleza" não é compartilhado por todos. Por ocasião da Comuna de Paris, ele reconhece que os partidários da Comuna agem em nome de uma ideia bem diversa de beleza. Ele escreve a um amigo: "O incêndio de Paris é uma monstruosidade: 'Uma vez que não tivemos êxito, que o mundo pereça, pois a Comuna está acima da felicidade dos homens e da França!' Eles (e muitos outros) tomam essa ira como *beleza*. Assim, a ideia estética da humanidade moderna se dissipou." No seu grande romance seguinte, Os *demônios* (publicado em 1873), Dostoievski atribui essa outra concepção de beleza aos perigosos conspiradores cuja torpeza ele denuncia. É o sinistro Piotr Verkhovenski, um fanático frio e calculista, que se dirige nesses termos a seu ídolo Stavróguin: "Stavróguin, você é belo! [...] Amo a beleza. Sou niilista, mas amo a beleza."[54] Os partidários da Comuna, Verkhovenski ou Nietzsche caem em êxtase diante da explosão do vulcão em Cracatoa, aderem à ideia da beleza amoral, sem relação com o benefício que a humanidade poderia tirar dela; em outra concepção da beleza, ilustrada por Dostoievski, esta é estritamente humana e se confunde, portanto, com a capacidade de amar.

O príncipe Míchkin, em *O idiota*, reclama para si essa última forma de beleza. Mas é possível dizer que o romance ilustra seu triunfo? Dificilmente. É necessário lembrar que *O idiota* ocupa um lugar à parte entre os grandes romances de Dostoievski. De *Crime e castigo* aos *Irmãos Karamazov*, passando por *Os demônios* e *O adolescente*, o autor mostra os abusos de conduta provocados pelo materialismo e o ateísmo contemporâneos, o impasse ao qual conduzem essas visões de mundo. *O idiota*, ao contrário, procede da vertente positiva do pensamento de Dostoievski, já que seu personagem principal é o equivalente moderno de Cristo. Ora, a história narrada no romance não é em nada a de uma vitória. A generosidade incondicional do príncipe acaba por humilhar as pessoas às quais ele se dirige. Seu amor de compaixão universal perturba as trocas humanas, já que exclui a paixão e incita o príncipe a repartir seu amor entre duas mulheres, o que não satisfaz nem a uma nem à outra. Em vez de tirar proveito de seu contato com um homem autenticamente bom, os outros personagens do livro afundam ainda mais em sua infelicidade e em seu sofrimento, tornando-se ainda mais cheios de orgulho e maldosos. A presença do príncipe torna-se a causa indireta do crime que encerra o romance, o assassinato de Nastassia Philipovna por Rogójin.

A lição de *O idiota* não consiste então em dizer que todos deveriam procurar se conduzir como Míchkin; essa

VIVER COM O ABSOLUTO

conduta provoca, ao contrário, a catástrofe. Ora, Míchkin é o homem inteiramente, positivamente belo, uma reencarnação de Cristo no presente e também uma ilustração eloquente do ideal de Dostoievski... Como, então, compreender esse fracasso?

Sem dúvida, viver em Cristo não significa se conduzir como Cristo; homem, ele também é Deus — o que nós outros não somos. O mundo não é povoado de heróis, mas por seres comuns; a presença entre eles de um verdadeiro santo traz mais dramas do que felicidade. A fusão com Cristo não é para este mundo, e só pode se realizar no fim dos tempos. Num texto redigido em 16 de abril de 1864, no dia seguinte à morte de sua primeira esposa, enquanto o cadáver ainda jazia no quarto do casal, Dostoievski exprime em algumas frases densas sua visão de mundo. Ele escreve: "Amar o homem como a *si mesmo*, de acordo com o mandamento de Cristo, é impossível. A lei da personalidade na Terra constrange, o eu impede. Apenas Cristo podia amar o homem como a si mesmo, mas Cristo era um ideal constante e eterno ao qual o homem aspira e, segundo a natureza, deveria aspirar."[55] Míchkin ignora essa advertência, esquece-se do egoísmo e do amor-próprio que conduzem os homens na Terra, desconhecendo até mesmo seu amor — "egoísta" — por uma mulher. Ele quer que o infinito conduza a vida dos seres finitos, e o resultado é este: em lugar de aproximá-los da alegria, sua passagem junto a esses seres só faz aumentar a aflição deles; é por essa razão que *O idiota* narra uma história trágica. Poderíamos concluir que a beleza só salvará o mundo se, em lugar de lhe ser imposta do exterior, brotar de dentro desse mundo.

A última cena do romance deixa uma lembrança inesquecível. Rogójin acaba de traspassar o coração de Nastassia Philipovna, o príncipe Míchkin se junta a ele em sua obscura morada e vê o cadáver. Os dois homens se estendem lado a lado, aos pés do leito em que repousa a mulher morta; lá, escutam partir seu espírito. Rogójin passa o restante da noite delirando, com o príncipe acariciando sua cabeça para acalmá-lo. Eles serão levados pela manhã, Rogójin para a prisão e depois para as galés onde purgará sua pena; Míchkin, para o asilo psiquiátrico, do qual não mais sairá. Com essa cena, Dostoievski parece lançar uma advertência a todos aqueles que são tentados a encarnarem o bem, o amor e o belo: as boas intenções não bastam, elas apresentam até mesmo o perigo de serem causadoras de catástrofes. Assim, essa cena também não seria também o anúncio da queda de Wilde, da depressão de Rilke e do suicídio de Tsvetaeva?

Considerações atuais

Resumamos.

1789-1848: as duas grandes formas de absoluto terrestre se instalam, uma coletiva e outra individual. Porém, os promotores da via individual, por eles chamada de "estética", não se desinteressam do destino político de seu país; eles creem que a arte é indispensável para a educação dos bons cidadãos (Schiller), que deve ocupar o lugar social da reli-

VIVER COM O ABSOLUTO

gião (os primeiros românticos) e que é destinada a tornar-se o modelo de toda atividade humana (Wagner). Ou seja, para eles, as duas formas são ligadas, mas sob a tutela do belo, portanto, do indivíduo.

1848-1915: o fracasso da Revolução que se propagou por todos os países europeus provoca, ao contrário, a dissociação entre as duas vias. Para Baudelaire, a esperança de ver a arte influenciar o mundo através da ilusão; Marx, por sua vez, não se preocupa com a educação estética de seus indivíduos. Os dois caminhos se ignoram soberbamente; para tanto, nenhum deles sonha renunciar ao absoluto. Wilde, Rilke e Tsvetaeva se inscrevem nesse contexto.

1915-1945: as duas formas entram mais uma vez em interação, de duas maneiras diferentes. Após a Primeira Guerra Mundial, as vanguardas artísticas, seja na Rússia, na Alemanha ou na Itália, querem estender o campo de suas ações criadoras até que cubram toda a vida; seus representantes se fazem propagandistas, fabricantes de uma arte do real, arquitetos. Por outro lado, os ditadores que tomam o poder nesses mesmos três países adotam, com menor ou maior consciência, a atitude do artista que modela com toda liberdade um homem novo, uma nova sociedade, um novo povo. Artistas de vanguarda e chefes totalitários compartilham, na maior parte do tempo sem o saber, um mesmo projeto revolucionário. As ambições sociais dos vanguardistas chegam apenas a resultados atenuados; do lado dos ditadores, os esforços são devastadores. Nos países totalitários, o absoluto coletivo esmaga toda veleidade de preservar o absoluto individual.

O que se passa à época contemporânea, após o fim da Segunda Guerra Mundial e o desaparecimento dos Estados nazista e fascista? Num primeiro momento, 1945-1975, a manutenção e mesmo o prestígio do outro Estado totalitário, a União Soviética, retarda a mutação das consciências. A adesão aos ideais comunistas nunca foi majoritária na Europa Ocidental; porém, essa adesão exerce forte influência, em razão da visibilidade de seus defensores, artistas e intelectuais, por um lado, e da juventude estudantil, por outro. Apesar das decepções de 1956 e depois de 1968, será necessário esperar pelos meados dos anos 70 para ver a perda do impacto ideológico comunista no Oeste Europeu — perda confirmada, cerca de 15 anos mais tarde, pela derrocada dos regimes que assim se fundamentavam, no Leste Europeu e na URSS. O presente em que vivemos começa neste momento: com o esvanecimento da fé no comunismo, desaparece a primeira e grande religião política do século XX e, portanto, a confiança na via coletiva em direção ao absoluto.

Os indivíduos que hoje vivem nos Estados europeus aspirariam por outra via? Eu o disse desde o início: as formas antigas de busca do absoluto não desapareceram, apenas mudaram de sentido. A busca do absoluto celeste, no contexto de uma religião tradicional, está sempre presente, mas, em lugar de promover o sacrifício da felicidade pessoal no altar de um ideal rigoroso, ela faz da religião um instrumento que permite estender e enriquecer sua experiência pessoal. A adesão fervorosa às comunidades éticas e religiosas, sejam muçulmanas, judaicas ou cristãs, tem como motivação profunda a necessidade de uma afirmação de si. É verdade

VIVER COM O ABSOLUTO

que observamos aqui ou ali tentativas de restaurar o que se crê serem as formas tradicionais da religião que submetem a vontade do indivíduo àquela do grupo. Entretanto, em regra geral, o contato com o absoluto, experimentado no contexto de uma religião tradicional, é imposta por uma necessidade interior, não porque queiramos nos conformar com uma norma social. Do mesmo modo, se aqueles que hoje creem num projeto político ou humanitário continuam numerosos, seu engajamento só se justifica a seus próprios olhos se a perseguição de um objetivo público e impessoal se reduplique numa experiência pessoal intensa. A busca de um absoluto terrestre de tipo coletivo não desapareceu da Europa, continua-se a militar por causas diversas. Porém, a abnegação total é excepcional, e quer se diga ou não, espera-se que esses engajamentos contribuam para o desabrochar da pessoa.

O Estado democrático, regime político dos países europeus, não fornece a seus cidadãos uma receita comum para a realização interior; a responsabilidade é deixada a cada um. Seus habitantes, em geral, se ligam à ordem política à qual vivem, mas não fazem disso um absoluto nem veem aí o sentido de suas vidas. Tal Estado fornece as condições necessárias para a livre orientação da experiência de cada um, mas não sua condição suficiente. O sufrágio universal, a liberdade de opinião, a Previdência pública e as medidas contra o desemprego não são sentidas como manifestação do absoluto, mesmo por aqueles mais aferrados a elas. Ter a consciência de obedecer a leis justas não basta para tornar a vida bela e plena de sentidos, não mais do que a consciência de estar ao abrigo da necessidade: uma carência atendida não cria a plenitude. O Estado democrático não é a encarnação do absoluto, ele constitui uma ordem perfectível e relativa, não uma promessa de salvação. Pedimos a esse Estado que cuide de nossa segurança, que nos proteja contra as intempéries da existência, não que nos diga como viver. O paradoxo quer, inclusive, que exijamos cada vez mais do Estado para que possamos ser cada vez mais independentes!

A primeira metade do século XX, na Europa, foi dominada por projetos políticos grandiosos, sedutores e ao mesmo tempo ameaçadores, aos quais certo número de espíritos lúcidos opuseram a necessidade de defender alguns princípios éticos invioláveis. Esse conflito político e ético veio ser substituído mais recentemente por outro princípio, latente há séculos, mas cada vez mais atual — mesmo não sendo com muita frequência reconhecido nesses termos —, que separa, por um lado, político e ético tomados em conjunto, pois se referem sempre a um contexto comum, e, pelo outro, uma via individual na qual a pessoa busca uma arte de viver que lhe convenha. Ao que conduz essa busca?

Para uma parte importante, a população do continente europeu, sem mencionar o restante do mundo, privilegia o cuidado de "prover suas necessidades" (mas não se trataria aqui de uma expressão enganadora, se ficar subentendido que as ditas necessidades são exclusivamente materiais?). O desejo de poder, a atração sexual e a necessidade do reconhecimento advindo daqueles que nos cercam continuam a ser poderosos móbiles de ação. Numerosos são aqueles que situam no topo de suas hierarquias o sucesso em sua carreira profissional, em suas performances comerciais ou esportivas, o dinheiro e a notoriedade. Tais motivações nada têm de particularmente original. O que é novo, entretanto, é que elas não se chocam mais com um contexto que seria constituído prioritariamente por preceitos religiosos ou obrigações impostas por regimes políticos, por normas sociais ou por imperativos morais; tudo o que se exige das ações do indivíduo é que ele não infrinja os limites da lei. O que se acomoda igualmente bem nessa ausência de contexto é o aumento poderoso do consumo em todas as suas formas, materiais ou "culturais", assim como os inúmeros divertimentos com os quais cada um preenche seu tempo de lazer. Podemos, assim, procurar experimentar todos os prazeres. Porém, se supomos que elas venham a atingir seus objetivos, essas atividades não trazem a satisfação esperada. "Curta sem limites" é uma palavra de ordem que nossos contemporâneos têm dificuldade a pôr em prática. Em vez de nos preencher, essa corrida perpétua produz frustração e sentimento de vazio; como observa Gilles Lipovetsky: "Cada vez mais satisfações materiais, cada vez mais viagens, jogos, esperança de vida: porém, isso não nos abriu as grandes portas da alegria de viver."[56]

Alguns se apressaram a ver nesse vazio uma consequência inevitável do desmoronar das certezas coletivas, religiosas ou políticas; tal seria a verdadeira face do individualismo, mistura de cinismo e frenesi consumista. Estamos condenados a essa alternativa estéril do vazio e do demasiado-pleno, à escolha entre a ruptura com o absoluto e a submissão a um absoluto imposto do exterior? É o que as mulheres e os homens do nosso tempo não parecem crer. Sem renunciar à sanção exterior que lhes dá a opinião pública, eles se preocupam da mesma forma — senão mais — com um sentimento íntimo de realização e de qualidade da vida. Não tendo inteira confiança no julgamento público e não contando demasiadamente com os resultados do juízo final, eles buscam, num diálogo silencioso consigo mesmos, a aprovação de sua própria consciência — ao mesmo tempo que postulam que essa consciência não lhes pertence inteiramente, mas que participa de uma universalidade propriamente humana.

Eles constatam, com efeito, que boa parte de suas ações, às quais não têm nenhuma intenção de renunciar, não se refere nem à lógica do consumo nem à do reconhecimento, que não se explicam nem pela busca de prazeres imediatos nem pela do sucesso. Um lugar central entre essas ações é ocupado pela relação com outros seres humanos cuja forma mais valorizada é a do amor: amor dos amantes um pelo outro, mas também o de um pai por seu filho (ou inversamente), dos amigos e dos próximos entre si. Deseja-se estar com a pessoa amada não para fazer com que a própria carreira avance nem para melhor se divertir: o que nos alegra é sua existência. Outra atividade que escapa a essas lógicas utilitárias procede da confrontação de nosso espírito com o mundo que o cerca: é a necessidade de conhecer e de criar. A pulsão que nos conduz a buscar uma compreensão mais bem acabada da natureza e da cultura está no fundamento da busca científica, mas também de mil ações cotidianas; ela não se aparenta ao consumo — não mais do que a necessidade, que é a da criação, sublimada nas atividades artísticas, mas também nesse caso, familiar a todos. Pertence enfim ao mesmo conjunto o trabalho ao qual nos entregamos com

VIVER COM O ABSOLUTO

vistas ao aperfeiçoamento interior e à realização pessoal, que leva à aproximação — por menor que seja — da sabedoria.

O que essas diversas atividades têm em comum é duplo. Por um lado, não trazem um lucro palpável. Mesmo que o indivíduo espere que seus esforços de pesquisador ou seus tormentos de artista lhe assegurarão a estima de seus contemporâneos, não é por essa razão que ele se engajou nessa via. Ao mesmo tempo, se essas ações lhe trazem uma satisfação mais intensa, é justamente porque elas lhe dão a impressão de entrar em contato com uma categoria universal: o Verdadeiro, o Belo, o Bem, o Amor, categoria que não se refere apenas a seu benquerer. Atingimos aqui um paradoxo do absoluto individual, conquistado em toda liberdade e ao mesmo tempo não dependente da vontade dos sujeitos particulares. A própria ideia de um absoluto individual é, certamente, problemática: se cada indivíduo decide soberanamente o que em sua vida será absoluto, não somos devolvidos, então, a esse relativismo do qual acreditávamos fugir? Há de fato um problema, mas não é insolúvel: é que não se trata nunca de uma escolha arbitrária. Cada um de nós faz a descoberta disso que, estando em nós, nos ultrapassa; disso que, ainda que seja operacionalizado por nós, pode ser comunicado a outrem. Paradoxal não significa, portanto, inexistente: é a presença desse absoluto individual que nos faz sentir a diferença entre uma vida que qualificaríamos de "bela" ou de "plena de sentido", e uma vida apenas ornada de vitórias e dissabores.

O sentimento de plenitude proporcionado por esses gestos e atitudes é conhecido de todos, mas, em nosso mundo desprovido de marcos coletivos religiosos, morais ou políticos, não sabemos pensá-lo, a ponto de duvidarmos, por vezes, de sua própria existência. A rigor, sabemos encadear frases eloquentes sobre o reinado e a beleza da perfeição humana, a arte eterna e a poesia absoluta, o êxtase e o paroxismo, o infinitamente grande e o eternamente belo, mas não queremos nos servir disso para falar de nossa própria existência. Habitantes do século XXI, somos confrontados a dificuldades que a humanidade não teve de resolver no passado, somos levados a caminhar fora das trilhas já demarcadas. Não surpreende que, com frequência, venhamos a errar; nossa busca é legítima.

Os seres humanos precisam se assegurar de sua sobrevivência material, obter reconhecimento social, gozar dos prazeres da vida; eles também procuram, porém, de maneira menos consciente, mas não menos imperiosa, encontrar em sua existência um lugar para o absoluto. Sempre foi assim, desde que os homens começaram a enterrar seus mortos e até hoje, inclusive quando parecem inteiramente absorvidos pelo frenesi do consumo ou do êxito. Pois, contrariamente ao que afirma o rumor, não é verdade que "tudo é relativo".

As mais belas vidas

O esteticismo e o maniqueísmo exerceram uma influência profunda sobre o pensamento europeu, tanto no contexto cristão quanto fora dele, uma vez que, desde o fim do século XVIII, românticos e também revolucionários tomaram de

VIVER COM O ABSOLUTO

empréstimo vários de seus postulados. Essas tradições, porém, não são as únicas a agirem sobre os espíritos. As correntes que lhes são hostis, do mesmo modo, estiveram presentes ao longo da história, permitindo compreender com mais precisão como se aproximar da plenitude mesmo dentro da vida comum e cotidiana. Pode-se agora evocar, seja apenas em poucas palavras, essas outras tradições, as que cultivam uma maneira diversa de viver com o absoluto.

Lembremos, para começar, que, mesmo tendo se deixado impregnar pela tradição dualista, o cristianismo também a combateu, acabando por vencê-la. O próprio personagem de Jesus, homem e ao mesmo tempo Deus, é incompatível com o maniqueísmo; não é por acaso que essa seita, ou outras semelhantes, tenha se chocado em primeiro lugar não com este ou aquele ensinamento de Cristo, mas com a natureza em si do divino. Por conseguinte, o conflito entre ruptura e continuidade prosseguiu por diversas correntes internas do cristianismo.

Mencionemos também o fato de que algumas tradições extremo-orientais recusam, da mesma forma, as representações maniqueístas — ainda que de maneira bastante diversa da do cristianismo. Poderíamos evocar assim todas as humildes artes que enriquecem o cotidiano: cuidar de um jardim, arrumar um buquê, dispor objetos, justapor tecidos, embalar um pacote ou servir o chá. Em seu pequeno ensaio que faz o elogio da penumbra, Junishiro Tanizaki lembra que, pelo menos em teoria, os antigos japoneses procuravam poetizar cada coisa e, em vez de quererem suprimir ou dissimular uma sujeira, tendiam a fazer dela um ingrediente do belo.

Tanizaki dá numerosos exemplos dessa possibilidade de tornar o cotidiano mais estético, desde a arrumação dos toaletes até a escolha de um local para contemplar a lua cheia. Ele encontra a explicação dessa atitude num contraste entre as tradições japonesa e europeia: "É porque nós, orientais, procuramos nos acomodar nos limites que nos são impostos que nos contentamos, desde sempre, com nossa condição presente", preferindo, portanto, revelar a beleza escondida das coisas a procurar mudar radicalmente o mundo. Os ocidentais, por contraste, "espreitam sempre o progresso, se agitam sem cessar em busca de um estado melhor do que o presente".[57]

Por sua vez, Montaigne, que se descreve como sendo "de condição mista", participa dessas outras correntes, deixando o seguinte preceito de conduta: "Compor nossos modos é nosso ofício [dever], e não compor livros; não vencer batalhas e províncias, mas conquistar a ordem e a tranquilidade de nossa conduta. Nossa grande e gloriosa obra-prima é viver de forma conveniente. Todas as outras coisas, amealhar riquezas, construir, são, no máximo, apenas apendículos e adminículos." Cada um pode trabalhar sua vida à maneira de um artesão ou artista, substituindo o caos pela ordem; é mesmo o nosso dever, se quisermos que se realize nossa promessa contida da condição humana. Não é necessário para isso imitar a ação dos escritores ou dos estadistas. A lição é dupla: o reino está em nós, não fora de nós, e não há ruptura entre o reino e o que não é reino. A primeira conclusão permite nos distanciarmos tanto do niilismo (o reino não existe) quanto do utopismo (o reino existe, mas para conquistá-lo é necessário iniciar batalhas). A segunda nos ensina a renunciar

VIVER COM O ABSOLUTO

às ilusões maniqueístas ou românticas; e Montaigne pode concluir: "As mais belas vidas são, em minha opinião, aquelas que permanecem no modelo comum e humano, com ordem, mas sem milagre e sem extravagância."[58]

Em vez de denegrir a existência terrestre e maldizer a materialidade à qual estamos condenados, podemos procurar facilitar a continuidade entre o alto e o baixo, real e irreal, relativo e absoluto, cotidiano e sublime, e assim civilizar o infinito (para continuar a falar como Flahault). Em lugar de ver um abismo intransponível entre vida terrestre e reino celeste, partiremos então da convicção de que o reino se encontra aqui e agora — por pouco que saibamos reconhecê-lo. A escolha não recai entre o idealismo e o realismo, mas entre sua separação radical e sua continuidade. Os românticos optam pelo sonho contra a realidade; na sequência, tudo se passa como se essa realidade os punisse em virtude de suas tentativas de recalcá-la: à fácil satisfação da fuga se segue a dolorosa confrontação com os rigores do mundo. A outra solução não consiste em renunciar ao sonho, mas em reconhecer seu lugar. Busca-se então uma gratificação mais difícil, mas mais intensa e mais durável, a que é dada pela beleza do cotidiano e que possibilita a descoberta do sentido da vida na própria vida. Nem sacrificar a arte em nome da vida (como Wilde acabou por fazer) nem imolar a vida no altar da arte (como aconselha Rilke), nem separar ser e existir (como quer Tsvetaeva), mas tornar bela a vida comum. O absoluto, o infinito ou o sagrado não são, contrariamente ao que supunham essas concepções, um bem em si, outro nome da perfeição. Pois a vida é finita e relativa.

Ao situar assim o bem fora da vida, corre-se o risco de recusar a condição humana. Seres humanos imperfeitos e não anjos, não podemos viver num êxtase contínuo ou apenas no arrebatamento da plenitude. Exigi-lo equivale a se condenar à derrocada — tal foi a sorte de Tsvetaeva, Rilke e Wilde.

Se procurarmos o absoluto encarnado no estado puro, depararemos com a morte e o nada: o vivo é forçosamente imperfeito e perecível. Isso explica a predileção do imaginário humano pelos estados extremos: eles constituem o símbolo mais seguro do absoluto. O sacrifício do amante — ou do amado — prova a qualidade do amor. Ora, pode-se conhecer a plenitude no interior do nosso mundo finito. Descartes dizia: "Não há homem nenhum tão imperfeito que não possa ter para si uma amizade bastante perfeita."[59] Esse sentimento não provém de uma qualidade do objeto, mas de uma disposição do sujeito. O que nos mobiliza no amor entre um pai e seu filho não é a qualidade de um ou de outro, é a do impulso que os move um em direção ao outro. O mesmo se passa para todo amor; o absoluto não está já aqui, situado fora de nós, pronto para que se venha colhê-lo, devendo ser fabricado a todo instante: o acaso de um encontro torna-se a necessidade de uma vida, mas pode desaparecer tão rapidamente quanto surgiu. O absoluto ao qual temos acesso não é qualitativamente diferente do relativo, é apenas um estado mais denso e mais depurado. A mistura, que causava horror aos gnósticos e aos maniqueístas, diz a verdade da condição humana: em vez de ser uma maldição, é o ponto de partida obrigatório do desejo de realização.

VIVER COM O ABSOLUTO

Ao mesmo tempo, essa mistura nos traz de volta ao aqui e agora: não podemos nos contentar em amar uma criança abstrata, é necessário cobri-la e alimentá-la, olhá-la e falar com ela.

O mesmo ocorre com a arte. Mesmo havendo ruptura, por vezes, entre o meio artístico e a matéria que constitui a vida cotidiana, assim como na música, as aptidões que favorecem a criação não são estranhas à existência comum; a arte de encantar com a palavra não é reservada apenas aos autores de livros... Os românticos quiseram instaurar uma oposição diametral entre a vida e a arte, se recusando a ver na arte apenas uma forma mais concentrada da vida, e não querendo admitir que, antes de ser uma negação da vida, a arte representa o advento de sua forma, sua clarificação: a descoberta, sempre provisória, de seu sentido. É verdade, porém, que a obra de arte, ao mesmo tempo singular e universal, permanece como imagem eloquente da plenitude. A arte é uma revelação do ser; mesmo a arte mais destrutiva traz consigo forma e sentido. Sua vantagem suplementar — a da arte compreendida no sentido amplo, incluindo narrativas, imagens e ritmos — é de se dirigir a todas e todos, e de incitar discretamente cada um a se abrir para a beleza do mundo. Sua mensagem não se fixa num dogma religioso ou filosófico: propõe em vez de impor, respeitando a liberdade de cada um. Os homens são matéria e vivem na matéria; a ciência lhes ensina a conhecê-la, a técnica, a transformá-la. Mas os homens vivem também em meio a suas representações, tanto a deles próprios quanto as da humanidade, e não têm menos necessidade de conhecer e transformar essas representações;

para esse empreendimento, a arte é boa companheira. Não há lugar para escolher entre técnica e arte, e de deixar uma eliminar por inteiro a outra: as duas nos são igualmente necessárias.

Aspirar à plenitude de uma vida individual não significa que declaramos incuravelmente medíocre toda a existência cotidiana e que se invente outra existência em seu lugar; trata-se, antes disso, de que aprendamos a iluminá-la desde o seu interior, que saibamos torná-la mais clara e ao mesmo tempo mais densa. Os mesmos que aderem à doutrina romântica sabem viver o absoluto em sua vida de todos os dias, mas não sabem integrar essa experiência em suas doutrinas. Nossos aventureiros, muitas vezes de forma inconsciente, ilustram essa lição. É na correspondência deles, em particular, que a interação bem-sucedida encontra seu lugar, o que faz com que, muito tempo depois, possamos ler suas cartas admirando tanto a pessoa quanto a escrita. A carta dita *De Profundis* é um dos textos mais comoventes que Wilde jamais escreveu. A correspondência de Rilke com Lou Andreas-Salomé, suas cartas endereçadas ao "jovem poeta", ou suas mensagens de amor para Benvenuta e Merline estão entre as suas mais belas páginas. As confissões autobiográficas de Tsvetaeva, dispersas entre suas cartas e cadernos, apoiam a comparação com seus poemas mais fulgurantes. Na correspondência de todos eles, da qual participam tanto a rotina cotidiana de cada um quanto sua obra, esses autores, como tantos outros adeptos de dogmas românticos, ilustram uma beleza que eles próprios não reconhecem no restante do tempo, praticando a continuidade em lugar da ruptura reclamada para eles mesmos.

VIVER COM O ABSOLUTO

A exigência de beleza não basta, portanto, para ordenar uma existência humana. Só se pode generalizá-la se entendermos paralelamente o seu sentido, como fazia Dostoievski ao designar como "beleza" o amor universal. Mas terá sido um ganho maior praticar essa extensão? Tão logo formulado seu princípio, o próprio Dostoievski se vê obrigado a distinguir entre a beleza-amor e a beleza-raiva. Seria necessário, além disso, reduzir o absoluto apenas ao amor? Os outros termos dessa fórmula também deveriam ser interpretados se eu tivesse de retomá-la de acordo com meus critérios. Pois não é do mundo que se trata: a ação que Dostoievski espera da beleza concerne apenas os seres humanos, não a matéria inanimada nem os Estados. "Salvará" também não é justo, pois implica um estado último de beatitude, em ruptura com a nossa condição presente; ora, o triunfo sobre o caos e o mal não poderia ser definitivo nem integral. A salvação consiste, paradoxalmente, em compreender que essa mesma salvação não se encontra alhures, mas aqui e agora.

A mensagem que nos transmitem os aventureiros do absoluto é ainda mais preciosa por ter sido regiamente paga. Consiste inicialmente em afirmar com vigor a beleza do mundo e da vida, ilustrando essa afirmação com as próprias obras: se não acreditarmos apenas nas palavras deles, poderemos verificá-lo nos deixando levar pela admiração de seus escritos. Eles nos permitem entrever o esplendor desses momentos de plenitude aos quais tiveram acesso. Essa experiência pode até ter sido trágica, mas o impulso que as conduziu é magnífico, e podemos nos deixar levar por ela. Confirmando assim a possibilidade de aceder à perfeição, eles não nos remetem a nosso passado, remoto ou recente, às religiões tradicionais ou ao utopismo político, mas nos mostram que cada um de nós pode encontrar esse caminho no contexto de uma investigação individual. Enfim, através de seus destinos dolorosos, eles nos ensinam também de que armadilhas devemos desconfiar: a confusão entre o sonho e a realidade, o esquecimento da natureza social do indivíduo, o maniqueísmo, o esteticismo. Instruídos pelos equívocos românticos, podemos encontrar o sentido e a beleza tanto em nossa vida pública quanto na intimidade, na solidão ou no amor. Tal é o legado do passado, a ser levado conosco para o futuro.

Ao que se assemelha, para cada um, essa vida de realização interior? Cabe a cada um descobrir: a era das respostas coletivas foi ultrapassada, mesmo que o indivíduo possa esperar que os outros, em torno dele, compreendam e compartilhem de sua escolha. Mas já se pode dizer que, para atingir essa beleza ou essa sabedoria, não é necessário escrever ou ler livros, pintar ou admirar quadros, assim como também não se devia orar a Deus ou se prostrar diante de ídolos, construir a cidade ideal ou combater seus inimigos. Pode-se fazê-lo contemplando o céu estrelado acima da sua cabeça ou a lei moral dentro do seu coração, desdobrando suas forças intelectuais ou se devotando a seus próximos, trabalhando em seu jardim ou construindo uma parede bem reta, preparando o jantar ou brincando com uma criança.

Etty Hillesum, uma jovem judia-holandesa morta em Auschwitz, autora de escritos perturbadores, fez dos poemas e das cartas de Rilke seu livro de cabeceira. Ela encontra no

VIVER COM O ABSOLUTO

texto rilkeano uma maneira de conduzir sua vida, como escreve em seu diário: "Rilke decididamente foi um dos meus grandes mestres do ano decorrido; cada instante me trouxe uma confirmação." Na última página de seu diário, redigida em 17 de outubro de 1942, pouco antes de ser encarcerada no campo de Westerbork, de onde parte para Auschwitz, ela se questiona sobre o papel que o poeta cumpre em sua existência, e escreve: "Era um homem frágil, que escreveu boa parte de sua obra entre os muros dos castelos que o acolhiam, e se tivesse que viver nas condições que conhecemos hoje, talvez não tivesse resistido. Mas não é razoável e fruto de boa economia que em épocas pacíficas e em circunstâncias favoráveis artistas de grande sensibilidade tenham a possibilidade de buscar com toda a serenidade a forma mais bela e a mais própria para a expressão de suas mais profundas intuições, para que aqueles que vivem em tempos mais obscuros, mais devoradores, possam se reconfortar em suas criações e que encontrem aí um refúgio pronto para as angústias e os questionamentos que eles próprios não sabem nem exprimir nem resolver, já que toda a energia é requerida pelas desgraças de todos os dias?"[60] Nesses tempos obscuros e devoradores a arte é necessária; Rilke, mas também Wilde, Tsvetaeva e muitos outros ajudam a cada um de nós a melhor pensar e dirigir sua existência.

Na Academia de Florença estão conservados quatro blocos de mármore, utilizados como esboços, feitos nas primeiras décadas do século XVI por Michelangelo para servir de lápide a Júlio II, depois deixados de lado. Esses blocos são chamados de *Os escravos*. Como os mecenas mudaram de opinião, as estátuas não eram mais bem-vindas, daí seu inacabamento. É por acidente que as figuras humanas se veem, nesses blocos, inextricavelmente misturadas a material mineral. Porém, hoje, não podemos nos impedir de ler, nessa interpenetração da forma e do informe, um símbolo. Símbolo de quê? Alguns se viram tentados a ver aí uma expressão da servidão, da submissão humana à matéria. Quanto a mim, quando vejo esse *Escravo ao acordar* recebo uma mensagem bastante diversa: a da descoberta progressiva de uma forma e um sentido, de um jorrar progressivo da ordem de dentro do caos. E nesse instante propriamente dito, a matéria se torna beleza.

NOTAS

Introdução *

1. R. Alessandrini, *Monteverdi*, Arles, Actes Sud, 2004, p. 161.

2. *Canopée*, 1, 2003, p. 11.

3. Marcel Gauchet, *Le Désenchantement du monde*, Paris, Gallimard, 1985, p. 297.

4. Stefan Zweig, *Essais*, Le Livre de poche, 1996, p. 439.

5. *Les Cahiers de Malte Laurids Brigge*, in *Œuvres en prose*, Paris, Gallimard, 1993, p. 435; à condessa Margot Sizzo-Noris Grouy, 12 de novembro de 1925, in *Œuvres*, t. III, Paris, Le Seuil, 1976, p. 588.

6. *Sobranie sochinenij*, Moscou, Ellis Luck, t. II, 1994, p. 363.

Wilde

1. R. Ellmann, *Oscar Wilde*, Paris, Gallimard, 1994, p. 229.

2. *Le Critique*, OE, p. 838; *Formules et maximes*, OE, p. 970; *Le Portrait de Dorian Gray*, OE, p. 402; R. Ellmann, pp. 342 e 382.

---

* Salvo indicação contrária ao local de publicação das obras a seguir, é Paris. As referências de páginas são dadas na ordem de surgimento das citações.

3. R. Ellmann, p. 63.

4. *Le Jeune Roi, OE,* pp. 264, 265; *L'Enfant de l'étoile, OE,* p. 333.

5. *Le Portrait...,* pp. 403, 473.

6. *Ibid.,* pp. 365, 474, 419.

7. *Ibid.,* p. 370; *Ecce homo, pourquoi je suis si avisé; La Volonté de puissance,* trad. de Albers, Paris, Le Livre de poche, 1991, pp. 229-230.

8. *Le Portrait...,* p. 473.

9. *Ibid.,* p. 369.

10. *Ibid.,* pp. 534, 489; *La Volonté de puissance,* trad. Bianquis, Paris, Gallimard, 1948, t. III, p. 437, citado por D. Halevy, *Nietzsche,* Grasset, 1944, p. 489.

11. *Ibid.,* pp. 423, 493, 474.

12. R. Ellmann (org.), *O.W., A Collection of Critical Essays,* Englewood Cliffs, N.J., Prentice Hall, 1969, p. 36; *Le Déclin du mensonge, OE,* p. 803; *Le Livre du philosophe,* Paris, Aubier-Flammarion, 1969, pp. 203, 211.

13. *Le Portrait...,* pp. 450, 455.

14. H. Ibsen, *Peer Gynt,* Paris, Éditions théâtrales, 1996, p. 86; *L'Âme de l'homme,* pp. 938, 941.

15. *Ibid.,* pp. 965, 936; *La Volonté de puissance,* pp. 208, 388.

16. *L'Âme...,* pp. 962, 961, 962.

17. *De Profundis,* pp. 731, 732, 733.

NOTAS

18. *W.H.*, *OE*, p. 207; *L'Âme...*, pp. 949, 946; *De Profundis*, p. 740.

19. *L'Âme...*, pp. 938-939, 939, 963.

20. *De Profundis*, pp. 751, 744.

21. *Ibid.*, p. 746.

22. *Ibid.*, pp. 739, 733.

23. *Ibid.*, p. 756; *CL*, p. 658; R. Ellmann, p. 519; *De Profundis*, p. 736; a M. Adey, 18 de fevereiro de 1897, p. 678.

24. A R. Ross, p. 655.

25. A D. Young, 5 de junho de 1897, p. 882; a C. Blacker, 12 de julho de 1897, p. 912; a A. Daly, 22 de agosto de 1897, p. 929; a W. Rothenstein, 24 de agosto de 1897, p. 931.

26. A C. Blacker, 6 de setembro de 1897, p. 935; a A. Douglas, agosto de 1897, p. 933.

27. A C. Blacker, 22 de setembro de 1897, p. 947; a R. Ross, 8 de novembro de 1897, p. 978; a M. Adey, 27 de novembro de 1897, p. 995; a L. Smithers, 11 de dezembro de 1897, p. 1.006.

28. A L. Smithers, 9 de fevereiro de 1898, p. 1.013; a M. Adey, 21 de fevereiro de 1898, p. 1.023; a F. Harris, fevereiro de 1898, p. 1.025; a C. Blacker, 9 de março de 1898, p. 1.035; a R. Ross, 17 de março de 1898, p. 1.039.

29. A R. Ross, 14 de maio de 1898, p. 1.068; a G. Weldon, 31 de maio de 1898, p. 1.080; a R. Ross, 16 de agosto de 1898, p. 1.095.

30. A L. Housman, 14 de dezembro de 1898; p. 1.111; a L. Smithers, 14 de dezembro de 1898, p. 1.010; a R. Ross, 14 de

dezembro de 1898, p. 1.110; a R. Ross, abril de 1899, p. 1.142; a F. Harris, 2 de setembro de 1900, p. 1.195.

31. *L'Âme...*, p. 951; *Le Portrait...*, p. 347; a L. Housman, 22 de agosto de 1897, p. 928; a F. Harris, fim de fevereiro de 1898, p. 1.025; a R. Ellmann, p. 576.

32. A F. Harris, 18 de fevereiro de 1899, p. 1.124; a L. Wilkinson, 3 de fevereiro de 1899, p. 1.123; a L. Smithers, 3 de junho de 1899, p. 1.150.

33. *Contemporary Portraits*, Londres, 1915, retomado em E. H. Mikhail (org.), *O.W., Interviews and Recollections*, t. II, p. 423; a M. Davitt, maio-junho de 1897, p. 870; a S. Image, 3 de junho de 1897, p. 879; a E. Rose, 29 de maio de 1897, p. 864; a C. Blacker, 12 de julho de 1897, p. 912.

34. A R. Ross, 14 de maio de 1898, p. 1.068; a A. Gide, 10 de dezembro de 1898, p. 1.109.

35. *Trois Maîtres*, Essais, Le Livre de poche, 1996, p. 128.

36. *CL*, p. 731.

37. *Ibid.*, p. 755; *Oscar Wilde. In memoriam*, Paris, Mercure de France, 1947, pp. 12-13.

38. Em 10 de novembro de 1896, p. 668; ao ministro do Interior, 22 de abril de 1897, p. 803; a R. Turner, 17 de maio de 1897, p. 832.

39. *De Profundis*, p. 757; 2 de junho de 1897, p. 873; 3 de junho de 1897, p. 876.

40. *CL*, p. 703; a A. Douglas, 20 de maio de 1895, p. 652.

NOTAS

41. *De Profundis,* p. 758; a R. Ross, 28 de maio de 1897, p. 858.

42. *CL,* pp. 1.200, 1.303, 1.368.

43. Citado por O.W., em L. Smithers, 10 de dezembro de 1897, p. 1.004; a R. Ross, 29 de março de 1899, p. 1.138; a A. Schuster, 23 de dezembro de 1900, p. 1.229; "An Improbable Life", in *Collection,* p. 127.

44. *CL,* pp. 826, 825; *L' Âme...,* p. 959; R. Ellmann, p. 599; *Volonté de puissance,* trad. Albers, p. 54.

45. *L'Âme de l'homme,* p. 940; a L. Smithers, 19 de novembro de 1897, p. 983.

46. *OE,* p. 900.

47. *OE,* pp. 157, 159.

48. *Véra, OE,* p. 1.038; *La Duchesse,* p. 1.159; *Salomé,* pp. 1.258-1.259.

49. *Le Pêcheur...,* OE, pp. 326-327.

50. *L'Éventail,* p. 1.165; *Une femme,* p. 1.332.

51. *Un mari...,* pp. 1.403, 1.391.

52. *Le Portrait...,* p. 429.

53. A R. Payne, 12 de fevereiro de 1894, p. 585.

54. A R. Ross, 18 de fevereiro de 1898, p. 1.019; 17 de maio de 1883, p. 210.

55. *Le Portrait...,* pp. 458, 463.

56. *Forwords and Afterwords,* N.Y., Vintage, 1989, p. 451.

57. *W.H.,* pp. 221, 225, 251.

58. R. Ellmann, p. 497.

59. A R. Turner, 21 de junho de 1897, p. 905.

60. *CL*, p. 629.

61. Em 3 de dezembro de 1898, p. 1.105; a L. Smithers, 28 de dezembro de 1898; a R. Ross, 28 de dezembro de 1898, p. 114; a F. Harris, 29 de dezembro de 1898, p. 1.115; a R. Ross, 2 de janeiro de 1899, p. 1.116; a L. Housman, 28 de dezembro de 1898, p. 1.113; a R. Ross, 12 de janeiro de 1899, p. 1.118; a M. Adey, março de 1899, p. 1.129.

62. *De Profundis*, p. 730.

63. Março de 1893, p. 560; R. Ellmann, pp. 419-420.

64. Em 16 de abril de 1894, p. 588; julho de 1894, p. 594; *De Profundis*, p. 700.

65. A R. Ross, 28 de fevereiro de 1895, p. 634; *Déclin*, p. 789.

66. A M. Adey e R. Ross, 9 de abril de 1895, p. 642; a R.H. Sherard, 16 de abril de 1895, p. 644; a A. Leverson, 23 de abril de 1895, p. 645; a A. Douglas, 29 de abril de 1895, p. 647; maio de 1895, p. 650; em 20 de maio de 1895, pp. 651-652.

67. Em 23/30 de maio de 1896, p. 655; a R. Ross, novembro de 1896, p. 670.

68. *De Profundis*, pp. 685, 687, 726.

69. *Ibid.*, p. 690.

70. *Ibid.*, pp. 706, 687, 709.

71. *Ibid.*, p. 778.

NOTAS

72. Agosto de 1897, pp. 932-933; 4 de setembro de 1897, p. 934; a R. Turner, 23 de setembro de 1897, p. 948.

73. A L. Smithers, 10 de dezembro de 1897, p. 1.004; em 2 de março de 1898, p. 1.029.

74. Maio de 1895, p. 650.

75. A H.C. Marillier, 12 de dezembro de 1885, p. 272.

76. *Déclin,* p. 791; *Le Critique,* pp. 865, 871, 853.

77. A C. Blacker, 9 de março de 1898, p. 1.035.

Rilke

1. *Rodin*, p. 906.

2. A Lou Andreas-Salomé, RMR-L. Andreas-Salomé, *Briefwechsel*, Frankfurt, 1975; tradução francesa: *Correspondance*, Paris, Gallimard, 1985, em 1º de março de 1912; à mesma, em 4 de julho de 1914; a M. Taxis, in RMR-Marie von Thurn und Taxis, *Briefe*, 2 vols., Frankfurt, 1986, tradução francesa: *Correspondance avec Marie de La Tour et Taxis*, Paris, Albin Michel, 1960 (extratos), agosto de 1913; à mesma, em 17 de dezembro de 1912.

3. 31 de outubro - 8 de dezembro de 1925.

4. 10 de julho de 1926, in RMR; A. Gide, *Correspondance*, Paris, Corréa, 1952; 30 de novembro de 1925; 21 de dezembro de 1925; 11 de maio de 1926; 17 de setembro de 1926.

5. A H. Pongs, em 21 de outubro de 1924; a Rodin, *Lettres à Rodin*, Paris, La Bartavelle, 1998, 29 de dezembro de 1908.

6. A Rodin, em 11 de setembro de 1902; a Lou, em 10 de agosto de 1903; a Rodin, em 1º de setembro de 1902; a Lou, em 8 de agosto de 1903.

7. A Clara, em 3 de setembro de 1908.

8. A Clara, em 9 de outubro de 1907; à mesma, em 21 de outubro de 1907.

9. A Merline, em 20 de fevereiro de 1921.

10. *Œuvres*, Le Seuil, 1972, t. II, p. 307.

11. A Lou, em 18 de julho de 1903.

12. A F.X. Kappus, em 17 de fevereiro de 1903; a M. Taxis, em 31 de maio de 1911; a I. Erdmann, em 21 de dezembro de 1913.

13. *Œuvres complètes*, t. 11, pp. 754-755.

14. *Rodin*, p. 857; a F.X. Kappus, em 16 de julho de 1903; a M. Taxis, em 17 de novembro de 1912.

15. *Rodin*, p. 867; a M. Taxis, em 19 de agosto de 1920.

16. A R. Bodländer, em 13 de março de 1922; a Clara, em 19 de outubro de 1907; a J. Uexküll, em 19 de agosto de 1909.

17. A Clara, em 19 de outubro de 1907.

18. Em 23 de janeiro de 1923.

19. A H. Pongs, em 21 de outubro de 1924.

20. L. Tolstoi, *Écrits sur l'art*, Paris, Gallimard, 1971, "Qu'est-ce

que l'art?", capítulo XVIII, pp. 252, 246; a A. Gallarati Scotti, *Lettres milanaises, 1921-1926*, Plon, 1956, em 17 de janeiro de 1926.

21. *Briefwechsel mit Katharina Kippenberg*, Wiesbaden, Insel, 1954, outubro de 1918.

22. A Clara Rilke, em 7 de novembro de 1918; a Anni Mewes, em 19 de dezembro de 1918.

23. Em 5 de janeiro de 1926.

24. Em 17 de janeiro de 1926 e em 14 de fevereiro de 1926.

25. A F.X. Kappus, em 23 de dezembro de 1903.

26. A H. Fischer, em 25 de outubro de 1911; a M. Taxis, em 4 de janeiro de 1920; à mesma, em 7 de maio de 1921; a Lou, em 29 de dezembro de 1921; L. Andreas-Salomé, *Rilke*, Maren Sell, 1989, p. 77.

27. A F.X. Kappus, em 12 de agosto de 1904; a M. Taxis, em 31 de maio de 1911; a F. Westhoff, em 29 de abril de 1904; *Solitaires*, p. 399.

28. A E. Schenk zu Schweinsberg, em 4 de novembro de 1909; a F.X. Kappus, em 16 de julho de 1903.

29. *Malte...*, pp. 569, 598, 600, 604.

30. *Ibid.*, p. 597; a E. Schenk zu Schweinsberg, em 4 de novembro de 1909; Spinoza, *Éthique*, Paris, Le Seuil, 1988, V, 19; *De l'amour de Dieu pour les hommes,* p. 1.028; a L. Heise, em 19 de janeiro de 1920.

31. *Malte...*, pp. 600, 569.

32. *Ibid.*, p. 521; *Les Cinq Lettres*, p. 972.

33. Em 8 de agosto de 1903.

34. A Mimi Romanelli, in RMR, *Lettres à une amie vénitienne*, Paris, Gallimard, 1985, em 3 de dezembro de 1907; à mesma, em 11 de maio de 1910.

35. *Pensées*, b. 471, l. 396.

36. C. Goll, *R. et les femmes,* suivi de *Lettres de R.*, Paris, Falaize, 1955, pp. 21, 23.

37. A Lou, em 15 de agosto de 1903.

38. A Lou, em 28 de dezembro de 1911; à mesma, em 10 de janeiro de 1912; a M. Taxis, em 24 de dezembro de 1911.

39. A L. Pasternak, em 14 de março de 1926; a Nanny Wunderly, *Briefe an Nanny Wunderly-Volkart*, Frankfurt, Insel, 1977, 2 vols., em 8 de dezembro de 1926.

40. A E. von Bodman, em 30 de julho de 1901; a F. Westhoff, em 29 de abril de 1904.

41. A F.X. Kappus, em 23 de abril de 1903; *Les Livres d'une amoureuse*, p. 977.

42. A Lou, em 25 de julho de 1903, em 10 de agosto de 1903 e em 13 de novembro de 1903.

43. A Lou, em 7 de janeiro de 1905.

44. A C. Sieber, em 10 de novembro de 1921.

45. A Lou, em 20 de junho de 1914.

46. A Benvenuta, em 16-20 de fevereiro de 1914.

NOTAS

47. A Benvenuta, em 16-20 de fevereiro de 1914.

48. A Benvenuta, em 7 de fevereiro de 1914.

49. A Benvenuta, em 10 de fevereiro de 1914 e em 23 de fevereiro de 1914.

50. A Benvenuta, em 26 de fevereiro de 1914.

51. A Lou, em 9 de março de 1914; M. von Hattingberg, *R. et Benvenuta. Lettres et souvenirs*, Paris, Denoël, 1947, pp. 59-60.

52. *Benvenuta*, p. 205.

53. *Ibid.*, p. 14.

54. A Rilke, em 9 de março de 1913; M. de Tour et Taxis, *Souvenirs sur RMR*, Paris, L'Obsidiane, 1987, pp. 124, 125.

55. *Benvenuta*, pp. 52, 124.

56. *Ibid.*, pp. 116, 179, 201.

57. A Benvenuta, em 22 de fevereiro de 1914.

58. A Lou, em 8-9 de junho de 1914; *Benvenuta*, pp. 249, 250.

59. *Benvenuta*, p. 200.

60. *Ibid*, p. 138.

61. A Merline, in RMR-Merline, *Correspondance*, Zurique, Max Niehaus, 1954; em francês: *Lettres françaises à Merline*, Paris, Le Seuil, 1950, em 29 de dezembro de 1920, em 12-13 de dezembro de 1920, em 22 de fevereiro de 1921, em 16 de dezembro de 1920, em 20 de fevereiro de 1921, *Le Testament*, Paris, Le Seuil, 1983, pp. 27, 45.

62. *Le Testament*, pp. 57, 45-46.

63. A Merline, em 2 de outubro de 1920; *Le Testament*, p. 59; a M. Taxis, em 17 de fevereiro de 1921; *Le Testament*, p. 38.

64. A Mirbach-Geldern, em 10 de março de 1921.

65. *Souvenirs*, pp. 132, 153.

66. *Le Testament*, p. 41.

67. *Le Testament*, pp. 28, 51; a Merline, em 18 de novembro de 1920.

68. A Rilke, em 31 de agosto de 1920; a M. Taxis, em 25 de julho de 1921; a Merline, em 9 de fevereiro de 1922.

69. A Lou, em 30 de junho de 1903 e em 25 de julho de 1903.

70. *Malte...*, p. 497; a Lou, em 15 de abril de 1904; *Le Testament*, p. 21; a Benvenuta, em 7 de fevereiro de 1914.

71. A M. Taxis, em 21 de março de 1913.

72. A Gebsattel, em 14 de janeiro de 1912 e em 24 de janeiro de 1912.

73. A Rilke, em 22 de julho de 1903 e em 13 de janeiro de 1913; a Lou, em 20 de janeiro de 1912.

74. A Rilke, em 16 de março de 1924 e em 12 de dezembro de 1925.

75. A A. Gallarati Scotti, em 12 de março de 1926.

76. *Rodin*, p. 891; a Lou, em 28 de dezembro de 1911; à condessa Mirbach-Geldern, em 10 de março de 1921.

77. A F.X. Kappus, em 23 de dezembro de 1903; a M. Taxis, em 16 de dezembro de 1913.

NOTAS

78. A M. Taxis, em 17 de dezembro de 1912 e em 6 de setembro de 1915.

79. A Rodin, em 26 de outubro de 1905; *Rodin*, p. 911.

80. Êxodo, 20:5.

81. "Adieu à Rilke", in S. Zweig, *Souvenirs et rencontres*, Paris, Grasset, 1997, pp. 89, 96, 88, 97, 101.

82. A Rilke, em 11 de junho de 1914 e em 2 de julho de 1914.

83. A Lou Andreas-Salomé, em 29 de dezembro de 1921; a L. Heise, em 2 de agosto de 1919.

Tsvetaeva

1. *VF*, pp. 314, 295; *SS*, V, p. 342.

2. *SS*, V, p. 317; VII, p. 424.

3. *SS*, V, p. 203; VII, p. 609.

4. *VF*, p. 261.

5. *VF*, p. 243.

6. S. Zweig, *Le Combat avec le démon,* in *Essais,* Paris, Pochotèque-Le Livre de poche, 1996, p. 200.

7. *Ibid.*, pp. 282-283, 285.

8. *Ibid.*, pp. 323, 283.

9. *Ibid.*, p. 277.

10. *Ibid.*, pp. 271, 318.

11. *Ibid.*, p. 253.

12. *Ibid.*, p. 271.

13. *SS*, V, pp. 305, 335, 362.

14. *SS*, V, p. 359; *VF*, p. 270; *SS*, V, p. 362.

15. *SS*, V, pp. 286, 293, 354.

16. *VF*, p. 93; *ZK*, I, p. 159; *VF*, p. 229, 321.

17. *SS*, V, p. 284.

18. *SS*, V, pp. 353, 374, 367.

19. *SS*, V, pp. 282, 233; VI, p. 67; V, p. 239; *VF*, p. 94.

20. *VF*, pp. 72, 94, 184.

21. *Ibid.*, p. 93.

22. *SS*, VII, p. 261.

23. *VF*, pp. 267, 448.

24. *Ibid.*, p. 228.

25. *Ibid.*, pp. 63, 448, 270, 127.

26. *Ibid.*, pp. 126, 142, 254, 261.

27. *Ibid.*, pp. 229, 166, 167, 202.

28. *Ibid.*, pp. 166, 83, 281, 267, 239.

29. *Ibid.*, pp. 216-217.

30. *Ibid.*, pp. 90, 188.

31. *Ibid.*, p. 85.

NOTAS

32. *Ibid.*, p. 56; *SS*, V, pp. 509, 523.

33. *Ibid.*, p. 92.

34. *Ibid.*, pp. 96, 105.

35. *Ibid.*, p. 172.

36. *Ibid.*, pp. 345, 383.

37. *Ibid.*, p. 248.

38. *Ibid.*, p. 384; *SS*, V, p. 524.

39. *Ibid.*, p. 265.

40. *Ibid.*, p. 80; *SS*, VI, p. 165; *VF*, p. 138.

41. *Ibid.*, p. 173.

42. *Ibid.*, p. 380.

43. *Ibid.*, p. 201; M. Tsvetaeva, B. Pasternak, *Dushi nachinajut videt'*, Moscou, Vagrius, 2004 (abreviado como *TP*), p. 475; *VF*, p. 340.

44. *Ibid.*, pp. 192-193.

45. *SS*, IV, p. 407; *VF*, p. 202, 220; *SS*, V, p. 71; *VF*, p. 397; *SS*, VII, p. 69.

46. *Ibid.*, VII, p. 397.

47. *Ibid.*, VII, pp. 55, 57.

48. R.M. Rilke, B. Pasternak, M. Tsvetaeva, *Correspondance à trois*, Paris, Gallimard, 1983, p. 101; *SS*, VII, p. 61.

49. *Correspondance*, pp. 112, 114.

50. *SS*, VI, p. 252; VII, pp. 63, 65.

51. *Ibid.*, VII, pp. 69-70.

52. *Correspondance*, p. 244; *SS*, VII, p. 74.

53. *TP*, pp. 229, 403-404; *VF*, p. 256; *TP*, p. 364.

54. *Ibid.*, pp. 254, 397, 436, 561.

55. *Ibid.*, p. 561.

56. *VF*, p. 256.

57. *TP*, pp. 267, 438, 557.

58. *VF*, p. 260.

59. *TP*, 558, 561.

60. B. Pasternak-O. Freidenberg, *Correspondance*, Paris, Gallimard, 1987, p. 401.

61. *VF*, pp. 296, 301; *TP*, p. 545.

62. *Ibid.*, p. 324.

63. *Ibid.*, pp. 82, 140.

64. *SS*, VII, p. 63.

65. *VF*, p. 339.

66. *Ibid.*, pp. 70, 95, 220.

67. *VF*, p. 220; *SS*, V, p. 414; *VF*, pp. 342, 263.

68. *SS*, V, p. 485.

69. *VF*, p. 357. Trata-se provavelmente de um poema de Jean Richepin, que diz no original: [*E o coração dizia, chorando: / Você se machucou, meu filho?*]

70. *VF*, p. 429.

NOTAS

71. *SS*, I, p. 538.

72. *VF*, p. 454.

73. *Ibid.*, pp. 456, 395, 442.

74. *Ibid.*, p. 423.

75. *Ibid.*, p. 449.

76. *Ibid.*, pp. 457, 458.

77. *Ibid.*, p. 269.

78. *TP*, p. 238.

79. *VF*, p. 426.

80. *SS*, VI, p. 225.

81. *Ibid.*, p. 176.

82. Mt. 18, 20; *SS*, II, p. 369.

Viver com o absoluto

1. "Entre émancipation et destruction", *Communications*, 78, 2005, pp. 40-41.

2. Epístola aos Efésios, 4:22-24.

3. *L'Essence du christianisme*, Maspero, 1968, p. 298.

4. *L'Avenir de la science*, *op. cit.*, p. 871.

5. *Commentaire de la première épître de saint Jean*, VII, 8, Le Cerf, 1961, pp. 328-329.

6. "Alegoria", in *Flores do mal. Poesia e Prosa*, Rio de Janeiro: Nova Aguilar, 1995, pp. 200-201, trad. de Ivan Junqueira [*La beauté du corps est un sublime don/Qui de toute infamie arrache le pardon*, "Allégorie", *Les fleurs du mal, op. cit.*, I, p. 116].

7. "Benefit of clergy", in G. Orwell, *The Penguin Essays*, Londres, Penguin, 1984, p. 253.

8. *Au cœur du Troisième Reich*, Fayard, 1971, p. 409.

9. *Les Constitutions de la France depuis 1789*, Paris, Garnier-Flammarion, 1979, pp. 33-35; cf. M. Gauchet, *La Révolution des droits de l'homme*, Paris, Gallimard, 1989.

10. *Qu'est-ce que le tiers état?*, Paris, PUF, 1982, p. 67.

11. *Principes de politique*, VIII, 1, Paris, Hachette, 1997, p. 141.

12. *O banquete*, 211d; *Timeu*, 87c.

13. Lettre du 13 juillet 1793, in *Schiller's Briefe, 1892-1896*, t. III, p. 333.

14. *Lettres sur l'éducation esthétique de l'homme*, Paris, Aubier-Montaigne, 1943, pp. 281, 263, 191, 75, 133, 191, 205.

15. *Ibid.*, pp. 351, 355.

16. Novalis, *Œuvres complètes*, t. I, Paris, Gallimard, 1975, pp. 367-368; "Le plus ancien programme systématique de l'idéalisme allemand", *in* P. Lacoue-Labarthe et J.-L. Nancy, *L'Absolut littérai-re*, Paris, Le Seuil, 1978, p. 54; F. Hölderlin, *Hypérion*, Paris, Gallimard, 1973, p. 143; W. Wackenroder, "De deux langages",

in *Les Romantiques allemands*, Desclée de Brouwer, 1963, pp. 291-294.

17. R. Töpfer, *Réflexions et menus propos d'un peintre genevois*, t. II, 1847, p. 60; *Programme*, p. 54; *Hypérion*, p. 142.

18. F. W. Schelling, "Système de l'idéalisme transcendental", in *Essais*, Aubier, 1946, pp. 169, 171; Wackenroder, p. 294; F.W. Schelling, pp. 165, 167; Novalis, *Œuvres complètes*, t. II, p. 137.

19. *Programme*, p. 54.

20. W. Wackenroder, p. 292.

21. Garnier-Flammarion, 1966, pp. 101, 57.

22. Trad. francesa, PUF, 1943, p. 196.

23. *Ibid.*, pp. 195, 196-197, 201-202, 203. Cf. N. Huston, *Les Professeurs de désespoir*, Arles, Actes Sud, 2004.

24. *La Société ouverte et ses ennemis*, t. I, Paris, Le Seuil, 1979, p. 135.

25. R. Wagner, *Œuvres en prose*, Éditions d'aujourd'hui, 1976, t. III, p. 91.

26. *Ibid.*, pp. 19, 16, 243.

27. *Ibid.*, p. 58.

28. C. Baudelaire, "Mon cœur mis à nu", *Œuvres complètes*, t. I, Paris, Gallimard, coleção "Bibliothèque de la Pléiade", 1975-1976, p. 679. "Richard Wagner", t. II, p. 787.

29. *Id.*, *Correspondance*, 2 vols., t. I, Paris, Gallimard, coleção "Bibliothèque de la Pléiade", 1973, pp. 671, 673-674; *Œuvres*, t. II, p. 788.

30. *Id.*, t. I, pp. 122, 143, 587; t. II, pp. 95, 144, 201, 25, 201.

31. *Ibid.*, t. II, pp. 293, 300, 96-97, 114, 254, 553.

32. *Ibid.*, t. II, p. 357, t. I, pp. 438, 336; t. II, p. 325.

33. *Id.*, *Œuvres complètes*, t. I, p. 194.

34. *Ibid.*, t. I, p. 25; *Correspondance*, t. I, p. 335, 327.

35. *Id.*, p. 675; E. Renan, *Le Désert et le Soudan* e *L'Avenir de la science*, in *Œuvres complètes*, 10 vols., t. II, p. 542; t. III, p. 1.011, Paris, Calmann-Lévy, 1947-1961.

36. *Id.*, "Notes nouvelles sur Edgar Poe", in *Œuvres complètes*, t. II, p. 326.

37. *Id.*, t. I, p. 53; *Correspondance*, t. II, p. 153; "Le Peintre de la vie moderne", in *Œuvres complètes*, t. II, p. 710; "Le Mauvais Vitrier", t. I, p. 287.

38. *Id.*, "Le Peintre...", p. 710.

39. *Ibid.*, p. 715; "L'Invitation au voyage", in *Œuvres complètes*, t. I, p. 302.

40. *Id.*, "Théophile Gautier", in *Œuvres complètes*, t. II, p. 111; *Correspondance*, t. I, pp. 679, 675.

41. *Id.*, *Œuvres complètes*, t. I, p. 83, 192 [Esboço de um epílogo para a segunda edição das *Flores do mal*. Ô vous! Soyez témoins que j'ai fait mon devoir/Comme un parfait chimiste et comme une âme sainte./Car j'ai de chaque chose extrait la quintessence,/Tu m'as donné la boue et j'en fait de l'or (N.T.)].

42. *Ibid.*, pp. 287-288; *Correspondance*, t. I, p. 674.

43. G. Flaubert, *Correspondance*, t. II, Gallimard, 1980, pp. 717, 468.

NOTAS

44. G. Flaubert/G. Sand, *Correspondance*, Flammarion, 1981, p. 521.

45. *Ibid.*, dia 28 de janeiro de 1872, pp. 371-372; 18 e 19 de dezembro de 1875, p. 511; 25 de março de 1876, p. 528.

46. *Ibid.*, 8 de dezembro de 1874, p. 486.

47. O. Wilde, "L'Âme", p. 929; "M. Caro on G. Sand", *Critical Writings*, Chicago, University of Chicago Press, 1969, pp. 86-87.

48. F. Dostoievski, *Journal d'un écrivain*, trad. francesa, Gallimard, 1951, pp. 326-328.

49. *Polnoe sobranie sochinenij (PSS)*, Leningrado, Nauka. Cf. também J. Frank, *Dostoïevski, les années miraculeuses* (abreviado aqui como *JF*), Arles, Actes Sud, 1998. Traduções por vezes aqui modificadas. Carta a Maikov, em 31 de dezembro de 1867; *PSS*, t. XXVIII, 2, pp. 240-241; cf. *JF*, p. 380, carta a Sophia, em 1º de janeiro de 1868; *PSS*, t. XXVIII, 2, p. 251, cf. *JF*, p. 383. Esboço: *PSS*, t. IX, pp. 246, 249, 253.

50. *Id.* Carta de 16-28 de agosto de 1867, *PSS*, t. XXVIII, 2, p. 210; cf. *JF*, p. 317. "Gens d'autrefois", in *Journal d'un écrivain*, p. 107.

51. *PSS*, t. VIII, *O idiota*, p. 192; edição francesa: *L'Idiot*, Arles, Actes Sud, coleção "Babel", 1993, 2 vols., t. I, pp. 382-383, 355; t. II, p. 176.

52. *Ibid.*, p. 184; tradução francesa, t. I, p. 366.

53. *PSS*, t. IX, p. 270. *Gal.*, V, 14; *I de Jn.*, IV, 8 e 11.

54. A Strakhov, em 25 de março de 1870, *PSS*, t. XXIX, 1, p. 115, cf. *JF*, 567; *Les Démons, PSS*, t. X, p. 323, cf. *JF*, p. 633.

55. *PSS*, t. XX, p. 172.

56. G. Lipovetsky, "La société d'hyperconsommation", in *Le Débat*, n° 124, março-abril de 2003, p. 98.

57. J. Tanizaki, *L'Éloge de l'ombre*, Paris, POF, 1977, pp. 79-80.

58. M. de Montaigne, *Essais*, III, 13, Paris, Arléa, 1992, pp. 845-846, 852.

59. R. Descartes, "Les Passions de l'âme", 83, *Œuvres et lettres*, Paris, Gallimard, 1953.

60. E. Hillesum, *Une vie bouleversée*, Paris, Le Seuil, 1985, pp. 210, 229.

Este livro foi impresso na Divisão Gráfica da
DISTRIBUIDORA RECORD DE SERVIÇOS DE IMPRENSA S.A.
Rua Argentina, 171, Rio de Janeiro/RJ - Tel.: 2585-2000